本书系杭州市社会科学院出版资助项目

U0749471

文化兴盛的杭州实践

沈 芬 著

浙江工商大學出版社
ZHEJIANG GONGSHANG UNIVERSITY PRESS
· 杭州 ·

图书在版编目(CIP)数据

文化兴盛的杭州实践 / 沈芬著. —杭州:浙江工商大学出版社,2020.8

ISBN 978-7-5178-4055-8

Ⅰ.①文… Ⅱ.①沈… Ⅲ.①地方文化—文化事业—建设—研究—杭州 Ⅳ.①G127.551

中国版本图书馆 CIP 数据核字(2020)第158420号

文化兴盛的杭州实践
WENHUA XINGSHENG DE HANGZHOU SHIJIAN

沈 芬 著

责任编辑	范玉芳 谭娟娟	
封面设计	叶泽雯	
责任印制	包建辉	
出版发行	浙江工商大学出版社	
	(杭州市教工路198号 邮政编码310012)	
	(E-mail:zjgsupress@163.com)	
	(网址:http://www.zjgsupress.com)	
	电话:0571-89995993,89991806(传真)	
排 版	杭州朝曦图文设计有限公司	
印 刷	广东虎彩云印刷有限公司绍兴分公司	
开 本	880mm×1230mm 1/32	
印 张	8.125	
字 数	189千	
版 印 次	2020年8月第1版 2020年8月第1次印刷	
书 号	ISBN 978-7-5178-4055-8	
定 价	30.00元	

导　言

　　文化是一个国家、一个民族的灵魂。文化兴则国运兴,文化强
则民族强。中华民族的伟大复兴,我们的民族自信来源于文化的
繁荣兴盛,来源于文化自信。党的十八大以来,习近平总书记就中
国特色社会主义文化建设提出了一系列富有时代性、原创性、民族
性的重大理论观点。对于国家而言,文运同国运相牵,文脉同国脉
相连;对于城市而言,文化软实力是城市之间竞争的重要指标,也
是国际化城市不可或缺的内在因素。文化竞争力在城市综合竞争
力中的地位越来越突出,国际化城市对文化竞争力的重视程度也
越来越高。在这难得的历史发展时期,我们应大力促进杭州文化
竞争力关键指标的提升,助力推进城市国际化。

　　杭州拥有丰富的文化资源,强大的发展潜力,"后峰会、前亚
运"的难得历史机遇。这对建设独特韵味别样精彩的世界名城提
出了新的时代要求。2018年,杭州市委顺应时代要求,召开第十
二届四次全会通过了《中共杭州市委关于打造展示新时代中国特
色社会主义的重要窗口,当好"八八战略"再深化改革开放再出发
排头兵的决定》。

　　2018年11月1日,在全市宣传思想工作会议上,《杭州市全面
推进文化兴盛行动实施方案(2018—2022年)》正式出台,"六个专

项计划",将实现在五年内推动着杭州更快地成为东方文化国际交流重要城市和国际文化创意中心的愿景。

杭州部署"六大行动"时,"文化兴盛行动"一经提出便令人振奋。今后几年,杭州将针对优秀传统文化传承发展、市民公共文明素质提升、公共文化服务示范领跑、文化繁荣与高峰攀登、文化创意产业发展引擎培育、城市文化国际表达与传播等六方面,制定"六个专项计划",建设东方文化国际交流重要城市和国际文化创意中心。

"六大行动"要求杭州人民要在延续历史文脉中当好"薪火传人",加大城市对外传播交流能力的提升,在推进多样共融中放大文化名城效应,让杭州更有人文情怀、更具文化底蕴,建设成独特韵味、别样精彩的世界名城。

"文化兴盛"行动,一方面要求守正道、扬正气,发扬杭州的优良文化传统;另一方面,要求创新品、出新声,结合最新的文化需求开发新的符合民意的产品,展现杭州最新的城市文化风貌。

守正道,是不废前人留给我们的宝贵遗产,让杭州优秀传统文化活起来、传下去、走出去。杭州拥有西湖、大运河、良渚古城遗址这三大世界遗产,加上南宋皇城、跨湖桥、钱塘江古海塘、西溪湿地等,又有丝绸、青瓷、茶叶等东方"非遗"经典,杭州的世界遗产群落轮廓已然勾勒。让这些优秀传统文化成为新时代新文化的基石,是所有杭州人的共同荣耀。

扬正气,是宣扬"最美"人物,让"最美现象"由"盆景"变"风景",让杭州这座"有温度的善城",成为道德高地上的定位星。建设世界名城,离不开与之相匹配的社会文明风尚,而发展的"关口",舆论的"风口",更需要我们用身边的市民善举,引导人们养成理性思考、温暖表达、文明相处的习惯。让"最美现象"成为杭州人的普遍共识。

创新品，是将文化发展聚焦市民需求，将公共文化供给由"缺不缺""够不够"聚焦到"好不好""精不精"上来。无论是文艺创作的高峰攀登，还是公共文化服务的领跑计划，或是文创产业的引擎培育，桩桩件件都需主动对接群众的"刚需"，扎根于人民的体验，深植于生活的创新。"闭门觅句非诗法，只是征行自有诗"。有了源源不断的新品、优品，有了根深叶茂的产业带、文化带，才会有"千江有水千江月"的文化盛景。

出新声，是要创新传播，让"杭州韵味，国际表达"走近世界舞台中央。随着G20杭州峰会的举办，世界目光将越来越多地聚焦杭州。杭州的城市形象、城市文化如何实现立体化传播？有实力的本土文创企业如何参与国际竞争？杭产优秀动漫、影视、游戏等核心内容产品，如何走向世界？有关部门对外文化交流、文化传播和文化贸易这"三驾马车"驾驭得当，将更好地向世界展示一个充满活力的杭州。

对一座城市的"文化兴盛"行动而言，"守正"是底线，是基础，是要自觉承担起"举旗帜、聚民心、育新人"的使命；而"创新"是高线，是关键，是新阶段、新形势下面对"兴文化、展形象"的新任务，是不断创新思路理念、内容形式、方法手段，磨砺锋芒、掌握主动的过程。如果能辩证地把握这一领域的守正创新，那么，繁荣多姿的文化将成为这座城市蓄力腾飞的梦想底色。

沈　芬

2020年2月18日

目　录

第一章

文化兴盛的灵魂:践行社会主义核心价值观

　　培育和践行社会主义核心价值观是构筑中国精神、中国价值、中国力量的内在要求。习近平总书记指出,核心价值观是文化软实力的灵魂、是文化软实力建设的重点。这是决定文化性质和方向的最深层次要素,把培育和弘扬社会主义核心价值观作为凝魂聚气、强基固本的基础工程,要切实把社会主义核心价值观贯穿于社会生活的方方面面。我们要通过教育引导、舆论宣传、文化熏陶、实践养成、制度保障等,使社会主义核心价值观内化为人们的精神追求、外化为人们的自觉行动。凝聚最广大人民,形成奋斗合力,需要坚持用社会主义核心价值观凝心聚力。社会主义核心价值观反映了全国各族人民共同认可的价值观的"最大公约数",是当代中国精神的集中体现,具有广泛的思想共识和价值认同。在新的社会条件下,进一步发挥社会主义核心价值观的引领作用,要更加自觉地从培养担当民族复兴大任的时代新人这一目标出发,把"培育什么样的价值观"同"培养什么样的人"紧密结合起来,使抽象的价值原则和具体的生活实践、人格养成相结合,在落细、落小、落实上下功夫。杭州作为拥有"最美妈妈""最美司机"的"最美"城市,要以培育和践行社会主义核心价值观为抓手,全面提高全社会思想道德水平,深入挖掘和阐发包括良渚文明在内的中华优秀传统文化的时代价值,使中华优秀传统文化成为涵养社会主义核心价值观的源泉。

"文化兴盛"行动,应更聚焦价值观的认同。要将弘扬社会主义核心价值观与杭州城市精神深度融合,在习近平新时代中国特色社会主义思想指导下,打造与时代共振的杭州城市精神。城市精神是对城市文化的精炼描述,彰显的是一座城市的内涵风韵和个性风采。以践行城市精神为突破口,力争多元文化中的"最大公约数",这是实现文化兴盛的一个重要抓手和推手。文化兴盛则城市繁荣,城市繁荣则文化兴盛,文化与城市水乳交融。只有人人践行城市精神,担当起文化责任,"最美"才能成为"恒美","盆景"才能成为"风景"。

第一节　不忘初心　坚定信仰

一、何谓"初心"

何谓"初心"? 初心,又称"初发心",源于《华严经》。初心是菩萨修行的开始,觉悟成佛是菩萨修行的结果,初心与正果是密不可分的。华严宗四祖澄观《华严经疏》解释说:"初心为始,正觉为终。"从最初的发心到最终的成佛,此心是不变的,所以《华严经》主张初发心即成正觉。"不忘初心,方得始终"的说法即由此演化而来,意思是只要时时不忘记最初的发心,最终一定能实现其本来的愿望。

梅兰芳大师说:"戏要常带三分生",这"三分生"就是初心。在墨西哥的一则寓言中,有个匆匆赶路的旅人,忽然停下,说要"等等落在后面的灵魂",这"灵魂"可能也是初心。香港导演刘浩良的射箭师傅跟他讲:"想象箭原本就插在靶心,你要做的,只是放手,让箭重回靶心。"这个"靶心"也就是初心。我相信,一千个人会有一千个关于初心的答案。

因此,"初心"就是指做某件事的初衷、最初的原因。随着时间的消逝,人们做某件事的初心也渐渐逝去。岁月不居,人们在外打拼,尝尽世间人情冷暖,见惯了各种熙熙攘攘:薪酬、职位、爱情和家庭,欺诈、不公、中伤和背叛,彷徨、痛苦、困惑和迷失。哪一样不曾让人遍体鳞伤、怀疑人生? 这个时候就得让我们停下来,想想"初心",虽然我们走了一千里、一万里,梦里萦回,想想初衷,总还能归于那个原点。

二、何谓"信仰"

何谓"信仰"? 信仰是自身对人生意义、价值的终极追求,是对某种主张、主义、宗教或某人极度相信和尊敬,并把它(他)奉为自己的最高行为准则和价值评价标准。在面临行为矛盾和价值冲突时,正是信仰起到判断和抉择作用。信仰的原动力来自信仰客体对信仰主体安身立命根本性意义的认知。

信仰有自觉和盲目之分,也有理性和非理性之别。唯有基于科学理论分析判断的信仰才是自觉和理性的信仰,唯有自觉和理性的信仰才是真正能够成就人生、最大限度实现人生自我价值的积极和健康的信仰,从而也才是百折不挠和始终能够坚定的信仰。那些基于无知或错误理论的盲目性的信仰,是完全非理性的,可能会演变成宗教激进主义的信仰。这样的信仰是消极而有害的,不仅不会成就真正的人生,可能最终会把信仰者引向歧途。

其实,人们都在生活中不断寻找自己的信仰。有人信仰金钱,认为金钱能让人感到安全;有人信仰权势,认为有了权势就有了一切;有人信仰爱情,认为爱情能给人带来温暖;有人信仰神明,认为神明是苦难人生的唯一依靠。什么是有益人生的积极信仰呢?上至古圣先贤,下到仁人志士,乃至每一个希望了解生命真正意义的个体,无不在用生命去诠释和践行自己的信仰。孔子曰:"朝闻道,夕死可矣。"他把人生的意义上升为对自然规律或者说是对"道"的把握。"君子忧道不忧贫"就是他的信仰。这种信仰能突破生命狭小的格局,提升和成就生命的品质。确定一种信仰是否健康和积极,就要看这种信仰是否与真理相吻合、与自然规律相和谐,是否对自己当下及未来的生命有所助益。

三、孜孜以求真

"不忘初心,继续前进"是习近平总书记在 2016 年 7 月 1 日庆祝中国共产党成立 95 周年大会上对共产党人提出的总体要求。习近平总书记也明确提出,中国共产党人的初心和使命,就是为中国人民谋幸福,为中华民族谋复兴。这个初心和使命是激励中国共产党人不断前进的根本动力。这个初心和信仰是有益于我们每个人的,也是与真理相吻合,与自然规律相和谐,是积极健康的。因此,它也应成为我们行动的指南。

人文社科的研究,很大程度上是在追求真、善、美。"善"是价值判断,"美"是审美追求,而"真"是"善"和"美"的基础。虚假的事物无从谈及"善",也谈不上真正的"美"。"求真"应该成为我们社科工作者不忘初心、坚定信仰的重要行为准则。

那么,如何做到"求真"呢?

一是求我国社会主义初级阶段国情之真。广大哲学社会科学工作者有责任向人们讲清楚,我国现在正处于并将长期处于社会主义初级阶段,这是我国最基本的国情,是我们分析和处理当代中国一切重大问题的基本出发点。离开这一基本出发点,就会犯错误、走弯路。

二是求社会主义建设规律和人类社会发展规律之真。哲学社会科学工作者有责任向人们讲清楚,社会主义本质是解放和发展生产力,最终达到共同富裕。任何把以经济建设为中心同贯彻落实科学发展观割裂开来,甚至对立起来的观念都是错误的。

三是求人民群众历史地位和作用之真。哲学社会科学工作者有责任向人们讲清楚,如何看待人民群众历史地位和作用是判断马克思主义政党的试金石。"人民,只有人民才是创造世界历史的动力。"我们的研究,也应该把解决人民群众最关心、最直接、最现实的利益问题放在首位,切实关注民生和改善民生。

第二节　中国人的信仰问题

一、中国人有没有信仰

近年来,中国人的信仰问题受到人们普遍关注。有种观点认为,中国人普遍缺乏宗教意识,因而得出中国人没有信仰。那事实是不是如此呢? 说中国人没有信仰,这是缺乏历史根据的。首先,中国历史上信奉各种宗教的虔诚教徒不可胜数。其次,没有信仰某种宗教就表示这些人没有信仰了吗? 这是把信仰和宗教混为一谈了,才会认为没有信教就是没有信仰。

这就首先要来谈谈什么是信仰。信仰是人类特有的文化存在和精神生活方式之一,是人们对普遍价值对象的依赖和追求。在任何观念价值体系中,信仰都是其顶层理念,是其思想核心。信仰的存在,使人的整个精神活动以其为核心。没有信仰的生命就是没有灵魂，就是行尸走肉。因此，没有信仰的社会也就没有发展的动力。

二、中国人信仰什么

解决了中国人有没有信仰的问题，就自然而然地提出中国人信仰什么的问题。从几千年来的中国文化发展来看，中国文化中包含着以"天地"，特别是以"天"为对象的信仰。宇宙自然、人伦社会最终的依据都是"天"和"天道"。"听天由命"，这是对自己生命无法主宰转而寻求外在依托的直接表现。推翻旧的王朝也要依靠"天命"才能赢得民心。皇帝要自称"天之子"才赢得统治的合理性。这些日常语言一再反映了"天"是国人所认可的最终主宰。中国所讲的"天"和西方宗教所讲的"上帝"，或者哲学理念所讲的"绝对精神"有类似之处，但又有不同。它不是抽象出来的"神"，而是活生生的，是和现实世界结合在一起的一种"存在"。道家和儒家对"天"都有不同的理解，人们不同的体悟呈现不同的"天道"。

在中国传统文化中，信仰和宗教的关系与西方并不相同。梁漱溟就认为，中国不同于西方的是：西方是以宗教为原则的社会，教权曾独立于甚至凌驾于世俗政权；而中国则是"以道德代宗教""以伦理组织社会"，历史上教权从未摆脱过政权的掌控。应该说，这确实是中国社会和文化不同于西方的地方。

三、中国人信仰面临的问题

外来问题：全球化发展使得"西化"十分活跃。西方文化的挤压，使得中国传统文化的民族特色日益淡化，特别是处于认知成长阶段的青少年，无论从思想言论还是生活习惯上都在极力模仿和推崇外来文化，这在一定程度上深化了民族文化的认同危机，也带来了信仰的考验。

内在问题:实用主义的态度。中国人一直推崇实用主义的态度,影响到宗教领域,就是在中国一直形成不了严格的宗教体系。在民间传统中,民众经常根据自己的需要所求来拜菩萨,是一种"按需而拜"。为了发财拜财神,为了读书拜孔子,为了生小孩就拜送子观音……三教九流,只要想有成效就祭拜,这种功利心也使信仰领域沦落到急功近利的境地。

四、如何实践中国人的信仰

关于信仰的途径,有多种提法。其中,恩格斯的提法最为全面。他认为,人们确立信仰有三种途径,即实践的途径、政治的途径和哲学的途径。实践的途径的是指直接的生产和生活,人们通过日常的生产和生活体验,树立自己的信仰。政治的途径指的是通过政治活动和政治斗争,确立自己的信仰。哲学的途径指的是通过哲学研究等理性思考来寻找自己的信仰。

如何来实践国人的信仰呢?就是树立文化的自信,深刻明白自己的信仰是深深扎根在中华优秀传统文化的土壤中的。把"天"还原成"人",把"人"还原成现实社会的行为规范体系,这就意味着我们不仅要有独立的价值判断标准,更要有自己的行为准则。即便是在信仰的问题上,也要从我们自己的实际出发,这既不是回到过去,也不是照搬西方,而是承担自己应当承担的权利和义务,并且在树立对自己民族文化认同的基础上,有更深的文化自信。

第三节 常怀友善之心

友善是社会主义核心价值观的一种。善之于内,乃是个人道德的基本准则，"德之本，善作魂"，无魂则无以立；友之于外，是道德的具体体现，亦是待人接物的常态。它既是高尚的个人美德，也是重要的公民道德规范，在维系社会成员之间的和谐关系中起到不可或缺的作用。特别是在市场经济条件下，竞争的压力不可避免地带来人际关系的紧张，也带来国际化的矛盾，各种社会矛盾凸现。培育和践行社会主义友善价值观，无疑能为缓解社会矛盾、维护社会良序、促进社会和谐提供坚实的价值基础。

一、友善必先"善己"

友善是一种态度、一种习惯，是自身修养的体现。友善待人，应从我做起。杭州曾获得"联合国人居奖""国际花园城市"等许多称号，特别是承办 G20 会议之后，更向国际城市迈进，将有更多的国际友人来杭旅游、经商等。对于城市国际化而言，我们每个人首先应该做好自己，遵守交通规则，爱护环境，力所能及地提供帮助，营造一个良好的氛围，让杭州更加吸引人。

二、友善，当怀包容之心

"海纳百川，有容乃大。"杭州推进城市国际化建设过程中，必然存在各种矛盾和分歧，这个时候，学会包容和换位思考就很重要。用友善之心去化解矛盾，赢得他人的认同，让友善之花常开。

三、友善，贵在坚持

认识到友善重要不难，难的是十年如一日地坚持。在国际化越来越深入、人际关系越来越复杂的今天，冲突和矛盾时有发生。做到见善则迁、见过则改，为友善代言，做杭州国际化城市的宣传者，是坚持友善的具体体现。

友善是中华民族的传统美德。走向国际舞台的杭州，在国际化的竞争中更加需要友善，只有营造优美的生态环境，构建良好的社会秩序，人们安居乐业，社会和谐稳定，才能吸引世界目光。

第四节　爱岗敬业的价值观念

爱岗敬业是道德建设的要求，是"我们的价值观"的重要组成部分。它看似平凡，实则伟大。任何一份职业，任何一个岗位，都是一个人赖以生存和发展的基础保障，也是为之奋斗和奉献的地方。一切职业道德最基本的行为规范和准则，都是以爱岗敬业为基础的。

一、"爱岗"的内涵

爱岗就是热爱自己的工作岗位，热爱自己的本职工作。爱岗是社会对人们工作态度的一种普遍要求。爱岗，是就职者以积极的态度对待自己的工作，努力培养热爱自己工作的自豪感、荣誉感和幸福感。一个人如果爱上了自己的职业，他就会对自己的工作产生浓厚的兴趣，身心就会自然而然融入自己工作的方方面面。社会上每一个岗位都是整个社会运行链条的一环，缺一不可。个人通过选择把自己融入某一特定职业，也就是选择把自己和个人职业相结合。每个人无论是否对自己的职业感兴趣，都要从社会需要的角度出发，努力培养自己的职业兴趣，在此基础上渐渐爱上自己的工作，这是最基本的职业要求。由于社会分工不同，职业各异，劳动强度、工作时间、社会地位、薪酬制度等各方面都有不同。那些在平凡岗位上做出不平凡成绩的人，是"爱岗"的典范，理应受到人们的尊敬。

著名游泳运动员叶诗文14岁首次参加亚运会,就夺得女子200米、400米个人混合泳两项冠军。2011年叶诗文在上海世界游泳锦标赛上夺得女子200米混合泳冠军,这是我国"95后"泳坛新星首度登上世界大赛冠军领奖台,也是自1978年来最年轻的游泳世界冠军。2012年伦敦奥运会上,16岁的叶诗文在女子400米混合泳、女子200米混合泳决赛中,都获得金牌,并打破一项世界纪录和两项奥运纪录,成为中国游泳奥运史上第一个"双冠王"。2012年底,她在土耳其伊斯坦布尔短池世锦赛夺冠后成为中国泳坛第一个大满贯得主……这些荣誉的取得与她热爱游泳事业、热爱自己的岗位是分不开的。只有真正的热爱,才能日复一日、年复一年地坚持枯燥的训练,才能熬住独坐"冷板凳"的孤独,才能在重复性的工作中不断打磨,最终突破自己,获得成功。

二、"敬业"的含义

"敬业"是以一种严肃的态度对待自己的工作,兢兢业业、勤勤恳恳、尽职尽责、忠于职守。从古至今,我们一直提倡敬业精神。朱子认为,敬业是"专心致志、以事其业"。一个单位好比一台机器,其中任何一个部门、任何一个环节出了问题,好比机器掉了一个螺丝,运转可能会出问题。敬业有两层含义,一是谋生层面的敬业,就是为了维持自己和家人的生计,是出于经济利益的考虑;二是更高层次的敬业,即认识到自己工作的意义和社会价值,从而认真工作。

2012年5月29日,杭州长运客运二公司员工吴斌驾驶客车从无锡返杭途中,突遇铁块击碎玻璃,砸中他的腹部和手臂。危急时刻,吴斌强忍剧痛,换挡刹车将车缓缓停好,拉上手刹、开启双跳灯,以一名职业驾驶员的高度敬业精神,完成一系列的安全停车措施,确保了车上24名旅客安然无恙,而自己却因伤势过重去世。吴斌看似平凡的举动,却是在多年工作学习中养成的职业道德和高尚品格,从而在关键时刻体现出了强烈的社会责任感。平凡之中见伟大,吴斌在关键时刻的举动,就是敬业高层次含义在现实中的生动表现。他用生命诠释了立足岗位、尽职尽责的奉献精神,是自觉践行社会主义核心价值体系的道德楷模,是"我们的价值观"主题实践活动中涌现出的先进典型。

三、"爱岗敬业"的现实意义

当今社会,提倡爱岗敬业具有极强的现实含义。因为爱岗敬业也是为人之道。人这一辈子,除了学习和生活,最重要的就是工作,这是人立足社会的根本。马斯洛把人的需求分为生理需求、安全需求、社交需求、尊重需求和自我实现的需求五个层次。这些需求是逐渐递增的,较低层次的需求得到满足之后,人们就会产生高层次的需要,人的需求层次越高,人的发展就越接近完美。而这五个层次,可以说都和工作相关,在工作中就可以不断实现从较低层次到较高层次的需求,完善自我。人只有真正热爱自己的工作,对工作产生兴趣,才能有坚定的人生目标,才能为了目标不懈努力,在这个过程中才能给生命注入勇气、自信、坚强,这样生命才有意义。"人固有一死,或重于泰山,或轻于鸿毛,用之所趋异也。"工作虽然有分工不同,但没有贵贱之别,社会这个综合体要正常运行,需要各个行业、各个单位、各个部门的配合,也就是千千万万个"我们"的组合。只有我们在各自岗位上实现了自我价值,社会的价值才能实现。

第五节　劳模精神与工匠品质

改革开放四十多年来,正是广大劳动者的辛勤劳动和创新创业,造就了我国经济的飞速发展。习近平总书记在党的十九大报告中提出的"弘扬劳模精神和工匠精神,营造劳动光荣的社会风尚和精益求精的敬业风气",进一步强调了劳模精神与工匠精神在新时期中国特色社会主义建设中的重要性,并让我们深入思考新时代敬业精神的重要内涵。

一、新时代的劳模精神

早在1934年1月,毛泽东同志就提出了有关劳模的论述,他提出提高劳动热忱、发展生产竞赛、奖励生产战线上的成绩昭著者,是提高生产的重要方法。1945年1月10日,毛泽东同志在一次讲话中又对劳模下了定义,诞生了"三个作用"说,即劳模具有"带头作用、骨干作用和桥梁作用"。1950年首次全国性的劳模表彰大会上,毛泽东对劳模进行了明确定位:"你们是全中华民族的模范人物,是推动各方面人民事业胜利前进的骨干,是人民政府的可靠支柱和人民政府联系广大群众的桥梁。"此后,以劳模为主体的"劳模精神"得以不断发展。2014年,习近平总书记在接见新疆劳模代表时的讲话中,明确了新时代劳模精神的内涵,即"爱岗敬业、争创一流,艰苦奋斗、勇于创新,淡泊名利、甘于奉献"。可见,党中央对劳模精神的认识在不断发展,使劳模从生产岗位发挥带头作用,深入到引领经济和社会发展的榜样作用。

但无论劳模精神的内涵如何扩展和深化,它的精神实质就是"劳动"。马克思对"劳动"这一概念有两种不同的解释。一种是哲学层面的解释,认为劳动是人的本质,是人自我实现的途径。另一种是经济层面的解释,认为通过劳动生产物质生活资料。劳模就是这样的一群劳动者:他们以经济层面的物质资料生产为基础,在劳动过程中不仅生产出物质生活资料,而且还创造出社会关系,把劳动作为个体自我实现的方式。因此,新时期的劳模精神可以理解为劳动者通过劳动实现个体与社会和谐共生的过程和结果。它不仅是一种过程,更是一种结果,而爱岗敬业只是劳动者劳动过程中劳模精神表现的一种维度而已。

二、新时代的工匠品质

劳模精神概念有深深的本土化烙印,而工匠精神所植根的人类历史更长,语境也更丰富。工匠精神古已有之,例如"尚技"体现了中国古代工匠对技艺水平的要求,如"如切如磋,如琢如磨";"崇德"则体现了其技艺伦理道德,如"经世致用"等。无论是古代还是近代,从工匠群体中传达出的"道技合一"都强调外在劳动与内在精神的有机统一。一方面,技能的高超离不开"道"的规范;另一方面,"道"的精髓需通过技能来体现。"道""技"统一造就了高质产品与高尚人格,造就了中华民族高超的技艺水平。

近现代工业的发展,机器的普及,并没有让以手工业为代表的工匠精神退出历史舞台。相反,现代社会兼容并包,既需要机器的大规模生产,也需要手工的个性化作业。在"中国智造"的产业变革大背景下,工匠精神地位也越来越凸显,在生产服务环节,"人"的重要性进一步提升,产品更加需要低碳绿化、凸显个性、倡导设计,工匠精神正是"道技合一"这一理念的最佳诠释。工匠精神也逐渐超越手工业,成为指导制造业、服务业,乃至全行业工作的信念。当我们将工匠精神的内涵从工作环境回归"人"这一主体的生存与发展过程时,我们可以将工匠精神理解为"工作世界与人内心世界的契合"。一方面,工作世界需要发挥"道"的作用,维持产品的高品质;另一方面,对"道"的追求需要熟能生巧的技能,这是"技"的作用。只有两者合一才能激发"现代工匠"的无限潜能,彰显出现代产业发展优势,使人的主动性充分发挥,将创新贯穿整个行业发展。

三、劳模与工匠一脉相承

劳模精神的内核是"劳",工匠精神的内核是"工"。但无论是劳模精神还是工匠精神,两者都有共同的载体,那就是"业"。劳模精神强调乐业与勤业,认为个体应在劳作中实现自我价值和社会价值的统一;而工匠精神则强调精业与敬业,认为个体在工作中应追求精益求精和自我创新。两者殊途同归,它们都是新时代敬业精神的内涵,也是社会主义核心价值观在个体层面与劳动层面的体现。

第六节　影视行业价值观培育

影视行业作为独具思想魅力和特殊表达形式的大众文化艺术,具有塑造民众思想、传播主流意识、引导大众舆论、丰富群众精神生活的重要作用。当前,我国进入社会主义新时代,对中国影视业的发展也提出了新目标、新任务、新要求,就是要推动社会主义文化繁荣兴盛,为中华民族伟大复兴中国梦提供精神力量。譬如由吴京导演分别于2015年和2017年拍摄上映的《战狼》和《战狼2》,还有林超贤导演的"行动三部曲"(已上映的有2016年的《湄公河行动》和2018年初上映的《红海行动》),均突出展现了中国军人的英雄气概和大国的精神气度。"一个中国人都不许伤害""一个中国侨民都不能少"，大国尊严、大国责任、大国气魄显露无遗。在当今各种文化思潮相互交融、交锋的复杂国内外形势下，我们应充分发挥影视行业的独特表现形式，借助国产影视的影响力推动社会主义核心价值体系的建设。

一、新媒体时代下我国影视行业的现实处境

随着科学技术的不断进步，4G的出色运用，5G的不断研发，平板电脑、宽屏手机等新媒介的出现，带来了粉丝经济和流量时代，支撑着由网络小说改编的影视剧的畅销。截至2019年6月，我国网民规模为8.54亿人，较2018年末增长1.6个百分点，互联网普及率达61.2%。截至2019年6月，我国手机网民规模达8.47亿人，较2018年底增长2984万人，较2018年末提升0.5个百分点。网民中使用手机上网人群的占比由2018年的98.3%提升至99.1%[1]，网民手机上网比例持续攀升。据调查显示，网民中大多数还是喜欢看由网络小说改编的影视剧。基于这个庞大的市场，这种类型的影视剧开播前就拥有了庞大的粉丝群，其影响自然深远。新媒体的出现，使我国电影行业环境出现了以下转变。

（一）影视文化的内容转变

当前，新媒体技术日渐深入电影创作环节，直接推进了影视文化的变化，对我国影视行业发展产生了巨大影响。

互联网的发展，新媒体的运用，使得影视行业的内容也发生了相应的变化。一种是基于网络文学内容进行改编或创作的。从《第一次亲密接触》，到后来的《山楂树之恋》《失恋33天》《那些年

---

[1] 中华人民共和国国家互联网信息办公室，http://www.cac.gov.cn/2019-08/30/c_1124938750.htm。

我们追过的女孩》《何以笙箫默》等，都创造了不菲的票房佳绩。

另一种是利用互联网传播渠道，以手机、电脑、平板接收为主，不同于传统电影、电视剧的网剧。经查阅资料，最早的网剧是优酷出品的两部在2009年上映的《嘻哈四重奏》第一季和第二季，之后比较有影响力的网剧是2012年的《屌丝男士》、2014年的《灵魂摆渡》、2016年的《余罪》《老九门》等。网剧从2013年开始有了量的飞跃（见表1-1）。还有时间较短、由网友自发拍摄和上传至新媒体平台的微电影。

表1-1　2009—2019年网剧发展史

上映年份	网剧数/个
2009	2
2010	8
2011	1
2012	4
2013	11
2014	31
2015	77
2016	141
2017	143
2018	192
2019	201

（二）影视受众的转变

传统影视中的观众，是作为被动接受影视文化和影视美学熏陶的受众。新媒体技术的发展，让影视观众能积极地表达自身想法,通过弹幕或影评直抒胸臆、表达观点,有的网剧的拍摄也是根据观众的意见和想法,边写剧本边拍影视。观众从简单的接受剧情、观看影视到影响剧情发展,身份发生了重大改变。

观众作为粉丝参与影视的宣传和销售。基于网络资源改编的影视作品,很多观众最开始是因为看过原先的网络小说,从而关注由小说改编的电影或网剧,从书迷身份开始变成影迷追剧。比如,《三生三世十里桃花》作为热门网络小说,一开始就拥有庞大的书迷群体,由它改编的电视剧大热,影视行业已经尝到了由热门小说改编带来的巨大利好,因此电影版本刚一上线就备受关注;加之有刘亦菲和杨洋这两位当红明星的加入,虽然电影评分不高,但也有5.35亿元的票房号召力,这大部分归功于网络小说打下的良好基础。在新媒体时代,粉丝的力量不容小觑,由"书粉"到"影粉""剧粉",粉丝们不仅买票观看电影增加票房,还会利用新媒体平台帮助影视增加人气,讨论剧情、演技、演员、绯闻。还有影视的主题曲及剧中人物的衣着打扮、首饰妆容,这些都可能成为新媒体热议的话题。譬如电视剧《延禧攻略》里运用特有的莫兰迪色滤镜,从一上映就成了大家的热点话题。剧中背景的运用、道具的精美、服装的精致、头饰的精心,都是用了心的结果。剧中颜色的运用至臻至美:宫门的枣红(玉红),宫墙的朱红,宫柱的荷叶绿;剧中人物海兰察服饰的胭红,高贵妃唱戏时的芥黄,魏璎珞的丁香浅紫,尔晴的海王绿,娴妃的靛青,富察皇后的月白,每一色都极具美感。剧中的布景高度还原了当时的清宫景象,每一处的精致感都无与伦比。妃嫔宫女的头饰借鉴南京非物质文化遗产"南京绒花",均是纯手工制作,精致典雅。讨论造就了该剧的风靡,观众从观看的受众转变为传播者。

观众还能自己创作影视作品。新媒体技术的发展,制作成本的下降,影视制作不再高高在上,而开始走向大众。影视的制作主体从专业的制作团队、专业影视机构转向普通大众。相应的拍摄方式也从高端摄制器材的专业方式,转变为美拍、小视频、微拍等自媒体拍摄方式。这极大地降低了影视制作的成本,也拓展了大众创作影视作品的可能。影视制作不需要特别专业的背景,仅需一腔热情,掌握一点专业知识就能参与创作,观众从内容的接受者转变为内容的制作者。

二、新媒体时代我国影视行业发展存在的问题

据调查,言情、偶像、青春、武侠等主题或元素越来越受到大家的欢迎,出现在各种热门的网络文学中,自然其中有很多也被改编成热门影视。《甲方乙方》《一个陌生女人的来信》《天下无贼》《香蜜沉沉烬如霜》《翻译官》《斗破苍穹》《武动乾坤》《琅琊榜》《天盛长歌》《橙红年代》等,这些由走红的小说改编成的影视剧,反响很好;改编制作的电影票房一路飙升,甚至超过了同时期很多热门电影的票房。但在网络小说与影视剧的"联姻"下,影视行业还存在着与社会主义核心价值观相背离的隐忧。

(一)网络小说改编的影视剧存在的类型化与"改革创新"精神相违背

影视文化是当代中国社会文化构成中最重要的部分之一,对构建社会主义核心价值体系、传播社会主义核心价值观具有重要的作用。从影视剧内容本身来说,抗战等爱国剧情的传播对观众的价值观有积极影响;从影视明星的强大号召力及对青少年价值观的影响来讲,影视明星作为不少青少年的偶像,其影视作品也关系青少年道德观、价值观的形成,从一定意义上来讲也关系全民道德和社会人文生态环境的养成。

目前影视剧大热的剧本多是由网络小说改编而来，而"网改"影视剧类型化现象较为突出。第三届"网络文学＋"大会上发布的《2018年中国网络文学发展报告》显示，2018年重点网络文学总体营业收入达342亿元，其中网络文学主营业务收入达159.3亿元，保持稳步增长态势。网文作者达1755万人，各类网文作品累计达2442万部（种），网络文学读者规模总计已达4.3亿人。①从这组数据可以看出，网文产业的读者、作品、作家激增，网络文学正迎来成长的爆发期。网络文学题材丰富，类型多样。知名网站起点中文网就有"玄幻""奇幻""武侠""仙侠""都市""现实""军事""历史""游戏""体育""科幻""灵异""二次元"等诸多门类；晋江文学城网站也开设了"原创小说""古代言情""都市青春""幻想现言""古代穿越""奇幻言情""未来""现代纯爱""百合"等类型小说。

网络文学类型丰富，由网络小说改编的影视剧则种类单一。影视剧题材主要集中在生活剧、后宫剧、爱情剧、仙侠剧这几类；更重要的是，这几类题材最终可能都被拍成了爱情剧。譬如仙侠奇幻之类的故事情节精彩曲折，叙事磅礴、恢宏大气，涉及人物众多，完全具有可看性，2018年热播的《将夜》即是如此。不过该剧在十集以后，男主宁缺的感情戏明显增多，经常有大半剧集都围绕他和公主李渔之间展开，这就让玄幻剧缺失了最重要的东西。很多国产剧一开始剧情安排还合理，演着演着就成了爱情剧，与《权力的游戏》那样的史诗般魔幻大剧相差甚远。《权力的游戏》里也有爱情，但爱情从来不是主旋律，它是架空剧。它的精彩不仅是情节的精彩，更在于配角小人物的生动，在于完整地构建了整个世界，几

---

① 第三届"网文＋"大会发布《2018年中国网络文学发展报告》，网址为http://book.sina.com.cn/news/whxw/2019-08-09/doc-ihytcitm8113438.shtml。

个大陆、几大家族之间的权力之争,描绘了各种怪诞独特又充满想象的风土人情。其细节之丰富、空间之完整、叙事之独特令人赞叹。就连张艺谋、陈凯歌这样的大导演,也谨慎地选择了《山楂树之恋》《搜索》这样以言情为主的网络小说,作为自己"网改"电影的首秀。其主要原因还在于这类题材相对安全,故事可读性强,人物冲突多,拍摄成本可控。成功的案例就是《失恋33天》,低成本制作却成了影视界的"一匹黑马",拿下了高达3.5亿元的票房,成为网络小说改编影视作品的典范。

"网改"电视剧跟风现象严重。譬如以《甄嬛传》为代表的宫斗剧火了以后,后来就陆续上映了《芈月传》《延禧攻略》《如懿传》《锦绣未央》《女医·明妃传》等宫斗剧;自从《那些年我们一起追的女孩》火了以后,《何以笙箫默》《微微一笑很倾城》《匆匆那年》《致青春》《小时代》《悲伤逆流成河》《春风十里不如你》《泡沫之夏》《凉生可不可以不忧伤》《克拉恋人》等青春偶像剧紧跟其后上映;《仙侠奇缘之花千骨》火了以后,《三生三世十里桃花》《扶摇》《诛仙青云志》《斗破苍穹》《武动乾坤》《将夜》等仙侠剧就开始热播。

从受众角度来看,"网改"影视剧类型化,正是大众心理密码的显现。这种类型化趋势,是受大众心理需求和审美取向对影视创作的影响。

从制作方角度来看,追求利益最大化是市场经济规律,原则上影视市场也是如此。"网改"影视剧的成功,在于以低成本获取高票房,在于成本可控,而且有网络小说的广大"小说迷"作为观众的基础。急功近利的复制模式导致"网改"影视剧类型化严重,与"改革创新"精神相违背。以近几年引发热议的"网改"影视剧为例,《甄嬛传》《如懿传》《延禧攻略》等宫斗剧均宣扬钩心斗角、以恶制恶的价值观。《云中歌》《锦绣未央》等由架空小说改编而来,容易造成人们历史观念的混乱。虽说"网改"影视剧开发已成为影视市场的潮流风向,但是影视制作公司不应盲目选择、见好就上,致使改编的影视剧沦为网络粉丝经济的附庸品和娱乐时代的挣钱工具。

从艺术角度和承担的社会责任层面分析,"网改"影视剧作为拥有众多群众基础的艺术形式,应当更广泛,更深层次地体现人类社会、网络环境等丰富多彩的真实本质,体现对生命价值的深度追求,体现对人类多元的人文关怀,体现友善、和谐等社会主义核心价值观。但"网改"影视剧却以简单的类型化剧情消减了社会历史的丰富,人物的类型化消减了人性的复杂,剧情的类型化消减了生活的丰富,这样不利于影视创作的独特性,更无法成为社会主义核心价值观的真实范本。

(二)"网改"影视剧叙事琐碎不利于民族精神的表现

以爱国主义为核心的民族精神应该是社会主义核心价值观的精髓之一,譬如《战狼》和《战狼2》,还有林超贤导演于2016年根据"10·5中国船员金三角遇害事件"(湄公河惨案)改编的《湄公河行动》及2018年初上映的根据也门撤侨事件改编的《红海行动》,均展现了中国军人的英雄气概和大国的精神气度。

但以言情剧、生活剧、后宫剧、仙侠剧为主的"网改"影视剧,摒弃了沉重的历史厚重叙事,热衷于在平常生活中进行柴米油盐、尔虞我诈、家长里短的琐碎叙事,漠视爱国主义和民族精神等社会主义核心价值观的传播,逃避了大众文化的社会责任担当。

同样是表现女性争斗的宫廷剧,《甄嬛传》讲述的是甄嬛从刚入宫时简单善良的女孩,在残酷的后宫倾轧和迫害中变成了尔虞我诈的高手,形成了只有比对手更毒辣才能免于迫害的扭曲是非观和价值观。而韩剧《大长今》宣扬的是女性自强自立、永不言弃的精神,传播的是韩国传统文化中博爱、宽容、善良的价值观。《大长今》中通过精美的菜肴,"不呈上对吃的人有害的饮食",宣扬"决不让饮食成为某些人牟取财富和权势的工具",弘扬健康的韩国饮食文化。而在《甄嬛传》里,食物、香料这些美好事物都可以成为陷害、杀戮的工具。

同样是家长里短、琐碎叙事,韩剧《看了又看》,在冗长烦琐的生活情节中完美地诠释了爱国主义、民族精神等传统文化理念,反复地呈现对长辈的尊重、对传统的恪守等价值观。反观我国影视剧,世俗和平庸占据主流,"自强不息、勤劳勇敢"等民族精神表现不足。例如,"网改"影视剧《蜗居》《双面胶》等表现婚姻出轨、婆媳问题等冲突,有激化家庭矛盾之嫌。我们不是没出过好的电视剧,20世纪80年代的生活剧《渴望》所传递的善良与宽容就感动了我们几代人。"网改"影视剧要想走得更远,就应该在传承民族优秀文化和直面现实问题的同时,关注人性温暖,承担社会责任,引领观众树立正确的价值观。

(三)"网改"影视剧"泛娱乐化"审美弱化了价值观的引领作用

大众文化具有教化和娱乐两大功能,充分发挥大众文化的教化熏陶作用,是社会主义核心价值观建设的重要路径。而如今"网改"影视剧,娱乐有之,教化功能则较缺乏。因为"网改"影视剧从选择剧本到影片上映,娱乐是其最大的追求目标。

网络文学是大众狂欢的剧场,和精英文学相比,缺少了宏大叙事,不具备传统文学的深刻思考和艺术美感,为大众提供了文化消费的精神快餐。根据网络文学改编的影视剧,为迎合网络粉丝的口味,还要强化剧情冲突。譬如《步步惊心》中强化了"九子夺嫡"剧情,姑且不论是否戏说历史,但的确达到了商业娱乐的效果。

"网改"影视剧对青年受众影响尤为突出。现在的网络文学受众庞大,因而他们就自然而然成为"网改"影视剧的受众。因此,如果"网改"影视剧继续仅仅追求高票房和收视率,降低文化高度和精神追求,丧失其文化熏陶、精神塑造、价值引领作用,就会对青年一代产生重大的消极影响,甚至沦为媚俗的娱乐工具。

三、社会主义核心价值观引领新媒体时代影视行业的发展

(一)影视剧本选择应该以社会主义核心价值观为重要标准

"网改"影视剧起步阶段,就是购买优秀的原著网络小说。在进行原著小说版权的购买和评估中,除了对原著网络小说的故事情节、人物特点、矛盾冲突等小说内容的评估,更应该对小说的价值内核进行评估,而且要将提升价值内核放到项目评估指标的重要地位。党和政府大力提倡的社会主义核心价值观,是衡量小说价值内核的基本指标。因此,在"网改"影视剧开发的原创网络小说购买中,最首要的就是原著网络小说应顺应社会主义核心价值观。2014年,习近平总书记提出广大文艺工作者要高扬社会主义核心价值观的旗帜,把社会主义核心价值观生动活泼、活灵活现地体现在文艺创作之中,用栩栩如生的作品形象地告诉人们什么是应该肯定和赞扬的,什么是必须反对和否定的,做到春风化雨、润物无声。因此,影视公司在进行网络小说改编选择时,应注重反映和弘扬以爱国主义为核心的民族精神和以改革创新为核心的时代精神,剧本的价值内核应符合社会主义核心价值观的精神。2015年收视口碑双丰收的电视剧《琅琊榜》,便是反映并弘扬社会主义核心价值观的优秀"网改"影视剧。该剧的成功,主要在于其剧本选择上的成功。在泛娱乐的环境下,原著《琅琊榜》的故事以平反冤案、扶持明君、振兴山河为主线,恰恰表现了以爱国主义为核心的民族精神;该剧播出后更激发了广大观众的民族自信心和民族

自豪感。该剧的成功在于影视公司在剧本选择的最前期,注意挑选符合社会主义核心价值观的优秀小说。

（二）影视剧改编应突出积极向上的社会主义核心价值观

近两年的数据显示,关注"网改"影视剧的主力军是18—35岁的年轻人。"网改"影视剧的改编应注重帮助广大青年观众树立正确的世界观、人生观、价值观。影视剧的社会属性特质,使其还肩负引导正面主流价值观的责任。影视剧本改编,不仅仅是简单地将小说文本转化为视听符号,亦应对其精神内核进行拨乱反正,让社会主义核心价值观的元素融入剧情中。对原著中与社会主义核心价值观有偏差的内容进行合理删减,对反映我国优秀传统文化和积极向上价值观念的内容进行强化突出,使影视剧成为激发个人积极向上的力量,成为社会风气的风向标。同样以热播剧《琅琊榜》为例,该剧本的改编强化了"沉冤昭雪""情义无价""匡扶正义"的精神内核,而这些主题正与我国传统道德观念及社会主义核心价值观相契合。但是,目前在"网改"影视剧本开发上,部分影视制作人过度追求票房和收视率,为吸引更多的观众目光,获得更多的商业利益,故意激化矛盾,展示扭曲的人性,过度虚构、篡改历史,导致影视剧的价值观与社会主义核心价值观严重偏离。针对此类行为,除了需要加大对剧本的把关力度外,影视行业协会亦应加大对会员单位的规范力度,影视剧评论队伍也应加大对此类影视剧的批判研究。

（三）"网改"影视剧内容应坚持"三贴近"原则

"网改"影视剧的开发,要关注百姓身边真实发生的故事,演绎真实的社会人生,反映社会发展的真实状况。近两年有一批优秀的青春题材"网改"影视剧,有的反映年轻人的大学生活,有的表现年轻人大学毕业后走入职场的故事。它们因为贴近年轻观众的现实生活，引发了广大青年的共鸣，获得不错的收视率或票房。《裸婚时代》展示了社会上"裸婚"人士真实的生活状态，《失恋33天》讲述了主人公从刚失恋的痛苦到勇于迎接新的爱情，《致我们终将逝去的青春》激发了大众对那逝去的大学恋情的无限伤感和怀念。这些"网改"影视剧获得高收视率和高票房，很大程度源于这些影视作品反映我们身边真实的人和事，帮助观众在视听符号营造的叙事中产生情感体验、引发心理共鸣。"网改"影视剧的开发，要扎根人民、贴近生活、贴近实际，用崇高的审美和深刻的思想尽可能地表现真实的社会和人生。

作为社会主义文化的重要组成，"网改"影视剧不应丧失它应有的道德教化和价值引领功能，应该引导社会大众以符合社会主义核心价值观的标准解决由于多元价值观的冲突所引发的自我意识矛盾，为社会主义文化的大发展大繁荣做出自己的贡献。

第二章
文化兴盛的土壤：传承我国优秀传统文化

习近平总书记在党的十九大报告中指出，没有高度的文化自信，没有文化的繁荣兴盛，就没有中华民族伟大复兴。总书记高度重视文化建设，强调文运同国运相牵、文脉同国脉相连，在党的十九大报告中把文化建设提到了前所未有的高度。文化是一个国家、一个民族的灵魂。因为中华传统文化包含着许多人类文明的生存智慧。习近平总书记明确指出，在确立人类社会普遍的道德规范方面，中华文化有其优长之处，认为中华文化中包含着许多为人类所共同遵循的普遍性的生存智慧。老子、孔子、墨子、孟子、庄子等古代思想家的学说至今仍然具有世界性的文化意义。这些思想家上究天文、下穷地理，广泛探讨人与人、人与社会、人与自然之间的真谛，构建了博大精深的思想体系。老子、孔子等人的思想中包含了许多正确反映人与人、人与社会、人与自然和谐生存发展规律的真理性认识，这些思想思考和表达了人类生存与发展的根本问题，其智慧光芒穿透历史，思想价值跨越时空，历久弥新，成为人类共有的精神财富。习近平总书记高度肯定中华优秀传统文化是人类共有的精神财富，具有世界普遍文化意义。这一思想观点无疑体现了我们党对中华优秀传统文化的本质意义的新认识。

2018年召开的杭州市委十二届四次全会提出，实施文化兴盛行动，要以文化人、以文铸城、以文兴业、以文惠民，让杭州成为更有人文情怀、更具文化底蕴的城市。杭州作为我国历史文化名城和古都之一，历史渊源和文化底蕴深厚。保存至今并进入市民日常生活的传统文化也有不少，丝绸、茶叶、中医药、杭帮菜、金石篆刻、浙派古琴艺术是其中最有代表性的六项中国传统文化。此外，杭州还有书画、玉雕、铜雕、根雕、刀剪剑伞、茶叶、戏曲等东方传统特色文化。杭州的"非遗"项目连续多年位居全国副省级城市之首，充分证明了杭州东方文化资源之丰富。[①]杭州具有如此丰富的文化资源和发展潜力，在"后峰会、前亚运"时期，需要把握住这难得的历史发展机遇，也要用实际行动落实习总书记的要求，文化兴盛必将在杭州这所历史名城实现。这一方面要发扬杭州地方特色文化传统，把杭州地域文化特性充分显示出来，将山水文化的文化意蕴充分挖掘出来；另一方面，杭州要舍得花本钱保护历史遗址和遗存，让优秀传统文化留得住、活得起、传得下、用得好、走得出。

第一节　传承优秀传统文化的使命

中华优秀传统文化是国家文化的软实力。习近平总书记指出，中华民族伟大复兴需要以中华文化发展繁荣为条件。这一重要论断，深刻阐明了中华文化发展繁荣对于中华民族伟大复兴的重要意义，也深刻阐明了中华文化发展繁荣的时代使命与责任担当。

为什么中华文化关乎整个民族的繁荣发展？这就在于其独特

---

① 肖剑忠：《传承东方文化助推文化兴盛》，《杭州日报》2018年9月24日。

性。习近平总书记指出,中国人看待世界、社会、人生,有自己独特的价值体系。这种独特的价值体系,一方面在于它的文化理想与道德理想,另一方面在于它的务实性与"此岸性"。比如治国方面,"图难于其易,为大于其细。天下难事,必作于易;天下大事,必作于细""国无常强,无常弱。奉法者强则国强,奉法者弱则国弱""法令行则国治,法令弛则国乱";比如齐家方面,"父母爱子贵均。父母均其所爱,兄弟自相和睦""爱子之道在于教,教子之道在于严,严斯威也。爱而不肖";比如敬业方面,"路漫漫其修远兮,吾将上下而求索""业精于勤荒于嬉,行成于思毁于随""敬业者,专心致志以事其业也";比如处理人际关系方面,"君子喻于义""君子坦荡荡""人而无信,不知其可也";等等。所有这些人生智慧,对于每个人来说都很务实,是重要的知识财富和宝贵的精神食粮,有助于人们在面对各种人生难题和挑战时从容、有序应对,每个个体从修身开始,做好自己,才能齐家、治国、平天下。

习近平总书记曾说,他很不赞成把古代经典诗词和散文从课本中去掉,"去中国化"是很悲哀的。应该把这些经典嵌在学生脑子里,成为中华民族文化的基因。随着经济全球化、信息化的发展,外来文化的纷纷涌入,大众媒体商业化的发展走向使文化的"洋化""西化"十分活跃,"西化""韩流"的宣传使得我国传统文化的民族特色日益淡化。从文化资本到文化产品,从语言教育到影视传媒,从宗教信仰到日常节日,从文化形态到文化意识,无一例外都冲击着传统文化。外来文化的新奇、快餐式体验,使得人们更少意愿去投入一定时间和精力去理解、体会、传承和发扬博大精深的传统文化。当人们消费外来产品时,隐匿在物质产品中的西方意识形态也在影响他们,从而加剧国人对传统文化信仰的危机。因此,反对"全盘西化"图谋,加强中华优秀传统文化教育、提升国人文化自觉迫在眉睫。

如何更好地传承中华优秀传统文化，提升国民的文化自信？习近平总书记和党中央提出了一系列文化工程，能让我们脚踏实地一步一步按照规定去实践和落实。譬如于2017年3月1日起施行的《中华人民共和国公共文化服务保障法》（以下简称公共文化服务保障法），就是文化惠民通过政策予以保障的体现。通过宣传贯彻公共文化服务保障法，加大政府购买公共文化服务力度，落实重点文化惠民工程，可以对接群众需求，丰富公共文化产品和服务供给，使人民群众更加便捷地享受基本公共文化服务，增强文化获得感。传统文化进校园工程，则是针对青少年传统文化传承问题。这一工程又分三个部分：一是覆盖从小学到大学的各个时段，这是"固本工程"；二是融汇到教材体系里，这是"铸人工程"；三是贯穿人才培养的全过程，这是"中国人打底色的工程"。还有，实施好国家舞台艺术精品创作扶持工程、重大题材美术创作工程、民族歌剧传承发展工程等重大项目，全面推动了戏曲传承发展政策贯彻落实。

第二节　从"孝"说开去

习近平总书记在党的十九大报告中提出了要构建养老、孝老、敬老的政策体系和社会环境。这是基于老年友好型社会政策的顶层设计，重新审视国家养老、家庭孝老、社会敬老的政策体系，是我国应对人口老龄化在政策体系方面的新突破。中国人盛行的是"百善孝为先"，从历史文化传承来说，尊老、敬老、爱老是中华民族的传统美德。在中国传统社会中，"孝"是维系家庭关系的主要道德准则，也是儒家伦理思想的核心内容之一。《说文解字》中将"孝"

字解读为善事父母者。"孝"字上端为"老",下端为"子",表现出跪拜之"子"的含义,突显出长幼尊卑的次序和礼节。"孝"有崇拜祖先、孝敬祖先,以祈求祖先对子孙庇佑的含义,属于人伦范畴。传统孝道在我国古代的社会政治、经济结构条件下孕育而生,它是我国传统政治、经济和社会发展的产物。传统孝道主张养老敬老,是中国人伦道德的根本。

在中国历史上,"老老"之政自始至终都被历朝历代统治者视为仁爱养民的重要治国政策之一。最早在先秦时期,历代统治者基于父爱养民的为政之道,积极抚恤老弱群体,倡导父义、母慈、子孝的孝道伦理。"老吾老,以及人之老;幼吾幼,以及人之幼。"这句话指的就是在赡养孝敬自己的长辈时不应忘记其他与自己没有亲缘关系的老人。爱护自己家里的儿女,从而推广到爱护别人家里的儿女。这与儒家对大同世界的构想,即人不独亲其亲,不独子其子,使老有所终,壮有所用,幼有所长,鳏寡孤独废疾者皆有所养是一脉相承的。孔子追忆这一"大道之行"的年代,在《孝经》中说:"夫孝,天之经也,地之义也,民之行也""人之行,莫大于孝""教民亲爱,莫善于孝""夫孝,德之本也"。他认为,为人子女孝顺父母,是天经地义的法则;人们应该身体力行地尽孝心,使父母衣食丰足、身体康健、精神愉快。

总之,面对"老有所养"的问题,我国传统社会文化以"导民以孝,以孝侍亲"的孝文化观念作为解决养老问题的思想基础。在这个意义上说,养老、孝老、敬老一直被历朝历代的统治者所重视,通过各种养老、孝老、敬老措施加以实施。一是注重以礼仪、荣誉来尊崇老人,教化民众敬老、孝老;二是依靠刑律来惩戒不孝行为,减免老人及其赡养者的赋税徭役,以此引导民众孝老;三是借助物质恩赐、机构收养等方式帮助赡养老人,以保证老人的基本生活需要得到满足。从"孝道"到"老老",国家以弘扬孝道文化来鼓励家庭成为养老主体,并延伸出来,使社会和国家作为综合养老的重要组成部分,以此实现"老有所用,老有所养"。

第三节 学历史有什么用

学历史究竟是有用还是无用?如果无用,为什么从小就要学历史?如果有用,那么有用在哪里?一般有人会回答说"提升人文素养,陶冶情操",这样说,肯定没错,但是就有点过于抽象,不接地气了。学习历史,肯定是因为它的实用性。因为历史提供了很多案例:有失败的,有成功的。学习历史的目的,就是让人们从前人事例中了解事件始末,了解成功或者失败的原因,避免自己重蹈覆辙。如果读完一本书后,你没有进行更多的思考,也没有因书的观感有所增益,书还是书,你还是你,那么就等于没有读过这本书。读书最重要的是把书里的知识和智慧吸收为自己所用,而不是刻意地去记忆一些事件发生的时间或者地点,现在移动网络这么发达,这些信息很快就能搜索出来,已经不需要像古代那样死记硬背去掌握这些知识点了。时移世易,过目不忘对当下来说,其实不太具有很高的实用性了。读书更重要的是,拿书里的道理和自己的生命历程互相印证,不断地去思索如何在自己的生活中运用前人的智慧结晶,最后将书中的道理和自己的生命融为一体,这样读书才具有真正的意义。这样才是学历史正确的方法,才能使历史成为一门对人有用的学问。

回顾自己的求学经历,我发现自己还是喜欢历史故事的。《东周列国志》《古希腊神话故事》《万历十五年》等,我喜欢的历史是故事性的、有趣味性的。课堂上死记硬背时间、地点、人物、事件等方法使历史被割裂后只剩下知识点，这肯定不利于孩子们学习。这样上历史课的方式，重记忆轻思辨。长此以往，孩子们将不愿意去思考，只愿意记住标准答案，孩子们的思辨能力会被抑制。其实历史的学习最忌统一答案，学习其实是为了启发孩子们发散思维和思辨思考，而不是重视记忆和背诵。教育，是应该培养人成为知识的"主人"，而不是知识的"奴仆"。历史学的本质，就是研究"时间"和"变易"。所有的知识，都将随着时间和空间以及使用的人的改变而改变，只有掌握运用知识的思辨能力，才能真正使用人类这些宝贵的知识财富。历史研究就是让人不被思维所束缚，明白世界有无限可能性，而我们需要的是在这些可能性中找到适合自己的那种。

第四节 "读书第一"的钱氏崇学家风

一部好的家训，不只是一个家族本身的精神食粮，同样也是整个民族，乃至全人类的共同财富。繁衍于江南一带的钱氏家族，自唐末以来人才辈出，载入史册的名家逾千人。近代以后更是出现了人才井喷现象，科学家中的钱学森、钱伟长、钱三强，国学大师钱穆，文学家钱锺书，外交家钱其琛，诺贝尔化学奖得主钱永健……众多国学大家、文学巨匠、科技大师，都出自这个"千年名门望族、两浙第一世家"。

钱氏家规由"武肃王八训""武肃王遗训"和《钱氏家训》三部分组成。"武肃王八训"是武肃王钱镠于乾化二年（912）正月亲自订立。家训以晋代以来大族衰亡为鉴，"上承祖祢之泽，下广子孙之传"，体现了钱氏家族严格的家教。钱镠辞世前又作十条"遗训"晓谕子孙。而《钱氏家训》，传为忠懿王钱弘俶总结钱镠"起居录"所作，经后人不断完善，成为一部饱含修身处世智慧的治家宝典。《钱氏家训》分个人、家庭、社会、国家四个篇章，思想植根深厚，含义博大精深，是钱氏家族的珍贵文化传承，也是钱氏家族人才辈出的传家宝。[1]这份《钱氏家训》就成了钱氏族人必须遵循的法则。

钱氏家规起到的效果是显而易见的。当时有许多的割据政权，为了继承权兄弟相争、父子相残的现象出现。而吴越国历经三世五王，基本都实现了平稳过渡，境内百姓因此得以安享太平，吴越国也成为五代十国中政局最为稳定、执政时间最长的政权集团。

钱氏家风的精髓是什么呢？那就是钱镠所倡导的宣明礼教，读书第一。钱氏家族绵延不绝，大家辈出，主要是"读书第一"的家风所致。

钱氏"读书第一"的家风，起源于武肃王钱镠。他虽出身寒微，七岁学文，十五岁辍学。后来他保境安民，尚武创业，在主政吴越后，深感读书的重要性。因此，他好学不辍，纳贤崇儒，使吴越成为乱世中的一方沃土。当时人称武肃王"武足以安民定乱，文足以佐理经邦"。

近代以来也是如此。钱伟长父亲去世比较早，所以他的家境比较困难，当时也有很多的乡亲劝钱伟长的母亲，叫钱伟长早点去做手工，赚点钱来补贴家用；但是钱伟长的母亲非常坚决，她说，我们再苦再累，也要让他读书，因为我们钱家的家风和古训就是这么要求的，我一定要为我们钱家留下几颗读书的种子。

尊敬老师，重视学习，这是他们家训中定的。祠堂里有规定，宗族里有专门的经费提供给钱氏的穷苦孩子读书，子孙再穷也必

---

[1] 中纪委推荐的"千年名门望族"钱氏家族：近代人才井喷 http://fanfu.people.com.cn/n/2015/0916/c64371-27590968.html。

须读书,子孙富了也要读,当官也要读,种田也要读,做生意也要读,读书是家训的根本,他们做什么行业可以变,但读书不能变。更为重要的是,封建时代的读书人大多有"学而优则仕"的目的。钱氏因为出身王族,学习的目的性反而纯粹,把功名利禄看得较淡。正如钱氏研究者李最欣所说:"钱家人的家风都很正,学习的目的性非常纯粹,他们对读书的热爱完全是对知识的追求和热爱。这在外界看来难以理解的一些举动,但在钱氏后人中则非常普遍。钱家为了百姓,连王位都放弃了,后世对权力和金钱的淡漠也不难理解。"[①]正因为如此,钱氏后人中有很多学者和大科学家,在文化、科技、教育领域成就巨大。

王室读书成风,既倡导了好学读书家风,又开创了江浙文化的先声。读书的家风由此而来,传于后世。特别是教育后代读书至要,读书明理,谓之"穷则独善其身,达则兼济天下",强调"读书为第一等事,读书子弟为第一等人"。读书从而成为钱氏家风的首位,代代弘扬。

在"读书第一"的家风影响下,钱氏家族热爱学习,苦读上进,文化昌盛,声名显赫。自纳土归宋之后,钱氏文人群体便不断壮大,"钱氏有籍于朝廷者,殆不可胜数,而以才称于世常任事者,比比出焉。"[②]

---

① 中纪委推荐的"千年名门望族"钱氏家族:近代人才井喷 http://fanfu.people.com.cn/n/2015/0916/c64371-27590968.html。

② 王安石:《内殿崇班钱君墓碣》,《临川先生文集》卷九四,中华书局1959年版,第973页。

第五节　创新传承优秀传统文化

文化是民族的血脉和灵魂。古往今来,一个国家、一个民族的强盛,总是以文化的繁荣昌盛为支撑的。中华民族历经磨难仍巍然屹立于世界民族之林,中华文明历经五千年仍具有旺盛生命力,其重要原因就在于拥有博大精深的中华优秀传统文化。

党的十八大以来,习近平总书记关于传统文化的一系列重要论述,深刻阐明了传统文化对于培育社会主义核心价值观的重要意义,对于中国经济社会良性发展的重要意义,指明了传统文化是当今时代推动改革开放和社会主义现代化建设的重要精神内核。我们要深入学习贯彻习近平总书记关于传承弘扬优秀传统文化的重要指示精神,坚守中华文化立场,坚持创造性转化、创新性发展的方针,用时代精神激活优秀传统文化生命力,推动中华文化现代化。引入技术思维,是当前中国做好传承发展中华优秀传统文化工作的重要内容。

一、借助现代教学技术,提高人们学习中华优秀传统文化的兴趣

中华优秀传统文化是中华民族智慧的结晶,具有很高的审美价值和很强的艺术感染力,对陶冶学生情操、培养审美能力、提高学生文化素养至关重要。古诗词是中国传统文化的重要组成部分。在历史长河中,诗仙李白、诗圣杜甫、诗魔白居易、诗鬼李贺等诗人给我们留下了千古传诵的瑰丽诗篇。不过,古诗词中有很多生僻字,加上孩子年龄太小,很可能让孩子望而生畏,产生对古诗词学习的抗拒心理。如何创新运用现代技术,借助先进的现代教

学媒介，让孩子们在不知不觉中产生学习中华优秀传统文化的兴趣，是我们要探索解决的重要问题。

在这方面，已经有探索者尝试用音乐来诠释古诗词，他们的经验值得我们借鉴。早在20世纪80年代，原中国音乐学院院长李西安就已经主持出版了《儿童唱唐宋诗》和《配乐古诗鉴赏》歌曲盒带等；2000年后，古诗词配乐更加多元化、专业化，诗人汪国真作曲并出版了《唱着歌儿学古诗》；2008年底，由著名作曲家谷建芬创作的一批为中国古诗词谱曲的《新学堂歌》在北京国安剧院上演。从《三字经》到《弟子规》，从《春晓》到《游子吟》，这台"新学堂歌——谷建芬古诗词少儿歌曲演唱会"一共演唱了谷建芬近年来为古诗词谱曲的少儿歌曲20首，取得很大反响。谷建芬古诗词童声合唱以其独特的文化意蕴成为优秀代表。谷建芬老师利用自己专业所长把国学经典用音乐形式进行诠释，情真意切地再现古诗词的韵律美。她将20首优秀的古诗配上音乐，用动听的儿歌旋律带领孩子们走进古诗的世界，让孩子们在音乐中汲取古诗词的营养，传承经典。优雅动听地传唱中国古典诗词，能使孩子们得到美的熏陶，培养良好的音乐感知能力和高尚的艺术情操，还能让孩子们在潜移默化中吸收中国传统文化。

另外，3D打印技术可以使设计出的形象更加生动、立体、逼真。用3D打印科技重新诠释中国传统文化，会有意想不到的效果。当今，三维全景展示技术多应用于博物馆中珍藏文物的复原展示。物体的虚拟形态在数字交互设备上进行三维全景展示，可以让受众获得比照片和视频更全面的物体展示体验。谷歌曾在2011年推出"艺术计划"（Art Project），将世界著名珍品展示在广大网民面前，其清晰度高达70亿像素，其中大量运用了谷歌的"街景视图"技术，实现了足不出户即可进行全球文化交流的梦想。

3D技术还可以使传统文化元素得到更好的展现,譬如水墨、皮影和剪纸等传统文化元素都可以通过3D技术还原,展示更为清晰的细节。这些技术都可以让孩子们对从未见过的艺术品有更为清晰的认识,从而产生兴趣。

二、借助现代传播技术,增强人们学习传统文化的便捷性

中国优秀文化典籍浩如烟海,是世界文明史上最博大、最宏伟的宝藏之一,但内容庞杂,卷帙浩繁的典籍查阅和保存都极为不便。譬如《四库全书》共收书3400多种、79000多卷、36000多册。庞大的数量不仅使得查阅保存极为不便,其昂贵的价格也使人望而却步。种种原因使得此书不能广为流传,普通人难得一见。为保存和弘扬中华传统文化,《四库全书》出版了原文电子版,囊括了经、史、子、集四部的所有文献,共计200多万页,用150张光盘存储。方便携带、价格低廉使这部巨著走入寻常百姓家,成为学者案头常备的资料,同时也满足了人们收藏的愿望。电子版采用图像方式存储文献资料,在保存了原书风貌的基础上,还提供了书目检索功能,不但能按原书目录检索,而且能够方便地按书名、作者、作者朝代、盘号、书号检索;还有标记注释功能,读者可加自己的标记,这样有助于阅读;同时还提供缩放显示、裁剪、打印等功能,让读者能更方便地保存自己想要的内容。

另外,充分运用当前的科技,如电视直播等方式,可以使传统经典在更大范围获得传播。2016年1月,一部名为《我在故宫修文物》的纪录片在中央电视台首播,随后在视频网站爆红,收获点击量超百万,一度跻身热门搜索。2016年大热的《中国诗词大会》也是如此,节目为大众带来了一场诗词的狂欢,用综艺节目的形式传

播传统文化内容;同时节目还穿插用沙画的现代表现形式,形象地再现诗词之美、诗词之趣。《中国诗词大会》的热播,使传统文化通过现代传播技术家喻户晓,使人们在观看节目的同时潜移默化地接受传统文化的熏陶。

三、借助现代创意,增强中国文化的趣味性、实用性

有些中国传统文化因为种种原因,没有及时得到关注和保护,不复当年辉煌。此类例子不胜枚举,比如中国传统文化的重要组成部分——地方戏曲,就因为观众群的日益萎缩,发展举步维艰;曾经在民众生活中占据重要地位的庙会、划龙舟等节庆民俗,也已不复当年盛况;甚至于中华民族最重要的节日——春节,也因为现代生活方式的冲击而遇到了前所未有的挑战。

尽管当今世界全球化是大势所趋,但全球化并不意味着西方文化一统天下,也并不意味着中国传统文化的消亡。相反,作为拥有五千年悠久历史的文明古国,中国需要而且必须拥有属于自己的独特文化。因为只有民族的,才是世界的。

面对传统文化的困境,"文化+创意"是破解困境的有力举措,在这方面故宫的做法值得大家借鉴。

"互联网+故宫"的结合,是故宫在文化创意方面的一次大胆尝试。2015年上线的《每日故宫》App,即从故宫博物院180余万件藏品中精心遴选,每日推出一款珍贵文物,通过网络发送给广大手机用户,通过新媒体让传统文化融入人们的当下生活。越来越多的青少年从故宫App开始,接触并喜爱故宫文化。《皇帝的一天》App是故宫博物院专门为9岁至11岁孩子们研发的移动应用。通过趣味性、启发性的内容,结合交互技术实现有效沟通,将中华传统文化知识用更有趣的方式传达给孩子们,改变一些影视剧对宫

廷文化的误读。以往故宫文化产品注重历史性、知识性、艺术性,但是由于缺少趣味性、实用性、互动性而缺乏吸引力,与大量社会民众消费群体,特别是年轻人的购买诉求存在较大距离。因此故宫在注重产品文化属性的同时,强调创意性及功能性。通过观众期望与文化创意产品升级的互动,人们可以真实感受和正确理解故宫博物院所传递的文化信息。2016年年底数字故宫社区建成,在充分发掘故宫文化资源的基础上,多渠道、多方式、立体化地展现一个虚拟故宫。在文化创意团队的"再创造"下,"朕就是这样汉子""朕亦甚想你"的皇帝批语,和以"剪刀手""花朵托腮"姿势亮相的帝王将相贵妇佳人,让以往"高贵冷艳"的故宫文化,走进了年轻受众群体。

另外,还可以将传统文化经典内容制作成短片,或孩子们喜闻乐见的动漫,运用现代创意和技术充分调动孩子们多种感官了解中华优秀传统文化,在观看动漫或电影的同时接受传统文化的自然熏陶。将传统文化元素与动画技术整合在一起,已经成为我国动漫产业发展的一个重要方向。2015年由横店影视等出品的动画片《西游记之大圣归来》,技术上采用全景3D搭建,从大场面到一草一木都有原型,将民风彪悍的长安城、大佛林立的五行山山洞、妖气缭绕的悬空寺等中国传统建筑元素表现得生动形象。除此之外,影片在3D动画技术中巧妙融合了东方美学取法大自然的淡彩风韵,如市井街头皮影戏,屋角一枝梅的烟雨,大桃树下红扑扑的桃子,石拱桥上的暴雨将至,山前江畔的帆船,以及大BOSS(妖怪)的书生造型,将传统艺术元素与动画技术进行了无缝衔接。片中角色动作流畅、表情丰富,同时融合了水墨、工笔等表现形式,成为全球首部西游题材3D动画电影。另一部大火的2008年由美国梦工厂制作的三维动画片《功夫熊猫》,以中国古代为背景,将我国的传统文化符号渗透到影片之中,使整部影片极具传统文化气息。从色彩应用来看,片子借鉴了我国传统年画、壁画、版画元素,以黑、白、黄、红为主色,奠定了整部影片喜庆的基调;从人物设计来看,熊猫是我国国宝,蛇、虎、猴等动物也经常出现在中国神话传说当中;从建筑设计来看,"玉皇宫""和平谷"等吸收了中国传统宫殿的元素;在细节刻画上,也大量使用中国元素,斗笠、筷子、包子、绸缎衣服等,充满了浓郁的"中国风"。这种风格借由动画技术展现,在令人耳目一新的同时,也会让孩子们对中华传统文化产生兴趣,从而起到宣传中华优秀传统文化的效果。

中国传统文化博大精深,但与时俱进才能受到青年一代的喜爱。随着社会科学的进步,计算机技术推动软件技术的发展,作品的技术性日趋成熟。传统文化只有借助技术这个东风,探索多元化的发展路径,结合自身文化特色,传承中国古典文化的精髓,通过"技术+文化+创意",取其精华,去其糟粕,传统文化才能长久发展。

第六节　弘扬传统文化与青少年教育

习近平总书记在中共中央政治局第十八次集体学习时提出,中国传统文化是中华民族的"根"和"魂",中华优秀传统文化是国家文化的重要软实力。中华传统文化博大精深,蕴含着丰富的教育资源,是青少年汲取的重要精神养料。青少年是祖国的未来和民族的希望,承担着传承和弘扬中华优秀传统文化的重要使命。梁启超在《少年中国说》中曾深刻地阐明了少年对国家未来的重大影响:"少年智则国智,少年富则国富,少年强则国强。"同样,我们也可说:少年对中华优秀传统文化既爱且学,则中华优秀传统文化必得传承和弘扬，为传承和弘扬中国传统文化计，必重视青少年之中华传统文化教育。

一、中华优秀传统文化对青少年教育的重要意义

习近平总书记在参观"复兴之路"的展览时指出，中华文明绵延数千年，有其独特的价值体系。中华优秀传统文化已经成为中华民族的基因，植根在中国人内心，潜移默化地影响着中国人的思想方式和行为方式。更具体地说，中华优秀传统文化对国人思想方式和行为方式的影响，主要是在青少年时期。这是因为，青少年时期是人的"白纸"时期，是形成价值观和文化认同的关键时期。"从文化传承的过程中可以看到，青少年作为文化传承的重要载体，对一个民族国家的文化特性的保存、延续和发展至关重要。"[1]中华优秀传统文化的价值取向是引导青少年树立正确人生价值观的有效途径。我们，尤其是当代青少年，只有对中国的传统文化有着积极、开放、自信的心态，才能真正实现传统文化的传承。

（一）中华优秀传统文化是中华民族的文化基因，增强青少年的民族认同感就必须弘扬中华优秀传统文化

美国哈佛大学教授亨廷顿（Huntington）在他的"文明冲突理论"中指出，以文化认同为核心的文明冲突将是21世纪国际冲突的主要根源。[2]他指出，人们用祖先、宗教、语言、历史、价值、习俗和体制来界定自己，在种族集团、宗教社群、民族身份，以及在最广泛的文化层次上认同文明。每个民族都有其独特的文化基因与其

---

[1] 徐九仙：《论文化安全视野下青年核心价值观》，《当代青年研究》2011年第1期，第21—27页。

[2] 王鉴、万明钢：《多元文化与民族认同》，《广西民族研究》2004年第2期，第21—28页。

他民族相区别,中华民族亦是如此。文化是中华民族的主要标志和内核。对一个有着黄皮肤、黑头发的中国人来说,如果他不会讲中国话,不懂中国的历史,不了解中国人的习俗,不认同中国的传统价值观,那么,他也很难称得上一个真正的中国人。故而,要增强国人对中华民族的认同感,必须让他们学习和认同中华优秀传统文化,使得他们掌握和了解中华民族的民族智慧、民族精神、民族心理等民族思维方式,以及民族民俗等。

（二）中华优秀传统文化有德育的传统,培养青少年的价值观和良好品德必须弘扬中华优秀传统文化

人的一生中,价值观是会不断发展变化的。到十八九岁的时候,个体的价值观已具雏形。因而,青少年时期是人的身体和心理发展的重要阶段,是自我意识和人生价值观逐渐形成的关键时期。青少年价值观的形成对其以后的人生会产生深远而持久的影响。同时,青少年时期又具有很强的可塑性。因此,正面的教育引导,尊重青少年的独立性,促进其个性的健康成长显得尤为重要。正是因为青少年处在道德行为养成、道德观念确立的关键时期,在这个特殊时刻进行传统文化的德育教育,具有重要的意义。这关乎一个人、一个民族、一个国家的发展。

中华民族历来有重视德育的历史传统,著名哲学家张岱年也曾指出,中国历来有着"以德育代替宗教的优良传统"。①中华传统文化在历史长河中形成了较为完善的中国传统道德体系。从治国到治人,从孝道到伦理,从仁政到和谐,从感恩到人格构建,是丰厚的道德资源库。例如,《周易》中宣扬"天行健,君子以自强不息;地势坤,君子以厚德载物"的君子风范;《论语》中所提倡的舍生取义、

---

① 张岱年:《文化与哲学》,教育科学出版社1988年版,第21页。

见利思义、见危授命,三军可夺帅、匹夫不可夺志的品质,以及"士不可以不弘毅,任重而道远"的历史使命感;《孟子》中提出的"富贵不能淫,贫贱不能移,威武不能屈"的独立人格及"修己安人""正心修身"的个人修养,以及倡导的"天下兴亡,匹夫有责"等。这些都是在长期历史实践中形成的优秀价值观。青少年长期在这样的优秀传统文化中熏陶,汲取其思想精华和道德精髓,自然而然会潜移默化地形成高尚的道德情操。这正如习近平总书记所指出的,青年处在价值观形成和确立的时期,抓好这一时期的价值观养成十分重要。这就像穿衣服扣扣子一样,如果第一粒扣子扣错了,剩余的扣子都会扣错。人生的扣子从一开始就要扣好。"凿井者,起于三寸之坎,以就万仞之深。"青年要从现在做起、从自己做起,使社会主义核心价值观成为自己的基本遵循,并身体力行地大力将其推广到全社会中去。

(三)中华优秀传统文化蕴藏诸多人生智慧,铺设青少年平坦成长之路必须弘扬中华优秀传统文化

习近平总书记在回答中外记者采访时曾指出,这样一个大国,这样多的人民,这么复杂的国情,领导者要深入了解国情,了解人民所思所盼,要有"如履薄冰,如临深渊"的自觉,要有"治大国若烹小鲜"的态度,丝毫不敢懈怠,丝毫不敢马虎,必须夙夜在公、勤勉工作。其中的"如履薄冰,如临深渊"出自《诗经》,其中的"治大国若烹小鲜"出自《道德经》。这是习近平总书记借鉴中华优秀传统文化的智慧用以治国理政的一个典型例子。

比如治国方面,有"国无德不兴、人无德不立""明者因时而变,知者随事而制""图难于其易,为大于其细。天下难事,必作于易;天下大事,必作于细""国无常强,无常弱。奉法者强则国强,奉法者弱则国弱""法令行则国治,法令弛则国乱";比如齐家方面,有

"少成若天性，习惯成自然""人生小幼，精神专利，长成已后，思虑散逸，固须早教，勿失机也""骄慢已习，方复制之，捶挞至死而无威，忿怒日隆而增怨。逮于成长，终为败德""盖人之幼也，智愚未有所主，则当以格言至论日陈于前，盈耳充腹，久自安习，若固有之者""父母爱子贵均……父母均其所爱，兄弟自相和睦""爱子之道在于教，教子之道在于严，严斯威也。爱而不教犹不爱也，教而不严犹不教也""教得其道，则子孙贤良，教失其道则子孙不肖"；比如敬业方面，有"朝闻道，夕死可矣""路漫漫其修远兮，吾将上下而求索""术业有专攻""业精于勤荒于嬉，行成于思毁于随""敬业者，专心致志以事其业也""合抱之木，生于毫末；九层之台，起于累土；千里之行，始于足下""鞠躬尽瘁，死而后已""天将降大任于斯人也，必先苦其心志，劳其筋骨，饿其体肤，空乏其身，行拂乱其所为；所以动心忍性，曾益其所不能""吾日三省吾身"；比如处理人际关系方面，有"君子喻于义""君子坦荡荡""君子义以为质""人而无信，不知其可也""德不孤，必有邻""仁者爱人""与人为善""己所不欲，勿施于人""出入相友，守望相助""老吾老以及人之老，幼吾幼以及人之幼""扶贫济困""不患寡而患不均"；比如处理人与自然关系方面，有"天人合一""唯天下至诚，为能尽其性。能尽其性，则能尽人之性；能尽人之性，则能尽物之性；能尽物之性，则可以赞天地之化育；可以赞天地之化育，则可以与天地参矣""喜怒哀乐之未发，谓之中，发而皆中节，谓之和；中也者，天下之大本也；和也者，天下之达道也。致中和，天地位焉，万物育焉""天地不仁，以万物为刍狗""有天地，然后有万物；有万物，然后有男女；有男女，然后有夫妇；有夫妇，然后有父子；有父子，然后有君臣；有君臣，然后有上下；有上下，然后礼仪有所错""夫大人者，与天地合其德，与日月合其明，与四时合其序，与鬼神合其吉凶。先天而天弗违，后天而奉天时。

天且弗违，而况于人乎？况于鬼神乎？"；等等。

这些人生智慧，对于青少年来说，都是重要的知识财富和宝贵的精神食粮。这些知识财富和历史智慧，不仅有助于青少年健康成长，更有助于他们在未来长远的人生之中适应各种环境，面对各种人生难题和挑战可以从容有序地应对。

二、当前青少年传统文化教育存在的问题分析

(一)课程体系不合理，中华优秀传统文化分量太轻

应该肯定的是，近年来，我国在推动中华优秀传统文化教育进学校、进教材方面取得了一定效果。但是，现在一些中小学对传统文化的教育理念还比较缺乏、对教育内容缺少全面规划、对教学环节缺乏整体设计的现象不是个例。往往是众多课程各自为战，没有统一的传统文化主线，课内课外无法衔接，缺乏传统文化实践环节。课程门类孤立化、传统文化内容碎片化单薄化、教学设计随意化现象的出现，大大降低了教学效果。拿作为传统文化教育主要载体、传统文化知识占比较多的语文学科的教学来说，由于受到前些年反传统文化思潮的影响，许多经典的传统文化篇章被逐出语文教材。对于这种状况，习近平总书记于2014年在北师大考察时明确表达了不满意的态度，他很不赞成把古代经典诗词和散文从课本中去掉，认为"去中国化"是很悲哀的；而应该把这些经典嵌在学生脑子里，成为中华民族文化的基因。

(二)课外实践机会不多，中华优秀传统文化知行分裂

"知行合一"是王阳明先生最重要的思想之一，是中国传统文化认识论和实践论的重要论述。"知"主要是道德认识，"行"则是道德实践。中华传统美德注重知行合一，在重视道德认知的同时强调实践，认为"口说不济事，要须实践"。也就是说，在重视人的道

德教育和培养的同时,努力促进道德意识的实践和力行。这不但是因为"知之非艰,行之惟艰",还因为实践是检验知识正确与否的重要标准,"事莫明于有效,论莫定于有证。空言虚语,虽得道心,人犹不信。"

然而,在具体的教学实践中,不少学校和教师深陷应试教育的泥坑而不可拔,过于强调对传统文化知识的记忆,而普遍忽视传统文化的课外实践。比如端午节,我们不仅可以在课堂上给学生普及有关端午节的来历,讲讲屈原的诗词,还可以让同学们回家和家人一起包粽子体验一下节日气氛,开发一下动手能力,第二天在课堂上展示各自的成品,举办"粽子展"小比赛;有条件的,还可以参加当地组织的赛龙舟比赛,感受节日带来的欢乐气氛。这是历经多年从未消退,而且更加焕发生命力的节日魅力。这也是学生们在课本上永远无法学到的经验性体悟和感受。

（三）西方腐朽文化挤压,中华优秀传统文化生存严峻

随着经济全球化、信息化条件下外来文化的纷纷涌入,伴随中国全球化的发展趋势、大众媒体商业化的发展走向,文化的"洋化""西化"十分活跃。处于认知成长阶段的青少年,无论从思想认知还是生活习惯上都在模仿和推崇外来文化,这在一定程度上造成了民族文化认同的危机。从文化资本到文化产品,从语言教育到影视传媒,从宗教信仰到日常节日,从文化形态到文化意识,无一例外地都冲击着传统文化,外来文化的新奇、快餐式的体验,使得广大青少年更不愿意投入一定时间和精力去理解、体会、传承和发扬博大精深的传统文化。当青少年消费外来产品时,隐匿在物质产品中的包括文化观、人生价值观和宗教信仰等西方意识形态也在影响着青少年。这加剧了青少年对传统文化的信仰危机。因此,加强中华优秀传统文化教育,推动中华传统文化回归、提升青

少年文化自觉已成为迫在眉睫的任务。

(四)国学教育中断,中华优秀传统文化师资缺乏

五四运动以后,受激进主义思潮和反传统潮流的影响,特别是"文化大革命"和"破四旧"运动的冲击,以儒学为核心的国学被边缘化,大受批判,不仅许多传统文化典籍被焚毁,许多院校与传统文化相关的专业被停招停教,就连许多有着深厚传统文化素养的知识分子也另择他途,不再从事传统文化的研究和教学工作。随着时间的推移,其导致的一个直接结果就是合格的传统文化师资力量过于缺乏。目前,教师群体的国学水平大多还停留在初中、高中课本中所学的一些诗词讲解和文言文解说水平,缺乏系统的国学文化教育,对传统文化缺乏深入的理解,难以适应教育下一代的需要。师资力量不足,传统文化中书法和传统舞蹈等教学任务并不是任何老师都能胜任的。授课教师需要接受专业教育和培训,但是目前杭州开设专业课程的学校极少,相关师资力量比较匮乏;而且国学教育大多是一些培训班在开办,教学水平参差不齐。

三、加强青少年传统文化教育的对策

(一)完善教材体系

2013年12月,《光明日报》针对2013年8月习近平总书记提出的四个"讲清楚",提出"要将传统文化'讲清楚'",认为"如果教师无法'教清楚'传统文化的基本经典,学生也就无法'学清楚'传统文化的内容"。[①]2014年,习近平总书记在主持中共中央政治局第十三次集体学习时再次提出,要讲清楚中华优秀传统文化的历史渊源、发展脉络、基本走向,讲清楚中华文化的独特创造、价值理

---

① 张劲松:《将传统文化"讲清楚"》,《光明日报》2013年12月19日。

念、鲜明特色,增强文化自信和价值观自信。①这些都为完善传统文化教材体系指明了方向,提出了明确要求。2014年3月,教育部发布了《完善中华优秀传统文化教育指导纲要》。这一文件专门介绍了传统文化教育的内容体系,针对传统文化教育不同学段的特点提出了基本目标和主要内容框架。但同时,从整个传统文化教材内容体系而言,还应包括以下几方面内容:一是文本类内容。具体而言,包括文艺作品、史学作品、学术著作、宗教文献等几种。根据实际情况,史学作品和文学经典可以作为教材选择的重点分类择之。二是知识类内容。这部分内容与文本有所区别,不需要阅读文献就能完成教学。可以通过讲故事或者其他形式开拓和丰富教学内容。三是技艺类内容。这部分内容不同于文本也不依赖于某种具体知识,而是通过练习或者实践习得,譬如书法、舞蹈等。由此,整个传统文化教材建设就能形成一个完整的体系了。

（二）完善课程体系

针对当前的教育实际,从教育者的角度来讲,需要进一步完善中国传统文化的教育课程体系,积极引导青少年跳出以往应试教育模式和过于狭窄的专业领域,广泛接触中国优秀的传统文化,夯实人文基础,增长人文知识,开阔文化视野,为提升个人文化素养打下坚实的基础。

具体来说,可以开设传统文化通识课——学校的人文素质课是人文知识传授的重要载体,课程开设的有效程度直接关系着青少年学生的接受和领悟水平。首先,在课程目标设置方面:注重培养青少年的自主学习能力,使其认识到自己是中华传统文化的参与者和传承者,对传统文化产生认同感,能有自己的见解和价值判

---

① 习近平在中共中央政治局第十三次集体学习时的讲话,2014年2月24日。

断。其次,在课堂教学模式方面:加大传统文化通识教育的比重,采用"公修课＋公选课"模式,从学分制度上加强管理,不足学分不得由所学专业选修或必修课程代替,以此来确保青少年学生的自主选择权。最后,在课堂执行方面:由于传统文化通识教育课一般是大班授课模式,可能会出现只有授课没有交流的现象,因而可以采用分小组讨论模式,每个小班设立一个组,班长任组长,老师每周可布置一定量的阅读讨论任务,在下周授课时安排一定时间进行讨论交流,让青少年在课后自己阅读,自己写研讨报告。这样的参与才会使其对传统文化的深层含义产生自己的见解,提升自身的思辨能力和人文素养。

同时,结合传承与创新原则,按照青少年认知规律,在小学、初中、高中、大学等不同阶段,构建不同学段的课程内容体系,分别突出"兴趣""亲切""理解""理性"等不同维度。小学学段以诵读经典中的简单格言,启蒙为主;初中学段可精选传统文化中的经典段落,重在培养一个亲切熟悉的语言环境;高中学段则选取中华传统文化经典中的篇章进行阅读,侧重培养青少年对传统文化的理解能力,培养相应的文化价值观;大学学段可选择传统文化中的经典著作进行全文研读,如《大学》《中庸》《论语》《孟子》《史记》《汉书》等,提升学生的理性思辨能力,培养文化信仰。

(三)增加课外实践机会

由于学校课堂授课模式的种种局限,青少年只是学到了课堂上关于传统文化的一些篇章,传统文化还需要学生在实践中体会,在生活中去认知。

具体而言,活动开展形式可以多种多样,可以借助媒体、社团、各类竞赛和传统文化节等生动活泼的各类活动,来激发青少年的学习热情,刺激他们化被动接受理论知识为主动吸收接纳传统文化。创新学习实践模式,开展契合主题的课外实践活动,亲身体验人文教育环境,如可以组织青少年参观历史纪念博物馆、观看传统文化演出、聆听国学讲座、寻访历史文化古迹等活动,让青少年在潜移默化中被中国优秀传统文化的高风古韵所感染。家长也可以配合学校开展家风家训教育,组织"讲家训、写家书、传家风"主题实践活动,培养青少年在感悟中华传统优秀家风家训中传承传统美德。

(四)生产更多承载传统文化的文创产品

近年来,一些好的文创产品,譬如花木兰、功夫熊猫系列等受到了国内青少年的喜爱。现在的青少年不是对中华优秀传统文化不感兴趣,而是传统文化在创新表达方式方面做得还不够完善,从而让人对传统文化"望而生畏"。为此,应针对当代青少年的审美偏好与文化需求,重视对承载优秀传统文化的文创产品的开发与生产,使中华优秀传统文化借助文创产品这一媒介,更广泛地进入青少年的日常生活中,进入青少年的内心世界。所以,需要我们以社会公众需求为导向,增强文化创意产品的趣味性和实用性,设计生活化且包含中华传统文化元素的文创产品,让中华优秀传统文化能够融入日常生活,让传统文化变得更加生动,更加亲切,从而发挥出更大的文化影响力。

在这方面,故宫进行了成功探索,给我们带来了深刻启示。其开发的各类文创产品,将传统文化与现代实用价值完美融合,如"五福五代堂"紫砂茗壶套装,将"五福"概念转化为实用的紫砂茗壶,将传统文化内涵通过文化创意产品传播出去,为今天人们的生活增添了历史厚度。①

---

① 薛帅:《文化文物单位文创产品的明天有多炫》,《中国文化报》2016年6月14日。

这也启示我们,若是能开发艺术性和实用性有机统一、与时俱进、适应现代生活需求的文化创意产品,满足多样化消费需求,深入挖掘文化资源的价值内涵和文化元素,那么,沉淀在传统文化中的文化资源就能真正"活起来",就能让青少年对传统文化更为亲近,自愿学习,达到传承传统文化的效果。

(五)加强师资培训

学校教育是传统文化教育的主阵地,要让传统文化回归,让中华优秀传统文化传承下去,关键在于教师。教师在学校教育中发挥着主体作用,只有提高教师的思想认识,增强他们对传统文化的认同感,从认识上加强,从思想上重视,才能将优秀的传统文化传达给青少年,这样才能将优秀传统文化发扬光大。这就需要对教师进行职业培训,不断提升教师对传统文化的鉴赏能力,不断提高其传统文化素养。只有这样,才能将文化精髓更好地传承下去。

传统文化内容庞杂,与现实结合得不是很紧密,加之教师教学手段单一。因此,教学感染力和效果欠佳。这要求教师不断探索新的教学方法,比如借助电影、音乐、视频等媒介,创新教学模式,力求让青少年身临其境地感受传统文化。

第三章
文化兴盛的基石:提升市民公共文明素养

道德是提高人的精神境界、促进人的自我完善、推动人的全面发展的内在动力。一个社会是否文明进步,一个国家能否长治久安,很大程度上取决于公民思想道德素质如何。党的十八大报告从扎实推进社会主义文化强国的全局出发,对全面提高公民道德素质做出部署,强调这是社会主义道德建设的基本任务,一定要深刻理解把握、认真贯彻落实。

文明素质其实是市民内在素质的外在表现。一个城市的"公共文明素质",反映的是市民群体在公共领域中体现出来的文明素质的整体构成,包括两方面内容:一是市民在公共领域进行交往和活动时,应具有的文明意识、文明行为和价值要求;二是指一种隐性的、优良的道德环境和道德舆论等,具有潜移默化的渗透性。公民道德素质建设培养的是观念,塑造的是精神,树立的是风尚。每一种观念的培养,每一种风尚的树立,都需要一个相当长的过程。同样,提高公民道德素质是一个长期的行为养成过程,是一个由量变到质变的循序渐进的发展过程,不可能搞几次活动、做几场报告,公民道德素质就会有突飞猛进的提高。因此,提高市民公共文明素养,必须从一点一滴做起,要经常抓、抓经常,反复抓、抓反复,做到规范化、制度化。

杭州就是这样一座城市,随着"最美妈妈""最美司机"等平民英雄的不断涌现,"最美"现象逐渐成为杭州的普遍现象。另外,以"礼让斑马线、喇叭不乱鸣、有序停单车、排队上公交、文明乘地铁"等为内容的"文明出行,杭城更美"主题实践活动,以及"我们的价值观"和家风家训等宣传教育,使杭州成为一座"有温度的善城"。这些都是杭州文化兴盛的社会基础。

第一节　市民公共文明素养调查

公众对人文社会科学知识的基本认识是其具备科学素养的基础,它可以帮助人们形成正确的价值观,指导人们的日常行为。从一定意义上说,一个人的人文社科素养状况,和他掌握的人文社会科学的知识相关。本书主要是针对公众对人文社会科学的价值判断和态度倾向,在调查中涵盖了政治、经济、历史、法律、社会、哲学等大多数人文社会科学的基本知识,为考察杭州市公众对人文社会科学的总体认识提供了有价值的参考。对"杭州公众的价值判断和态度倾向"的了解,是问卷调查的调研重点。

一、杭州公众对人文社会科学的认识

(一)人文社会科学素质对道德建设的作用

杭州构筑道德高地,最美现象在杭州从"盆景"到"风景"到风尚,这与杭州独特的人文底蕴和优良的道德风气紧密相关。通过调查,人们非常认同社会科学素质的提升对社会道德体系建设的重要意义,如图3-1所示,杭州市民对人文社会科学感兴趣的重要原因是为了提升个人的综合素养,其中最希望"提高道德素质"的人占据62.7%,希望"提高生存和发展的能力"的人的比例为48.5%,

希望"提高文化水平"的占据了43.8%。从这些数据中可以发现，人们对提升人文社会科学素质十分认同，其中，对个人道德素质的积极作用处在最优位置。

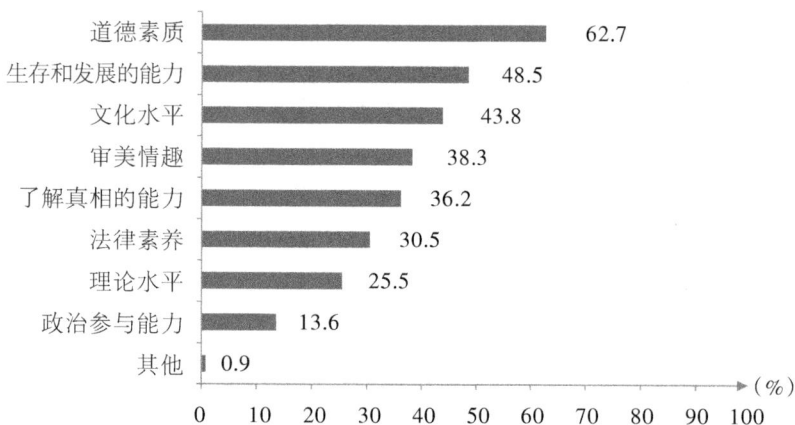

道德素质　62.7
生存和发展的能力　48.5
文化水平　43.8
审美情趣　38.3
了解真相的能力　36.2
法律素养　30.5
理论水平　25.5
政治参与能力　13.6
其他　0.9

图3-1　最希望借助人文社会科学知识帮助自己提高的能力因素

（二）公众对人文社会科学素养重要性的看法

在调查中，对于"在您看来，进行这次调查是否有必要"的问题，表示"很有必要"和"有必要"的人群的比例分别为30.7%，59%，远远超过了"没有必要"和"说不清"的人群，3.6%和6.7%的人分别认为"没有必要"和"说不清"，占比极小。而对于"在您看来，我们正在进行的这次调查是否会影响政府未来的政策措施"的问题，只有15.9%和11.8%的受访者认为"没有影响"和"说不清"，72.4%的受访者持认同态度，17.5%的受访者认为"很有影响"；54.9%的受访者认为"有影响"。调查结果显示，杭州公众对此次人文社科素养调查认同度较高，也表明了杭州公众对人文社会科学知识与素养的重要性有良好认识。

(三)杭州公众对人文社会科学知识的认知度

在这次调查中,我们设定了几类基本人文信息题作为考量的内容:一是术语的了解;二是观点的掌握;三是常识的理解。[①]各个维度下的分类和平均正确答题率见表3-1、表3-2。

表3-1　项目分类

维度	项目	题号
术语的了解	中国梦	4-9
	中国特色社会主义三大文明	4-11
	GDP	4-12
	恩格尔系数	4-15
	全面建设小康社会的目标	4-27
观点的掌握	社区都是以血缘为纽带的社会共同体(错)	4-7-1
	公民就是我们常说的人民群众(错)	4-7-2
	人类历史是由英雄人物创造的(错)	4-7-3
	自然规律是不可以改变的(对)	4-7-4
	法人是指代表某一个组织的个人(错)	4-7-5
	政府会干预市场经济(对)	4-7-6
	发行货币是人民银行的重要职责之一(对)	4-7-7
	供求关系和价格涨跌无关(错)	4-16
	法律的作用(主要用于保护个人的权利>惩罚罪犯)	4-17
常识的理解	打造信用杭州靠什么(道德约束和法律约束)	4-3
	被称为"最需要科学测量的艺术"是什么(建筑)	4-4
	孔子是哪个学派的代表人物(儒家)	4-5

① 薛飞:《浙江省公众人文社会科学素养基本状况分析》,《浙江社会科学》2004年第5期,第16-20页。

维度	项目	题号
常识的理解	我国解放战争中三大战役是什么(辽沈、淮海、平津)	4-6
	通货膨胀(物价走高,货币贬值)	4-13
	哪个国家不是安理会常任理事国(德国)	4-14
	《突发公共卫生事件应急条例》有哪些内容(略)	4-23
	"三个和尚没水喝"表达的管理学思想是什么(协调原则)	4-24
	西湖属于哪一类世界遗产(世界文化遗产)	4-33

表3-2　各个维度下的平均正确答题率

维度	平均正确答题率
术语的了解	52.0%
观点的掌握	72.4%
常识的理解	75.0%
知识掌握情况	69.5%

　　通过表3-2的数据可以分析得出,杭州市公众对人文社会科学基础知识的掌握情况较好,平均正确答题率①为69.5%,除了在"术语的了解"方面的平均正确答题率(52.0%)略低外,观点掌握和常识理解指数都很高,比例分别是72.4%和75.0%。综合来看,杭州市公众对人文社科基本知识的掌握情况是比较好的。

---

① 某一维度的平均正确答题率=[Σ(每个受访者在某一维度答对的题数÷该维度的总题数)]÷受访者人数。

二、杭州公众对人文社会科学的态度

(一)多数公众对人文社会科学的积极影响所持的态度

人文社会科学对人类社会发展所起的作用是众所周知的,是社会变迁的思想先导和价值引领,人文社会科学与自然科学的地位和作用同样重要。但是,人们对人文社会科学的认识,其程度可能有所不同,不同的群体甚至会有较大的差异。在本次调查中,我们设计了人文社会科学八个方面的影响,包括道德水准、文化生活、公众健康、世界和平、环境保护、经济发展、政策制定、社会治安。根据调查结果,杭州市民认为,人文社会科学对社会治安等各个方面都具有积极影响。积极影响中排名较高的是道德标准(1.317)、文化生活(1.008),其次是社会治安(0.985)和政策制定(0.850),其他依次为世界和平(0.757)、经济发展(0.541)、公众健康(0.371)、环境保护(0.299)。在这些内容中,受访者认为人文社会科学的影响大大超过了自然科学的影响。但本次课题调研是以公众人文社科素养调查为主,带有社会期许效应,如此做出的问卷调查结果有一定的失真性。考虑到此影响因素,结合图3-2,做出如下推断:社会科学与自然科学对公众的影响存在差异,其中,认为在道德水准、文化生活、社会治安、政策制定、世界和平方面,人文社会科学的影响更为显著,而在环境保护、公众健康、经济发展方面自然科学的影响较为显著。

道德标准　1.317
文化生活　1.088
政策制定　0.985
社会治安　0.850
世界和平　0.757
经济发展　0.541
公众健康　0.371
环境保护　0.299

自然科学影响力大　　　　差不多　　　　人文社科影响力大

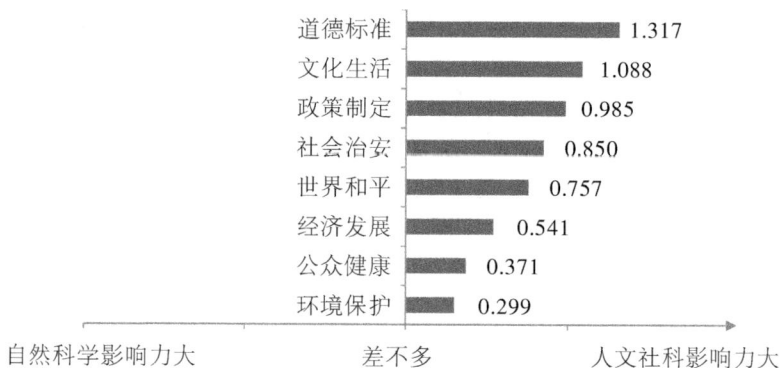

图3-2　人文社科和自然科学的影响力情况

（二）公众在帮助子女选择专业时的态度

为了解人们对各类专业的态度，我们设计了"如果你的子女或亲友报考大学，您倾向于让他选择哪些专业方向"这一问题。调查结果表明，医学、工学、经济学、法学、教育学、管理学处于前列，属于比较热门的专业，选择比例都在20%以上，其中医学以55.0%的比例位列第一，新兴交叉学科与理学、军事学、文学处于第二梯队，选择比例在10%以上，社会学、历史学、农学属于第三梯队，选择比例在5%以上，政治学与哲学最不被关注（见图3-3）。在这里我们看到社会公众对政治学持比较冷淡的态度。以上结果与2003年在浙江和2006年在南京开展的人文社科素养调查结果基本一致。这说明重视理工科和实用性强的学科现象不是杭州独有的，而是一种普遍的社会态度和根深蒂固的职业价值观。

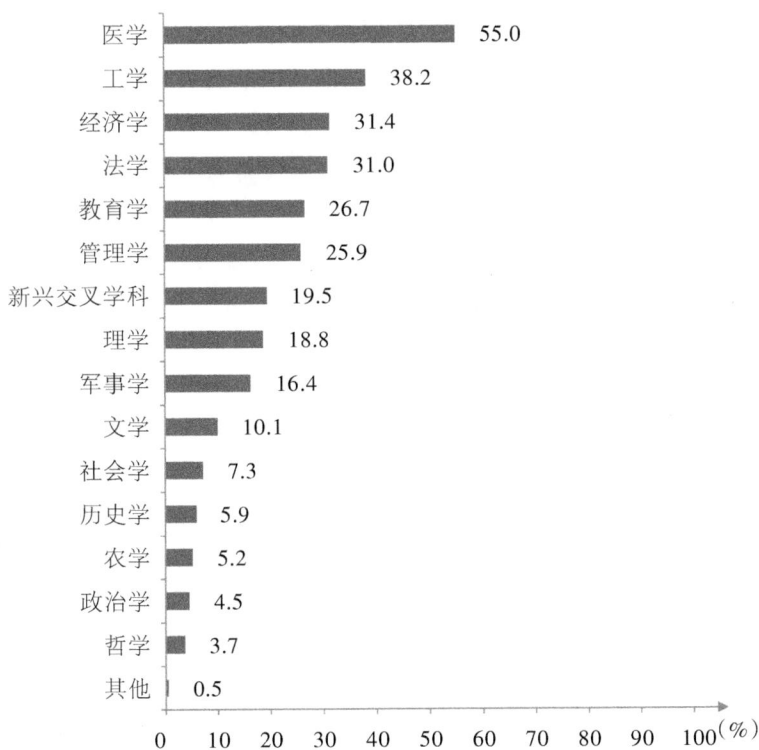

图3-3 关于倾向选择的专业方向

(三)大多数公众认为的最好职业

与人们选择专业方向对应,杭州公众认为最好的职业是医生、科学研究人员、律师、高校教师、一般公务人员、工程技术人员、设计师、民营企业家、会计师、中小学教师、企业管理人员、建筑师、文艺工作者、军人等,这些专业选择比例在10%以上,除了一般公务人员、军人等,其他职业的共同特征就是从业人员都是专业技术人员。看来公众普遍认为有一技之长是获得好职业的前提。令人诧异的是,"记者"竟然以4.5%的比例排在倒数第四,仅在其他职业和工人、农民之前,可能这和记者职业辛苦、平时周末很少休息有关(见图3-4)。

由图3-3和图3-4可知,人们的职业选择与专业选择有明显的正相关性,专业选择"医学"比例以55.0%居于第一位,职业选择"医生"的比例也以36.1%位列第一;其他专业选择如工学、经济学、法学、教育学、管理学排在前位的也和职业选择科学研究人员、律师、高校教师、工程技术人员等位次趋同。

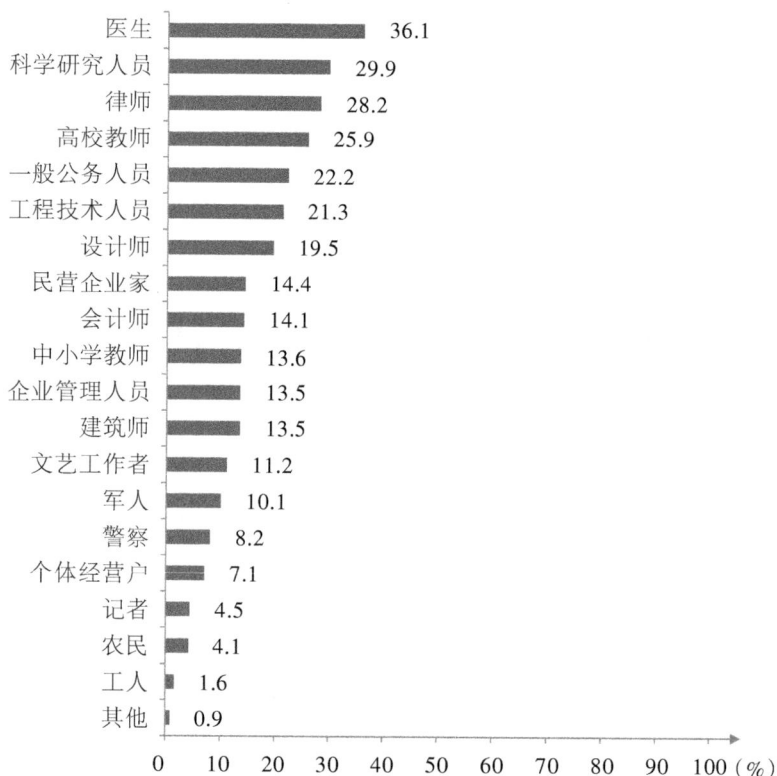

职业	比例
医生	36.1
科学研究人员	29.9
律师	28.2
高校教师	25.9
一般公务人员	22.2
工程技术人员	21.3
设计师	19.5
民营企业家	14.4
会计师	14.1
中小学教师	13.6
企业管理人员	13.5
建筑师	13.5
文艺工作者	11.2
军人	10.1
警察	8.2
个体经营户	7.1
记者	4.5
农民	4.1
工人	1.6
其他	0.9

图3-4 公众认为的最好职业情况

(四)公众最希望通过人文社会科学提高的能力

在人们对人文社科知识的汲取过程中,个体的目标需求存在较大差异。调查数据显示,有两个需求最为明显,排在第一位的是

"道德素质"，占总体样本的62.7%；排在第二位的是"生存和发展的能力"，占48.5%；其他依次为："文化水平"（占43.8%）、"审美情趣"（占38.3%）、"了解真相的能力"（占36.2%）、"法律素养"（30.5%）、"理论水平"（25.5%）、"政治参与能力"（13.6%）（见图3-1）。这可以看出杭州公众比较看重自身道德形塑，这主要和中国传统文化具有伦理道德型的特征有关，"以德为先""道德立人"的观念已经深入人心，沉淀为普通民众的日常意识。

（五）最受公众欢迎的讲座内容

调查数据显示，在各种人文社科讲座中，"文学/历史/哲学知识"讲座最受欢迎，占比17.9%；其次是"社会问题分析"，占比16.5%，还有就是"人际交往技巧/社交艺术"（15.4%）、"法律学知识"（13.2%）、"教育方法和技巧"（12.4%），排在后面的是"经济学知识""艺术知识""管理学知识""婚姻家庭问题""政治学知识"等（见

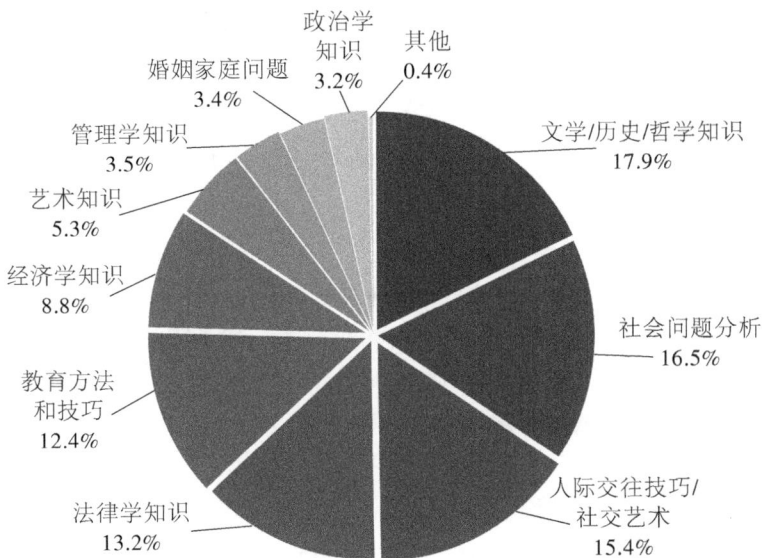

图3-5　希望听到什么内容的讲座

图3-5)。文史哲能够成为杭州公众最受欢迎的讲座内容,原因至少有两个:一是杭州是著名的中国历史文化名城,人文涵养和渊源深厚;二是受中国文化"文以载道""以史为鉴"传统的影响,人们对文化问题和历史问题尤其关注。

(六)公众最愿意接受的讲座形式

调查显示,"实用性强、能解决实际问题"是公众最希望听到的讲座,占比高达90.7%;"通俗易懂、生动活泼"排在第二,占比达到80.2%;其他依次是"信息量大、知识面广"和"思维严谨、说理清楚",大众最不看重的就是邀请大师过来开讲座,排在最后,占比只有19.4%(见图3-6)。看来,杭州公众并不盲目相信大师专家,而是希望听到实实在在的、有益有利的内容。调查结果还显示,公众对讲座内容和形式的要求比较一致,位列第一的文史哲讲座属于通俗易懂、生动活泼,而社会问题分析、人际交往技巧和社交艺术、法律学知识、教育方法和技巧等都属于实用性很强的门类。此次调查表明大众急需实用应用型的知识指导有益于自己的生活和实践,解决实际问题。对实用型讲座的喜爱,从另一个角度折射了公众所反映的心理特征,即社会公众对"生存和发展的能力"的利益关切,重视思想的引导和问题的解决。

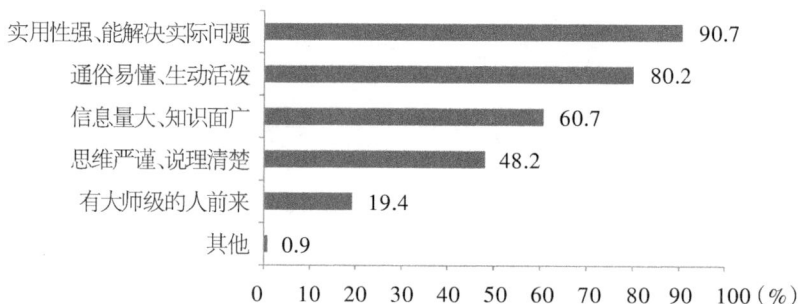

图3-6 希望听到什么形式的讲座情况

（七）公众最熟悉的科学机构

相对来说，自然科学机构更多为杭州公众所熟知。首先是中国科学院以95.3%的占比高居榜首，其次是中国工程学院，占比为90.3%。国家级的科学机构相对于省市而言，知名度更高。排名第三的就是占比为82.8%的"中国社会科学院"。接下来依次是省级机构，"浙江省社会科学院"（76.5%）知名度排名第四，略高于"浙江省科学技术协会"（71.5%），"浙江省社会科学界联合会"占比只有45.1%，远低于"杭州市社会科学院"（68.7%）和"杭州市科学技术协会"（67.6%），排名最末的是"杭州市社会科学界联合会"，占比为44.4%（见图3-7）。浙江省社科院在图中排名高，表明杭州公众对该机构开展的经济、社会、文化等研究活动的熟悉程度较高。这是因为省社科院专家经常通过电视、报刊、网络等媒体，发表对当前热点问题的看法评说和意见建议。杭州市社会科学院排名高除了上述原因外，与此次调查是由杭州市社科院科研人员深入基层具体进行有一定关系。调查数据显示，不论是浙江省社科联还是杭州市社科联，公众对其的熟悉度都不高。大家对这两个机构的职能不太了解，原因在于不像社科院在国家层面还有中国社科院，社科联上面没有"头"。因此公众对此类机构缺乏了解也在情理之中。另一方面社会公众普遍认为，社科院是人文社科研究工作和学术活动的主要机构，也是专家学者的聚集之地，对于人文社科的影响力较之社科联要大许多。杭州市社会科学院作为杭州市政府直属的学术研究机构，应进一步发挥人文社科研究机构的品牌影响力，进一步壮大发展和提高活力，多出人才、多出成果，为杭州的建设发展做出更大贡献。

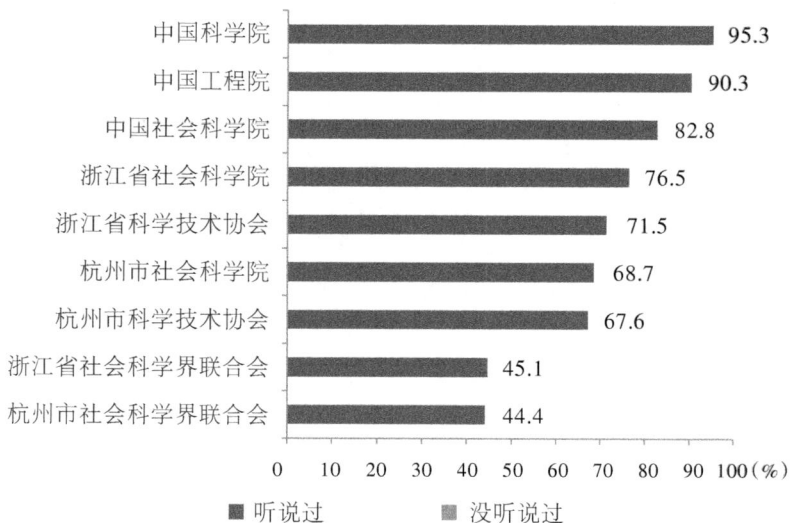

图 3-7 公众对各个机构的熟悉情况

（八）大家最信任和最不信任的组织

这是相关组织机构的信任度测量。调查显示，对各种组织机构，公众信任程度有明显区别。从图3-8可见，"科研院所"的受信任程度最高（0.762），其次是"教育机构"（0.754），其后"社区基层组织"（0.625），"电视台、电台"（0.535），"出版社、报社"（0.388）。公众信任度较差的三个依次是"网站"（-0.019）、"中介组织"（-0.48），垫底的是"宗教组织"（-0.631）。相对来讲，最受信任的组织机构在公众心目中同时具有权威影响力。在各类机构中，科研机构和教育机构是最受信任的权威机构，这与此类机构最讲科学、最有思想、最实事求是的品质著称有关。而同样以真实和言论为旗号的传媒机构，较之于科研和教育机构有相当的心理距离。从图3-8中还可以看到，科研和教育机构的数值最接近于"信任"，而传媒两类机构处于"普通一般"，信任度水平较低。从传媒机构本身比较，电视台、电台优于报社、出版社，这可能与电视台、电台传播手段具有视觉性和直接性有关，人们更愿意"眼见为实"。相对于另一重要传媒手段——网站，在"一般"中偏于负面，这与"真假互现"的状况，以及公众对它"半信半疑""既爱又恨"的感受比较接近。由此可知，特别是电视台、电台和出版社、报社两类传统媒体，它们在"真实"和"言论"方面的开拓空间还比较大，"取信于民"的目标尚需努力达成。

此次调查结果令人反思，"宗教组织"处在"不信任"的尴尬位置。我们认为：第一，本次调查认真可信，是实事求是的；第二，这一结果不是偶然的。这与多年来一些宗教活动的功利性追逐、商业化操作等种种乱象有关系，社会公众对宗教组织产生了"虽有信仰却未必信任"的心理认知，尤其是相关组织和人士要自省自戒自律。当然，多年来邪教组织的负面影响也是一个原因。这一调查结果应当引起有关管理部门和宗教组织的注意和反思，据此采取措施促进宗教文化健康发展。

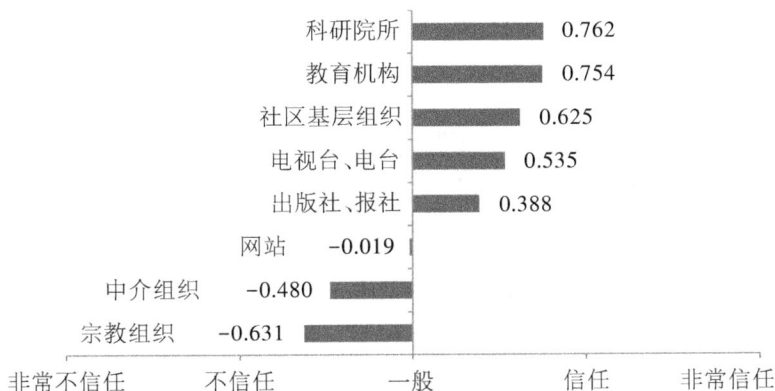

图3-8 公众对各种组织的信任情况

（九）公众对科学的信任度

对于"假设您的家人患了一种很奇怪的病,去医院看了很长一段时间仍不见好转,那么您主张怎么办"这个问题,选择"继续就医"的占78.8%,这说明杭州公众还是相信科学的。选择"寻找民间土方"的有10.5%,选择"既就医又找神媒"的占8%,单纯"乞求神灵保佑"（1.3%）和找"神媒破解"（0.2%）加起来只有1.5%,占比极少。由此可知,随着科学技术的日益发展,人们对科学的信任度日益增加,虽然还有极少数人迷信神媒,但大多是老年人。

（十）公众对理想社会价值的选择

对理想社会的最重要价值调查显示,公众选择"缩小贫富差距"作为首要价值,占比60.2%,其次是"依法治国"（39.5%）、"社会治安良好"（38.6%）、"政府信息透明公开"（31.4%）、"食品安全"（31.0%）、"普及、专业的医疗措施"（22.2%）、"人际交往讲信用"（21.2%）、"环境整洁"（14.9%）、"人尽其才"（14.8%）、"公共设施完善"（11.3%）、"照顾弱小"（8.8%）、"尊重少数人的选择"（5.5%）等（见图3-9）。从以上调查数据可知,公众对"理想社会"的价值期许,是"公平""法制""稳定",这些可以解读为人们心目中"理想社会的核心价值"。

从调查结果,我们还可以发现,公众对"安全"高度关切,如位列第三的"社会治安良好",位列第五的"食品安全",位列第六的"普及、专业的医疗措施"。如果"环境整洁"调整为"环境保护"这一涉及环境安全的选题,它的价值重要程度将大大提高。总的来看,社会公众对贫富的焦虑、对法制的焦虑、对安全的焦虑,是非常明显的。

缩小贫富差距	60.2
依法治国	39.5
社会治安良好	38.6
政府信息透明公开	31.4
食品安全	31.0
普及、专业的医疗措施	22.2
人际交往讲信用	21.2
环境整洁	14.9
人尽其才	14.8
公共设施完善	11.3
照顾弱小	8.8
尊重少数人的选择	5.5
其他	0.6

0 10 20 30 40 50 60 70 80 90 100（%）

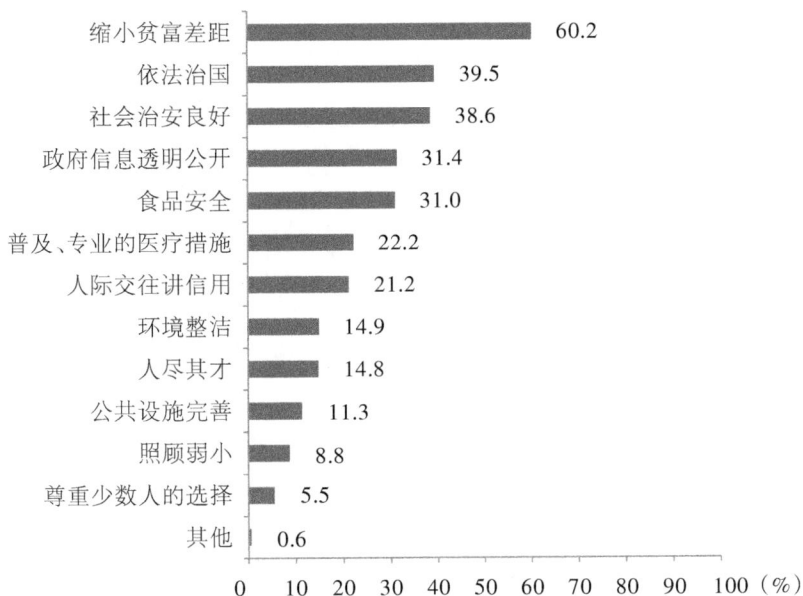

图3-9 公众认为理想社会最重要的价值因素

三、杭州公众价值判断的趋向

（一）公众对提升人文社科素养有内在的要求和积极性

调查结果显示，有89.7%的杭州公众认为此次人文社科素养调查有必要。被调查者中的大多数人都认识到人文社会科学对社会的影响是积极的，不可或缺的。可见公众认识到人文社科的重要性，并有提升人文社科素养包括丰富人文社科知识和理论的内在需求。

（二）对杭州城市"品质"和"休闲"特征有较高认同

针对"您希望杭州在未来发展成怎样状态"的问题，一半以上及近一半的人群对"生活品质之城""养生休闲之都"表示认同。看来"品质""休闲"已成为杭州比较认同的城市品牌（见图3-10）。

有特色的城市往往能使人产生认同感,比如杭州公众一提到西湖,都会有一种自豪感。另外,较高的生活品质及追求也增强了人们对杭州这座城市的认同感和归属感。结合图3-11可见,杭州公众在城市印象和城市归属感的得分都较高。公众对杭州在公平、守法、讲信用、尊重民意、正义、较高文化素养、包容、休闲、宜居等方面的特点有很大共识,而且都愿意留在杭州。这是因为杭州比较独特的宜居品质和休闲文化,使公众更喜爱这座城市,让人们在游山玩水中慢慢记住它,认识它,最终了解和认同它。

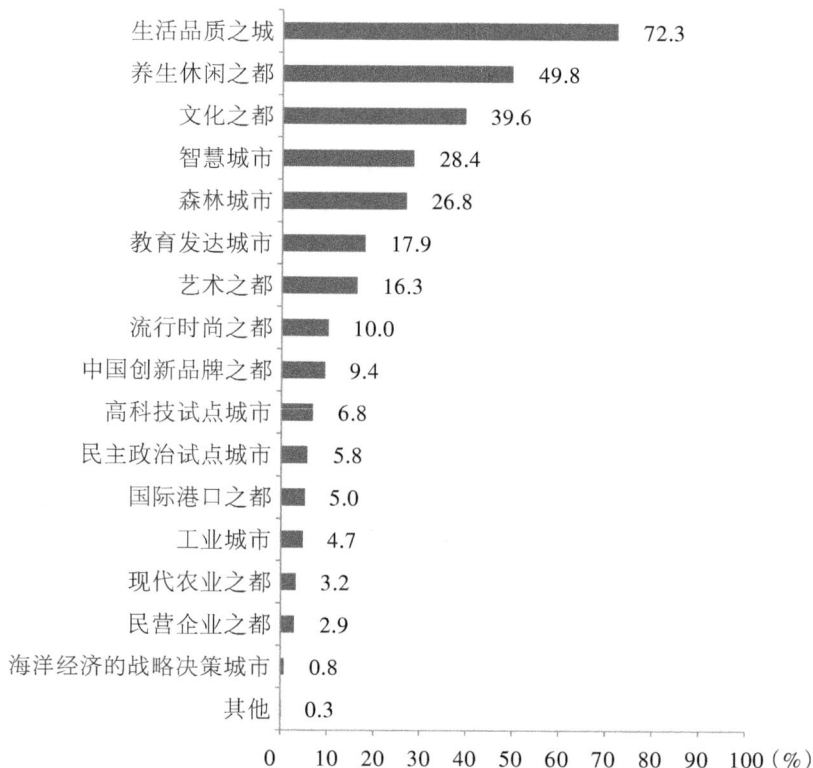

类别	百分比
生活品质之城	72.3
养生休闲之都	49.8
文化之都	39.6
智慧城市	28.4
森林城市	26.8
教育发达城市	17.9
艺术之都	16.3
流行时尚之都	10.0
中国创新品牌之都	9.4
高科技试点城市	6.8
民主政治试点城市	5.8
国际港口之都	5.0
工业城市	4.7
现代农业之都	3.2
民营企业之都	2.9
海洋经济的战略决策城市	0.8
其他	0.3

图3-10 对杭州未来发展状态的期望情况

　　基于因素分析的结果,我们将"对杭州市的整体认同与看法"分为城市认同感和城市归属感两个维度①。分别计算两个维度的平均分,杭州市公众的城市归属感的平均分是4.098,城市认同感的平均分为3.716,两个维度都远远高于理论均值3.000。可见,杭州市公众对于杭州的归属感和认同感较强。在城市归属感维度中,"我以身为杭州人为荣"得分最高,达4.325。在城市认同感中,"杭州的文化休闲活动很多"得分最高,达4.079。每一项指标的得分见图3-11。

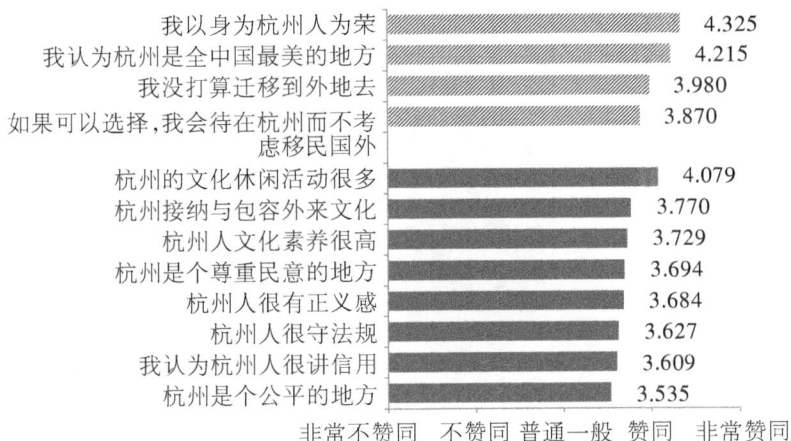

图3-11　对杭州的整体认同与看法情况

① 问卷中,我们列举了13条公众对杭州市的总体认同与看法,要求公众对这13条看法进行5点量表评分,态度可以有非常赞同、赞同、普通一般、不赞同、非常不赞同等5个水平,分别计分为5,4,3,2,1。采用主成分分析法和方差最大正交旋转法,对"对于杭州市的整体认同与看法"这一题中各个指标上的得分进行了探索性分析。KMO(Kaiser-Meger-Olkin)检验的得分为0.940,Bartlett的检验结果达到显著性水平,因此可以做进一步的主成分分析。最终得到了特征根大于1的2个公共因子,其累计方差为64.340%。由于"我认为杭州比其他市更适合外国人来居住"这一指标的因子载荷小于0.55,因此予以删除。两个公因子分别命名为城市认同感和城市归属感。采用Amos软件对探索性因素分析结果进行验证,结果显示该降维结果有效。

（三）对杭州的地域文化及发展有较好的认知

调查显示,公众对杭州地域认知情况良好。由图3-11可知,杭州公众的城市归属感和城市印象都显著高于一般水平。85%的公众对杭州城市精神有所了解(见图3-12),86%的人对杭州打造"全国文化创意中心"的情况有所了解(见图3-13)。由此可见,广大市民对杭州地域人文社科情况有自发自觉的认知行为,体现了公众对自己城市的关心,政府应该加以重视,积极引导,使公众的人文社科素养更上一个台阶。

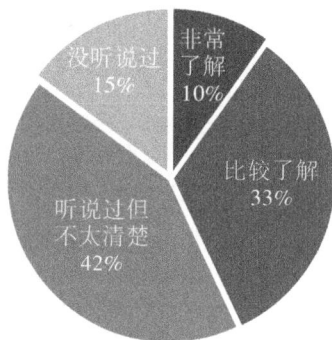

没听说过 15%
非常了解 10%
比较了解 33%
听说过但不太清楚 42%

图3-12　公众对杭州城市精神的了解情况

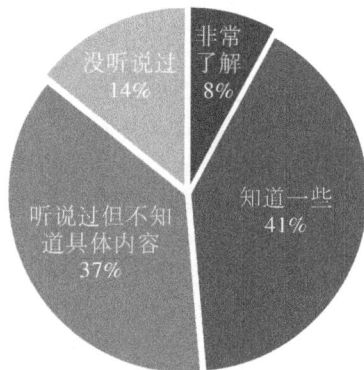

没听说过 14%
非常了解 8%
知道一些 41%
听说过但不知道具体内容 37%

图3-13　公众对杭州打造"全国文化创意中心"的了解情况

（四）公众人文社科素养与教育程度成正相关

在不同群体人文社科素养的比较中，有一组数据比较突出。以所受教育情况为划分标准，杭州公众的人文社科素养水平与其文化程度是正相关的，基本上随着文化程度的增加而提高。因此，教育是提升人文社会科学知识与素养的首要因素。在继续抓好学历教育中人文教育的同时，应针对重点人群，尤其是对大专以下学历人群，着重抓好继续教育工程是当务之急。针对人文社会科学知识与素养存在问题的重点公众群体进行各种形式的继续教育以增加知识、丰富思想，对提升人文素养是比较重要的。

（五）"以德为先"是主导倾向

在图3-1关于"最希望借助人文社科知识帮助自己提高的能力情况"的调查结果中，希望提升"道德素质"位列第一（62.7%），高出位列第二的"生存和发展能力"约14个百分点。这显然与中国文化的伦理道德型传统特征相关，与中国文化"以德为先""以德立人""以德治世"的传统理念相关。也可以说，中国人的这个共性特征，在本次调查中得到清晰的反映和印证。这一情况，也反映了当代社会民众对道德建设的普遍要求。

（六）生存和发展是要务

由图3-1的调查可以发现，同样得到清晰映现的是杭州公众希望提升"生存和发展的能力"位列第二（48.5%），高出第三位"文化水平"约4个百分点。如果说"道德"体现的是人的社会人际意识、公共规则意识，那么"生存和发展"反映了人的个体意识和利益意识，属于人的积极需求和行为动力。这种"生存和发展的能力"的重要性仅次于人的道德存在，可以表述为"生存和发展是要务"的价值倾向。这种价值倾向又可称为"功利性价值倾向"，它指向个体的生存状况和实际利益追求。改革开放以来，人们不再隐藏个人的生存发展要求和个体利益追求。这成为重要的生活动力，成为市场经济的重要支点，是中国社会的一个重要进步，亦是人性的真实复归。我们还可以从本次调查中看到，公众对专业的选择、对职业的选择、对讲座内容的选择等，体现出的对"实用型"功利性价值偏好，也印证了这个特点。这一情况，与当代社会具有"利益交集和冲突"的特征相当吻合。

（七）提高审美情趣具有生活重要性

图3-1的调查结果显示，希望通过人文社科知识来提高"审美情趣"，即提高审美能力，位列第四（38.3%），低于第三位"文化水平"约5个百分点，比第五位"了解真相的能力"高出约2个百分点。这是一个比较有意义的情况。图3-1显示的调查结果量化比重，前五项依次为：道德素质、生存和发展的能力、文化水平、审美情趣、了解真相的能力。这正好是一个价值重要性的程度排列，反映了社会公众的目标期许和价值衡量，具有社会的共性认知。我们可以把"了解真相的能力"理解为"实事求是的能力"，也就是"理性分析的认知能力"。那么，对杭州公众的这一调查结果表明，他们普遍认为："审美能力的需要"次于"文化需求"，却高于"理性能力的需要"。这使我们看到了一个情况，是不是可以这样说，杭州人重道德、重生存、重文化，也看重审美，并且重视审美优于理性认知。这显然是一个由数据统计为证的结果。同时，这与杭州山水秀丽、杭州人爱美懂美、杭州休闲文化、杭州艺文传统、重视情感生活等有很大的关系。应该说，杭州公众将"审美情趣"置于这个地位，有品位，但并非偶然。

（八）理性水平偏弱

从图3-1的调查结果，我们可以得出这样的结论：杭州公众的理性水平有待提高。在调查各项中，属于"理性能力"的分别是：

"了解真相的能力"（36.2%），列第五位；"法律素养"（30.5%），列第六位；"理论水平"（25.5%），列第七位。可见它们在公众心目中的真实位置偏后，不及"审美"这一涉及艺术与情感的心理分量。居于首位的"道德素质"虽然亦属于理性范畴，但它是一种主要作用于行为的实践理性，这和主要作用于思维的认知理性是不一样的。从此次调查中发现的问题是公众的认知理性水平偏低。这一状况与现代社会崇尚的科学精神，存在一个有待重视和补足的落差。

（九）重视实用和功利的突出倾向

此次杭州公众人文社科素质调查的结果，已经在许多不同方面显示出一个明确的价值倾向特征，即对实用功利性的普遍关切，并且这种价值倾向基于个体的生存和发展需求。在中国传统文化的"义利之辨"中，对个人利益或个体功利的追求处在被否定或压抑的位置，直至中华人民共和国成立初期仍然延续了这种文化倾向。20世纪80年代思想解放以后，这种局面得到了改变，"实现个人价值"和"发家致富"成为极具积极性的"正能量"而被普遍认同。我们认为，在现当代社会，"功利追求"和"道德追求"具有同样的正当性、合理性，是人性中积极的组成部分。在公众价值倾向的心理结构中，"道德为先"处在"挂帅"的领导地位，功利性的价值追求紧随其后，这令人想起"君子爱财，取之有道"的古训。"道"就是人的道德、社会的道义。总之，我们可以得出以下结论：第一，杭州公众的精神风貌和价值倾向是健康的、向善的、积极合理的；第二，杭州公众价值倾向的总体特点，是"道德为先"的"实用功利型"，关切个体的切身利益。

（十）偏弱的政治态度

图3-1显示，公众对通过人文社科知识提高"参与政治能力"持偏弱态度（13.6%），在9个选项中几乎垫底。一方面，公众对通

过学习人文社会科学知识来提高政治参与能力的期望值不高,持不确定的态度;另一方面,可能是对政治本身热情不高。我们认为,这两方面的情况都存在,但总的来讲"对政治的态度偏弱"是可以确定的。在"关于喜好专业"的调查中,"政治学"(4.5%)稍好于"哲学"(3.7%),是倒数第三。显然,人们对政治学兴趣偏弱。从现实情况来观察,社会公众对政治的关注确有偏弱的一面,但也有对政治相当敏感和关注的一面。20世纪中叶"政治挂帅"的深刻影响仍然存在,对问题的"政治思维"仍然习惯。总之,在实际状况中,人们对政治持"既消极弱化又敏感关注"的复杂态度。随着中国社会主义政治文明的建设,特别是社会主义民主政治和政治改革的逐步推进,这种状态必将得到改善。人民群众政治参与的热情必有很大的提升。

(十一)比较健康的"社会价值观"

图3-1中"最希望借助人文社会科学知识帮助自己提高的能力"这一项目的调查结果,极有分析意义。这项调查设置了9个问项,我们可以选取前5项为组合单元进行分析。这个组合单元所获得的调查数值,按自上而下、从大到小进行排列,能直观地显示不同价值倾向或各种需求的重要程度和层次分级。这个"组合单元"可以称为"价值倾向的心理结构",也可以称为"目标需求的层级构成",或者"社会价值观的层次结构"。前述已经看到,对这一"社会价值观"的认知和分析,是此次调查的一个重要收获,具有理论意义和应用价值。

杭州公众的"社会价值观"调查设置了"道德素质""生存和发展的能力""文化水平""审美情趣"和"了解真相的能力"这5项。对此做进一步的分析处理,概括为"道德需求""功利需求""文化需求""审美需求"和"理性需求"5项价值需求的层级组合。"了解真相的能力"可以解读为"实事求是的理性认识能力"。从调查数据看,我们对杭州公众这一"社会价值观"的基本评估是:第一,"道德挂帅""以德为先"的结构特征是健康的,符合中国文化积极向善的优良传统,也符合现当代中国的精神形塑,符合中国社会主义核心价值的建构。第二,"文化需求"处在上升的重要地位,道德、生存和文化这三者被社会公众视为最重要的三大价值追求。改革开放以来的三十余年,随着我国物质文明的极大提高及生活条件的改善,人们的精神文明,尤其是文化需求也在不断提升和丰富,在此过程中文化水平的提升和文化产业的崛起即是重要的迹象。道德、生存、文化这三者是中国自改革开放后价值重建的重要组成,生存需求和文化需求获得显著的提升。第三,审美包括自然审美、艺术审美及审美创造等,属于文化类型之一,在价值需求的心理层次结构中起着重要作用,并且突出了文化在精神超越方面的特殊需要。第四,这一社会价值观存在的问题或者不足是"理性能力"处在弱势地位,次于情感性的审美需要。作为思维的理性认识能力,它在现代社会的科学时代,在"科学技术是第一生产力"和"树立科学发展观"的现实生活中,其重要性不言而喻。因此有待加强和提升。还应当注意到,理性的认识能力是人文社会科学素养的基础和支点,也是最主要的思维能力,它能使人比较客观、真实、冷静地分析问题。一个成熟的民族合理的心智结构,应当是道德、生存、文化和理性的价值组合,或者是理性、道德、文化、生存的组合结构。从人文性格特征来看,杭州是"感性的城市",上海则是一个"理性的城市"。此项调查结果也部分地印证了这一点。我们应当在人文素养中,期待更多的理性主导着人的思想和行为。第五,杭州公众"社会价值观"的五个方面,也可以归纳为"五个心",即道德心、功利心、文化心、艺术心和是非心,这相当准确地刻画出当代人群的人文性格特点。从历史发展看,道德的地位依然稳定,但对个人利益的追求(即功利心)处在上升的层级,已到了相当突出的位置,优于对文化的学习与享受需要。这和当下社会流行享乐主义、消费主义、物质主义和个人主义乃至拜金主义有着一定的内在关系。并且,功利心有着越过道德心的危险趋势,近几年频发并引起社会高度注意的若干"反道德人性"事件,就是不断发出的警示信号,因此要对此给予高度关注。合理的完善就是文化需求继续上升并带动审美需求,而生存需求则要得到更好的平衡、满足和保障。

第二节　补齐城市文明建设的短板

文明城市是一个城市的无形资产和品牌战略。城市的文明创建是一项民心工程,可以推进城市向更高层次发展。不过在城市创建过程中,还存在一定的问题,如外卖厨房卫生不合格、旅游景区女厕坑位少导致排队时间过长、城郊接合部老旧社区卫生差、电瓶车车速过快容易引起车祸等。这些问题和市民生活息息相关,也在一定程度上影响了市容市貌,亟待解决。

一、杭州市文明城市创建进程中存在的问题

(一)各部门之间协调效率有待提高

各部门之间处理问题时,存在一定程度的责任界限不清楚、部门之间职能有一定交叉的现象。因此,在处理问题时就会出现多头管理、政策不能有效执行的情况,使一些问题长时间得不到解决。譬如,城乡接合部的老旧小区存在没有物业管理或者管理差、垃圾乱丢乱放、宠物排泄物没及时处理、有人随地小便(特别是地下车库)、早晚锻炼场地少、文体设施破损严重等现象。这不仅需

要环卫部门按时清理,还需要社区出面协调小区成立业主委员会,委托好的物业公司进行管理和整治脏乱差问题。

旅游景区女厕坑位少,导致游客排队时间过长,旅游体验差,拉低了游客对杭州城市的印象分。这需要相关部门进行统筹协调,予以解决。

(二)法律监督惩处力度不够大

相关法律对人们在日常生活中出现的不文明行为的监管惩处力度不够大,导致不文明现象屡禁不止。比如,机动车经常实线变道,行人闯红灯,车辆不按规定道路行驶、逆行等不文明行为。行政管理部门基本上采取的是先教育、再处罚的办法,只对屡教不改者进行惩罚;但处罚力度较轻,难以对经常违规者形成震慑,这不利于人们文明行为的养成。

在外卖平台,很多时候都存在着网上"高大上"、网下"脏乱差"的问题。杭州的外卖市场也是如此,由于一些外卖平台几乎不对商家的营业执照等进行审核,外卖商家鱼龙混杂,里面还有不少黑作坊,他们提供的食物质量令人担忧。另外,卫生条件更是个问题,吃饭拉肚子的现象想必很多人都经历过。笔者询问过一些外卖商家,一般是消防来查煤气问题,但是卫生情况并没有得到重视,治理效果不明显。

(三)市民文明意识有待增强

一方面,杭州城市化程度高,城市范围的扩大,城市人口的增加,住房需求的增多,城乡人口流速加快、构成日益复杂,特别是在市民化的过程中,居民出现自我意识强但公共意识弱、经济意识强但环境意识差、缺乏文明习惯的养成等问题。另一方面,杭州市民对创建文明城市的行为规范、重要性等认识不足,缺乏与之相适应的交通安全意识、道德规范意识等,对城市管理执法存在误解以及配合和支持不够等现象。

二、补齐杭州市文明城市创建短板的对策

（一）加强部门之间的协同配合，树立合作理念

杭州文明城市创建是一项系统工程，是永恒的事业。测评指标涉及的方面非常广泛，在完成指标要求的过程中，要树立"一盘棋"意识，既需要相关部门努力完成好本职工作，又需要他们树立整体意识，在工作中相互配合，共同完成好交叉工作，避免互相推诿等不良情况的出现，做到齐抓共管，高效完成"创城"任务。

同时，将"创城"活动与"双违整治""老旧小区改造"等街区重点工作结合起来，统筹安排，同步推进。一是整治市容环境。主要对乱停乱放、乱搭乱建、乱涂乱画、乱堆乱占、乱扯乱挂、乱摆摊点等现象进行集中整治，加强对马路市场的管理，坚决取缔重要道路、重点区域摊点群。二是整治社区，特别是城乡接合部老旧居民小区的环境卫生。街道创建办要会同社区一条一条地对、一点一点地查、一件一件地改，取缔一批影响市容市貌的夜市摊点，整治小区违章搭建，清理"牛皮癣"，重新制作公益广告，重新配置垃圾桶。对餐饮店高压整治，凡证照不齐、健康证失效、厨房卫生不达标的坚决立案查处。

同时，各社区集中重点清理垃圾死角，解决乱堆乱放、乱倒垃圾等现象，解决背街小巷脏乱差问题，也可以开展常态化的文明劝导志愿服务行动，深化居民的文明意识和文明礼仪的宣传教育，发挥社会监督员的作用，对乱倒垃圾、践踏花草、乱贴乱画、横穿马路、随地吐痰等不文明行为进行监督和劝阻，使广大市民逐步养成良好的文明习惯。深入社区开展文明示范活动，形成讲礼仪、讲修养的良好风尚。

(二)加大惩处力度,有序推进诚信制度化,培育文明城市精神

城市管理、公安、食品药品等管理职能部门要加大执法力度,对一些违法违规行为做到有法可依、有法必依,违者从重处理,使违法违规者不敢再从事违法行为。对达不到处罚标准的不文明行为要记录在案,有效发挥警示教育作用。

城市文明需要讲诚信、重视人才、重视知识、可持续发展等,然而做到了这些还不够,还必须展现出城市独特的魅力,而这独特的城市魅力就来自居民独特的生活理念和精神面貌。因此,我们要在文明家庭创建活动中注重城市文化要素的培育,加大弘扬杭州市"精致和谐、大气开放"的城市精神。

信用在当今社会显得非常重要,一旦失信将寸步难行。建议将不文明行为录入社会征信系统,从而约束市民的行为举止。积极探索围绕文明城市创建有序推进诚信建设制度化,一手抓信用建设,完善守信联合激励和失信联合惩戒机制;一手抓信任建设,从基层抓起推动形成和谐互信的人际关系。同时,公益广告和道德讲堂等要充分利用起来,让文明深入人心。

(三)积极运用新媒体,提升市民素质,开展文明城市创建活动

市民素质体现了一个城市的精神文明建设程度。一个城市的精神文明建设,不仅要有较好的硬件设施,更需要有较高的市民文明素质与之匹配。如今是信息时代,各类电子产品广泛应用于生活的各个方面。因此,要多尝试些新的活动形式,吸引更多的市民了解参与。据调查,目前杭州市各区各村多利用文化礼堂进行培训、文艺会演、各类知识竞赛、文明家庭评选等,提升居民的文明意识。定期化、规范化、普及化的各类讲座也可以满足居民多方面的需求。杭州市不少社区都有微信公众号,今后可以尝试加大微信公众号对家庭文明内容的推送,增加文明家庭的事迹宣传,让群众

感受家风的力量,自觉向先进典型学习。社会文明从自身做起,聚少成多,公民素质提升后,环境卫生及交通秩序也会随之改善,城市的文明程度就会整体提升。

第三节　家庭和谐的内涵和现代意义

家庭和谐主要是指家庭成员之间的和谐。这种家庭系统内部的和谐,不仅指家庭成员的关系亲密融洽,还包括家庭成员之间的理解包容和奉献付出等内涵。

一、良好融洽的夫妻关系

家庭中最核心的关系是夫妻关系,也是家庭和谐的决定性因素。"家和",首先要夫妻关系和谐,这样才能筑就家庭和谐的基础,引导家庭走向和谐关系。有媒体报道,杭州一对"90后"新婚夫妻为"过年回谁家"的问题竟吵到彼此抑郁。实际上,类似这样的事情,近些年每到春节都会发生。一些夫妻沟通不畅,处理问题不周,甚至闹到离婚的地步。争执到最后,初衷早已忘记,执着的却是彼此的态度和事情的逻辑。说到底,就是为争执而争执。双方加强沟通,可以选择去各自父母家过年。

二、和谐包容的亲子关系

子女是一个家庭的未来,承载着家庭的希望。亲子关系的重要性不言而喻。良好的亲子关系应该是和谐包容的关系,也就是相互理解、充满亲情的关系。良好的亲子关系对家庭和谐的影响深刻且长远。

春节是中国人最重要的传统节日。每到春节,大多数人哪怕不远千里也会跋山涉水赶回家，与父母亲人相聚。新年团聚是中国人最为重要的亲人聚会。曾几何时，过年成了亲人共处一室哪怕同坐一张沙发却没有温情的互动。年的味道是团聚的欢乐，而现在，孩子们捧着手机玩游戏，大人们拿着手机抢红包，唯独把还在厨房忙碌着一日三餐的父母给忽略了，本来儿孙们回来是陪父母老人过年的，但是陪父母老人说话的人都没有了，这样的氛围有何欢乐可言？我国已全面进入网络时代，智能手机已成为人们工作和生活的标配。手机也是工具，有些儿女教会年纪大的父母老人学会使用手机，在不能回家的日子经常和老人聊聊天，互发一些生活照片，让双方放心，也未尝不是情感沟通的渠道。但是手机只是工具，不少人在不知不觉中对手机沉迷过度，乃至上瘾。他们在网络上和陌生人谈天说地的时候，却不知道自己已经忽视了身边人很久了；他们在和朋友抱怨家人对自己各种不理解的时候，却不知道自己其实也并不理解家人；他们不明白小孩为什么沉迷网络游戏，却不知道家人也同样不明白他们为什么沉迷手机。这种情况导致团聚时忽略了父母，与父母同坐一室却不搭理，让手机把美好的春节团聚时光给绑架了。难怪让人感叹："世界上最遥远的距离，莫过于你和我面对面，却各自在专心致志地玩着手机。"难怪有些家庭聚会时，手机要统一上交，由父母集中保管，充分利用那难得的聚会时光听父母"唠叨唠叨"，听小孩吵闹。这种方法虽略显独断，但在人人都是"低头族"的今天，也不失为一种解决方法。"常回家看看，回家看看，哪怕帮妈妈刷刷筷子洗洗碗，常回家看看，……哪怕给爸爸捶捶后背揉揉肩……"一首《常回家看看》，就写下了独居父母们最大的心愿。

三、和谐融洽的代际关系

家庭代际关系是指家庭内部不同辈分的家庭成员之间的关系,涵盖了父辈与子辈、祖辈与孙辈的关系,其中包括由成年子女与父母关系而派生的婆媳关系、翁婿关系等。代际关系的和睦对促进家庭成员的感情融洽、营造家庭和睦的氛围至关重要。

随着时代的发展,目前一些年轻家长因为夫妻工作繁忙或者因为离婚等原因,把孩子的教育责任几乎全部推给了爷爷奶奶、外公外婆,这些由祖父母代替父母对孙辈的抚养和教育就称为隔代教育。经调查,隔代教育在北京、上海、广州、深圳等大城市已经成为普遍现象,小城市因父母都在身边,子女的隔代教育现象会少一些。因为在各行各业快速发展的今天,年轻人一方面肩负赚钱养家的压力,加倍投入工作不断充电争取事业成功;另一方面,又要照顾家庭,由于时间和精力严重不足,抚养孩子成了最大难题。尽管他们对孩子期望也很高,但心有余而力不足。这是隔代教育现象增多的原因。隔代教育经常会产生的问题就是祖辈对孙辈的溺爱。父母对子女教育一般是严厉的,但是奇怪的是,对孙辈却容易迁就。这样容易造成孩子自理能力差、依赖性强、比较自私等缺点。因此需要孩子父母和祖父母两代人多沟通,不要因为把孩子丢给父母就忽视自己的职责。

第四节　加强青少年爱国主义精神培育

爱国主义是民族的灵魂,是国家稳定和社会团结的重要基础,是促进中华民族伟大复兴的强大精神动力。青少年是祖国的未来和希望,加强青少年爱国主义教育尤为重要,特别是在当前思想多样、价值多元的社会环境下，面向青少年的爱国主义教育，可以增强他们的民族自信心和自豪感，进而增强他们为中国特色社会主义事业做贡献的动力和决心。中国传统文化中歌颂英雄人物的故事、描绘祖国壮丽河山的风景，都蕴含着爱国主义教育的宝贵资源，以中国传统文化为载体开展青少年爱国主义精神培育，是一直以来行之有效的方法。

一、培育青少年爱国主义精神的重要意义

(一)增强爱国主义教育的吸引力

当前教育，不能采取灌输的方式，而应该尊重学生的主动性，通过形式的创新，增强教育对青少年的吸引力，让他们主动关注爱国主义教育内容，这才是我们努力的方向。中国传统文化中优美的语言给人以美的享受，好的作品能吸引青少年主动关注并传播，这些能够增强爱国主义教育的影响力。

(二)增强爱国主义教育的渗透性

在爱国主义教育中，我们应该充分发挥隐形教育的渗透作用，让青少年在优秀传统文化关于爱国人物的塑造和爱国故事的讲述中，不断受到感染，让他们在不知不觉中接受爱国主义的理念内涵，在潜移默化中接受爱国主义的熏陶，减少抵触心理。

(三)传统文化具有的情感激励作用

丰富的中国传统文化中具有多样化的艺术表现手法，能激发读者强烈的情感共鸣，发挥震撼心灵、陶冶情操的作用。爱国主义教育也非单纯理性说理，中国传统文化中关于爱国主义的故事比比皆是，关于美好和崇高追求的作品俯拾皆是，这与爱国主义精神的时代要求无比契合。

二、开展爱国主义教育的有效途径

(一)增加中小学语文教材中爱国主义题材的比重

语文教材是广大青少年接触中国传统文化的重要渠道,因此应对教材的思想内涵进行筛选。爱国主义作为社会主义核心价值观最重要的内涵,应该在语文教材中占有一定的比重。鼓励广大教师从爱国主义角度对课文进行解读,并以教材内容为主,适当增加相应的课外原著作品延伸阅读,鼓励学生自己选择相应的课外阅读材料。

(二)加大影视等大众媒体传播爱国主义作品的力度

当前,电视、电影、报纸、网络等大众传媒对青少年有很强的影响力,大众传媒不仅能够满足青少年获取信息的要求,而且其中隐含的价值观对青少年会产生潜移默化的影响。因此,我们应该重视大众传媒这个载体,加大爱国主义教育的比重。国家应采取积极的管理措施,引导大众传媒多传播爱国主义题材的作品。可以利用影视改编传统文化中优秀的爱国主义系列题材作品,让青少年有一个积极健康的文化氛围,同时还能为处于人格塑造和价值观形成期的青少年营造良好的成长环境。

(三)大力宣传先进典型事例

新时期的爱国主义教育应具有时代特征,由于青少年正处于特殊时期,理性的爱国主义教育不一定具有良好效果,具体生动的事例往往能够促使青少年对其产生兴趣。因此,开展爱国主义教育活动的宣传工作不能死板教条,可以多多挖掘中国传统文化中的爱国英雄典型,以讲故事的方式来宣传。

爱国主义教育是青少年思想教育工作的核心内容之一。如何使爱国思想入脑、入心,并转化为日常积极的实践,是广大青少年教育者和整个社会应该关注的重点问题。中国传统文化中的爱国英雄和爱国故事广泛流传，我们应该运用优秀传统文化，以语文教材为基础，以大众传媒为有效载体，以讲故事的方式，使青少年受到爱国主义的潜在熏陶，慢慢形成爱国的坚定信念。

第五节　营造文明乡风

党的十六届五中全会提出，要按照生产发展、生活宽裕、乡风文明、村容整洁、管理民主的要求，稳步扎实地推进社会主义新农村建设。在这项系统工程中，"乡风文明"是社会主义新农村建设的精神支撑和思想保证。生产发展、生活宽裕是"乡风文明"的物质保障，村容整洁、管理民主是"乡风文明"的进一步升华。所谓"乡风文明"，根据《中共中央国务院关于推进社会主义新农村建设的若干意见》，主要指的是乡村文化的一种状态，是一种有别于城市文化，也有别于以往农村传统文化的新型乡村文化。它表现为在乡村环境中人与人、人与社会、人与自然的关系等方面的和谐统一，摈弃了传统文化中消极落后的因素，并继承和发扬中华民族优秀传统文化。它还表现为村民在思想观念上与时俱进，在知识水平上有所提升，在素质修养上不断完善，在道德规范上不断进步的积极、健康、向上的精神面貌，并积极吸收城市文化乃至其他民族文化中的积极因素，形成欣欣向荣、蔚然成风、不断创新的社会风气。

一、要形成文明乡风，主体是村民，要对村民因人施教

按照这一思路，我们可以将教育对象分为普通村民、村民骨干、农村党员干部三种类型，有针对性地开展教育，确保三种类型

的村民既接受爱国主义教育、公民道德教育、民主法制教育、传统美德教育等"公共科目"教育,又接受党员先进性教育、就业技能培训等"专业科目"教育。

针对普通村民,一方面,弘扬中华优秀传统美德,提倡科学、文明、法治的生活观。勤学、慈孝、乐善是中华优秀传统美德,也理应成为文明乡风的基础。俗话说:家风正,则民风清。我们可以通过"好婆婆""好媳妇""孝子"等评选活动,把家庭教育落实到每一户。还可以开展"星级文明户""文明村""文明社区"等评选活动。亲帮亲、邻帮邻,温馨互助的邻里关系,也是文明乡风的动人之景。

针对在农村政治、经济发展中具有一定影响力的村民骨干,一方面,应着重加强传统美德教育,教育他们继续发扬诚信、实干等中华优秀传统美德,依靠诚实劳动和合法经营发家致富;另一方面,教育他们增强社会责任意识,致富思源,为家乡建设和群众富裕多做贡献。

针对农村党员干部,要发挥他们的模范带头作用。农村党组织是农村各项工作的领导核心,农村党员是贯彻党在农村各项方针政策的骨干力量。对农村党员干部,一方面,要着重加强党的思想理论教育和民主法制教育,增强农村干部党员的政治意识、大局意识和法制意识;另一方面,加强政策意识和市场经济知识培训,不断增强农村党员干部带领群众发展经济的本领,使他们想干事、能干事、干成事,真正发挥好模范带头作用。

二、要营造文明乡风,丰富各种乡村活动,运用多种载体推动乡村文化繁荣发展

文明乡风建设离不开乡村文化的繁荣、发展,这就需要搭建文化平台,组织村民开展丰富多彩的文化活动。现在的村民已经不

满足于"日出而作、日落而息"的单调生活方式，他们渴望用更加丰富多彩的文化生活来充实自己的精神世界；而要不断丰富各种文化娱乐活动的内容，一定要选择好的载体，载体的选择必须是群众喜闻乐见、富有时代性、积极有趣的，这样才能激发村民参与创建的积极性。因此，一要加强文化平台建设。要坚持以政府为主导，以村为依托，以目前浙江的农村文化礼堂为阵地，搞好乡村文化设施和宣传文化活动场所建设，创建图书室、阅览室、棋类活动室、球类活动室、广场舞培训场地等，使村民有书可读，有报可看，有积极向上的文娱活动可参与，从而进一步丰富群众的文化生活，陶冶人们的情操。二要加强农村文化活动载体建设。譬如余杭区"新风汇余杭"活动就树立了良好典范。余杭区通过系列主题活动，倡导科学文明的生活理念，弘扬勤劳节俭的优良传统，培育和睦孝悌家风，倡导婚丧嫁娶新风，引导广大居民群众更新思想观念、革除陈规陋习，推动"乡风民风优起来、人居环境美起来、文化生活雅起来"。

第六节　文明过节

　　只有文明过节，才能为节日增光添彩。文明者，有形质焉，有精神焉。中华民族历史悠久，节日多样，有着丰富的传统节日文化。春节是我们优秀的文化传统节日，写春联、包饺子、煮汤圆、挂灯笼、购年货……这些都是春节作为传统节日需要弘扬的文化习俗。不过，近些年来，特别是在农村某些地方，经常有聚众赌博等不文明现象存在，过年过节尤其盛行，而且屡禁不止。

　　只有文明过节，才能为新年吹新风。中央就提出要坚持勤俭文明过节，倡导良好社会风尚。比如，"光盘行动""文明祭奠""文明出行"等活动,文明过节、过文明节已经成为全民族的共识。因此,在广大农村也应该倡导厉行节约、勤俭过节,发挥农村文化礼堂作为村民共同精神家园的重要作用,拉近村民们情感上的联系,重构村民日常生活的"公共空间"。作为村民日常社会关联和人际交往的公共场域,农村文化礼堂承载的不仅是物质空间,而且还是村民的精神家园。过年时,村民在文化礼堂排演节目、编练排舞、准备"村晚"等,不大操大办、不铺张浪费,不仅使空余时间得到充分利用,不再有其他闲暇去赌博等,而且村民之间通过这些活动都不同程度地加强了人际关系,派生出不同形式的社会关联,维系人情和精神家园,推进着整个村庄的整合。文明过节还要"常态化"。不仅要体现在重大节日中,在一些小节日中也要本着节俭的原则,文明过好每一个小节日,将节日文化与文明节俭的习惯结合起来,使人们形成文明过节的条件反射。

同时,通过文化礼堂这一空间载体,村民们在春节期间开展各种活动,赏花灯、猜灯谜、唱歌曲、跳排舞、舞狮子、唱戏曲等,种种文化与文明的形式营造着节日的浓厚氛围,那些攀比酒量、乱扔垃圾、哄抢商品、聚众赌博、乱放烟花爆竹等现象不断减少,把"光盘行动"等真正融入节日的一点一滴之中,在节日的喜悦中浸润文明、节俭、道德的"雨露",不断养成文明过节习惯,形成节俭过节的文明之风。如此,才能积极推进乡村文化的建设,培育、拓展乡村公共文化空间,重建乡村公共生活,以有意味、和谐的乡村文化生活来引领乡村公共生活的价值取向,丰富乡村公共生活的内涵,发挥农民的主体性,激活农民的文化自觉,最终实现新的乡村文化形态。

文明是一个民族的文化精髓,春节等传统节日需要在文化的滋润下才能有滋有味。缺少了文化的融合,春节也仅仅只是一个活动,唯有始终把文明过节内化于心、外化于行,才能彰显民族文明之光,才是传统节日的根本所在。

第七节　非物质文化遗产保护进校园

根据《中华人民共和国非物质文化遗产法》的规定,非物质文化遗产是指各族人民世代相传并视为其文化遗产组成部分的各种传统文化表现形式,以及与传统文化表现形式相关的实物和场所。包括:①传统口头文学以及作为其载体的语言;②传统美术、书法、音乐、舞蹈、戏剧、曲艺和杂技;③传统技艺、医药和历法;④传统礼仪、节庆等民俗;⑤传统体育和游艺;⑥其他非物质文化遗产。它具有历史传承价值、科学认识价值、审美艺术价值、社会和谐价值等多方面的重要价值,是不可再生的珍贵资源。然而,由于非物质文化遗产的特殊性,依靠口授和行为传承的文化遗产正在不断消失,许多传统技艺濒临失传。这种现象正如冯骥才老先生所言:"民间文化的传承人每分钟都在逝去,民间文化每一分钟都在消亡。"这说明,我国非物质文化遗产传承现状令人担忧,保护非物质文化遗产迫在眉睫。

《中共中央关于深化文化体制改革推动社会主义文化大发展大繁荣若干重大问题的决定》明确提出了要加强非物质文化遗产的保护,而加强非物质文化遗产保护的根本出路在于唤醒全体国民,特别是广大青少年的文化自觉。在我国非物质文化遗产面临流失和消亡的背景下,学校已经成为"非遗"保护和传承的重要力量,从学校教育入手,从青少年抓起,对于"非遗"传承具有重要的战略意义,成为国家与民众的共同责任。2006年,教育部、中宣部把每年9月定为"传承月",希望在青少年中普及"非遗"的宣传教育。目前,上海市、浙江省、安徽省等省市都有"非遗"进校园活动,对青少年开展相关的"非遗"教育,促进"非遗"的保护和传承。

"非遗"进校园活动已经成为宣传非物质文化遗产的有效载体,是保护、传承非物质文化遗产的重要手段。近几年来,在一些相关部门的协同倡导之下,有些地区充分利用现代教育体系,让"非遗"走进校园的宏观思路显山露水,并开始了积极推行的进程。"非遗"进校园不仅成为趋势或潮流,更成为"非遗"的传承弘扬与学校教育良性互动的有效举措。更有专家学者认为,"非遗"文化应列入中小学和高校教材,应引起全社会尤其是青少年的广泛关注。开展"非遗"进校园活动,主要包括:开设"非物质文化遗产"课程,组织学生学习非物质文化遗产相关知识,引导学生接受乡土乡情的教育;邀请非物质文化遗产专家及学者讲授非物质文化遗产相关知识;组织非物质文化遗产代表性传承人进校园、进课堂,进行技艺传授;举办非物质文化遗产成果展示、展演活动;组织非物质文化遗产优秀戏曲进校园专场演出;编写非物质文化遗产教材、宣传册;组织开展"非遗"课外学习实践活动;等等。

一、充分认识"非遗"进校园的重要性

(一)是传承中华民族精神的重要渠道

珍贵而又丰富的文化遗产,是我国各族人民长期以来创造积累的重要财富。它既是民族自我认定的历史凭证,也是一个民族得以延续并满怀自信走向未来的根基、智慧和力量的源泉。我国有着丰富多彩的非物质文化遗产,而这些非物质文化遗产的主题精神、内在本质、外在表现和传承规律无不蕴涵着和谐基因。中国人讲究"天人合一",这不仅仅只是一种哲学观念,更实实在在地存在于民间生活之中。"天人合一"强调人与自然的统一、人的行为与

自然的协调，这种思想深深地熔铸到非物质文化遗产中。在人们适应、利用和改造自然的过程中，产生的民俗活动、表演艺术、技艺技能，处处体现着对人与自然和睦和谐关系的追求。祭典活动中，人们祈盼人神相通；歌咏声律中，人们渴望人神以和，尽管那时的自然界是以神灵的面目出现的。作为传承下来的非物质文化遗产，无论是传统艺术，还是民俗节庆，均渗透着人与自然界的某种情感交流，体现着人对自然的亲近，反映出和谐的天人关系。作为非物质文化遗产节庆之一的"清明"，是一种祭祀逝者的活动。清明扫墓，谓之对祖先的"思时之敬"，在中国或者说在华人眼里，祭祖和孝道是绑定在一起的。若是不参加祭祖，就是一个不孝顺的人，一个忘记祖先的人。这些非物质文化遗产中蕴藏着的中华民族特有的文化基因和精神特质，构成了中华民族深厚的文化底蕴，也承载着中华民族伟大的民族精神。保护民族文化遗产，对传承和弘扬民族精神具有重要的现实意义。

（二）是培养学生良好品德的重要途径

市场经济充分发展的同时，也给人们带来了更多追求自我利益的实现和自我欲望的满足，这一定程度上造成了社会上"一切向钱看"、不讲诚信、不讲道德的歪风邪气，破坏了社会的团结和和谐，这就需要我们倡导传统伦理道德，鼓励向善的传统。而在非物质文化遗产中就包含有大量传统伦理道德资源，譬如，作为非物质文化遗产的技艺类非物质文化遗产，包括酿酒、做皮革、熬井盐等工艺技术，及大量农业生产耕作技术，体现了那个时代精益求精的工匠精神，这与目前职场所需的恪尽职守的敬业精神相吻合；再有就是撷取、展示、宣扬其中的被个体社会化过程中所关注、所认同的行为文化、伦理道德，如尊师重教、尊老爱幼、明礼诚信等美好向善的伦理文化、风俗文化等，大多属于非物质文化遗产的范围。

因此,传承和保护非物质文化遗产,展示和宣扬其中美好向善的伦理道德,将有利于提高青少年学生的伦理道德水平。在校园里开展丰富多彩的民间文艺活动,不仅能够净化学生的心灵,还能陶冶学生的思想道德情操。学生在参与过程中,了解中华民族的优秀传统文化,汲取传统伦理道德力量,种下传统美德的种子,形成学生积极向善的氛围,从而营造和谐的校园环境。

(三)是培养非物质文化遗产传承人的重要手段

"非遗"保护是一项涉及众多领域、专业性很强的工作,其保护和传承,离不开传承人的培育和队伍的建设。而学校作为人才培育的摇篮,从研究的专业性来说,对于"非遗"的保护和传承是非常重要的。在学校中引入"非遗"教育,积极推动"非遗"文化扎根于学校,让人们在校时就接触"非遗",在中小学生心目中播种文化的种子,培养他们对"非遗"乃至整个中华优秀传统文化的兴趣和亲近感,他们长大了才会选择"非遗"相关专业,毕业了也才会顺理成章地从事"非遗"相关的工作。只有这样,未来才有更多的人拜师学艺,投身于"非遗"保护,以及参与其他"非遗"保护和传承工作。

二、杭州"非遗"进校园工作的现状和成效

(一)杭州"非遗"进校园工作的现状

"非遗"进校园活动,是宣传非物质文化遗产的有效载体,是保护、传承非物质文化遗产的重要手段,是在不同类型学校开展项目多样、内涵丰富的"非遗"传承活动。2019年,杭州各地区"非遗"进校园活动共进入50余所学校,包含大、中、小、幼和特教、职业技术学校。举办展演、展览近100个,组织"非遗"知识讲座近100场次,惠及学生3万人次,涉及人类"非遗"项目3个、国家级"非遗"项目44个、省级项目168个、市和县级项目700多个。

（二）杭州"非遗"进高校工作的举措及成效

制定保护计划,唤起文化自觉。杭州市将"非遗"进校园纳入《杭州市非物质文化遗产保护发展规划（2006—2010）》当中,并下发了《关于开展杭州市非物质文化遗产传承教学基地申报工作的通知》等文件。同时,杭州还制定了《"非遗传承进校园"主题活动组织实施方案》,明确活动目的、活动内容和活动形式,初步建立了非物质文化遗产进校园的长效机制。针对高校师生对"非遗"认识普遍不足这个问题,杭州"非遗"保护职能部门先是发放倡议书,让大家有了感性的了解,之后通过学校报刊、网络、板报和海报等方式,宣传和展示"非遗"的保护条例、法规和其他相关规定,让广大学生了解民族优秀的历史文化,使学生逐渐形成"文化自觉",主动参与到"非遗"保护工作中去。

建立各类基地,深化"非遗"进校园活动内容。一是开展传承教学基地创建。2019年,杭州全市已有省级"非遗"传承教学基地优秀案例4个,省级"非遗"传承教学基地16个,市级"非遗"传承教学基地10个。各基地以"非遗"项目的教学传承作为学校特色教育的建设方向,增强学生对本土文化的认同感、亲近感。如袁浦小学挖掘九曲红梅的文化资源,杭州长江实验小学设置了国家级非物质文化遗产十竹斋"木版水印"教学点,桐庐合村小学则将合村绣花鞋制作技艺列入学校的传承项目。二是开展"非遗"宣传展示基地建设和"非遗"旅游景区建设。全市已建立杭州十竹斋艺术馆等20个市级"非遗"宣传展示基地和拱宸桥街道桥西历史街区等11个市级"非遗"经典旅游景区,并初步与学校形成了教育联动机制,有效发挥了"第二课堂"的功用。三是建立"非遗"研究基地。目前,共建了浙江工商大学等6所市级"非遗"高校研究基地。通过与研究基地共同举办非物质文化遗产进校园专家指导会、杭州非物质文化遗产保护传承论坛（万向）等专题会议，听取专家学者意见，并根据中小学的特点，不断提升针对性、普及性和持续性。此外，浙江艺术职业学院与萧山区楼塔镇人民政府校地文化合作签约，浙江艺术职业学院在楼塔设立"非遗"教学实践基地，安排师资对楼塔细十番协会成员进行器乐演奏专业培训，为学员提供校内短期专业进修，对楼塔细十番进行研究，并纳入教学、科研中长期规划。而楼塔细十番协会为浙江艺术职业学院提供有关楼塔细十番资料，包括曲谱、图文音像等，供院校传承演习、研究之用，开展细十番音乐"非遗"校园传承及细十番音乐"非遗"对外推广活动。

发现苗子，注重队伍建设。总体而言，高校学生非常活跃，喜欢参与各种活动，组织能力和宣传能力较为突出。"非遗"进高校发现苗子不是定位于为社会培养文艺骨干，而是更倾向于团结一批真正对"非遗"感兴趣，并热心于"非遗"保护事业的学子。如有不少同学反映学戏曲很难，不过，即使不能成角儿，接触、了解一下也会有所收获。大家有所收获，主要目的就达到了。2009年，杭州"非遗"保护职能部门组织上百名高校学生开展了杭州市"非遗"传承人濒危状况调研工作。2011年，杭州支持了"追寻越梦"中国高校（清华、北大、浙大三校）越剧专场联合演出。2015年，杭州举办了"千名小候鸟"体验"非遗"活动，让外来务工子女感受了杭州"非遗"的魅力。通过系列活动的检测，沉淀了一批"非遗"金粒子，为打造一支稳定、专业的"非遗"志愿者队伍打下了良好的基础。为庆祝《中华人民共和国非物质文化遗产法》（以下简称《非遗法》）于2011年6月1日起施行，浙江省文化厅、杭州市文化广电新闻出版局于2011年5月28日在浙大玉泉校区举行第六个遗产日暨《非遗法》宣传启动仪式。"我愿意成为一名光荣的'非遗'保护志愿者！

我承诺：以我之力，尽我所能，从现在做起，从身边做起，传承中华文脉，守护精神家园，践行志愿精神，为建设和谐社会贡献力量。"来自浙江大学、浙江工业大学、浙江理工大学、浙江工商大学、浙江青年专修学院等5所院校的1000多名志愿者，高举右手庄严宣誓，整个活动获得了良好的社会效益。

注重培养师资力量，重视"非遗"传承。"非遗"传承教学是一项全新的教育项目。"非遗"是一项长期的工作，教师则是"非遗"教育能否坚持开展并取得实效的关键。教职工队伍在高校工作相对固定，不像学生三年或四年后就毕业出校园了。杭州"非遗"保护职能部门在开展"非遗"进高校工作当中，充分发挥了"非遗"人才资源优势，鼓励"非遗"传承人、民间歌师、舞师、工匠师及"非遗"演出队伍，走进课堂进行"现身说法"。杭州"非遗"保护职能部门也在积极筹划在有条件的高校设立"非遗"教师培训基地，加大"非遗"专职教师培训力度。目前，杭州市专家队伍中，很大一部分是来自浙江大学、杭州师范大学、中国美院的教授。他们作为一个重要的、不可或缺的参与群体，发挥着指导、咨询、检查、监督等作用。同时，为配合省文化厅开展的课题研究工作，杭州市与高校一起协作，充分发挥高校教师队伍的智库作用，力争能切实提升杭州市的"非遗"理论研究水平。

发挥校内社团力量，实现"非遗"薪火传承。杭州各高校学生社团很多，以浙江大学为例，注册在目的，林林总总不下百个。充分发挥学生社团的作用，使学生社团成为组织学生参与"非遗"保护的最有效方式。杭州"非遗"保护职能部门在这方面已经做了积极尝试，鼓励各高校创办"非遗"相关学生社团，培养大批学生参与到"非遗"保护的大军中来。目前，杭州"非遗"保护职能部门重点扶持浙江理工大学的"非遗"协会，浙江大学的戏曲协会、古琴协会,浙江工商大学的"心理梦工厂",浙江工业大学的"化材与你同行"等学生社团,这些社团大多是在专业老师的带动下成立的学生组织,其宗旨是对当地的特色"非遗"进行发掘、整理和保护。同时,杭州"非遗"保护职能部门也在努力整合高校现有的"非遗"资源,争取建立以项目传承为主的薪火传承基地。如杭州"非遗"保护职能部门与杭州市下城区教育局联合,在浙江教育学院建立了以"国遗"项目杭州摊簧和武林调为主的"非遗"传承基地。基地成立以来,已组织了三批学员入站培训,部分优秀学员甚至在第六个遗产日期间登台表演。还有,楼塔"细十番"协会积极做好传承文章,协会分别与楼塔成人进修学校、楼塔初级中学、楼塔镇中心小学合作建立了"责任共同体"。

三、杭州"非遗"进校园工作存在的问题与不足

在文化多元化的今天,研究"非遗"保护和文化传承模式,探索"非遗"进校园,融入校园文化,已成为全社会共同关注的焦点。"非遗"的学校传承机制和展开的具体形式,目前全国各地都还处在探索阶段。从已有的"非遗"校园传承看,普及范围普遍不大,深度普及不够,形式上有待改进。比如,大多数学校采取了将民间艺人请进校园的方式,但只能做短暂的展示和蜻蜓点水式的传授。杭州"非遗"进校园工作也在不断探索中,正在积累经验,因此在校园的推广中难免会存在一些问题。

(一)对"非遗"进校园的重要意义认识不够充分,"非遗"进校园规模偏小,"非遗"在校园的文化传播还未形成规模

近年来,杭州开展了一系列"非遗"申报、保护和研究活动,越来越多的学校开始关注"非遗",并领悟到"非遗"传承必须要发动学生的力量;但是学校总体上对非物质文化遗产的作用尚未形成

共识,对"非遗"还缺乏应有的重视和价值认同,教师和学生也对"非遗"有不同的看法。如校园建设和文化建设、人才培育和"非遗"传承、"非遗"作用与校园精神之间的关系,不同主体之间的价值取向和利益诉求的不同形成了复杂的差异和矛盾,从而直接影响了"非遗"进校园活动的进展和成效。截至2018年,杭州小学478所,在校生59.05万人;中等教育学校351所,在校生34.93万人;在杭普通高等院校40所,在校学生48.64万人。而截至2019年,各地区"非遗"进校园活动共进入学校仅50余所,包含大、中、小、幼和特教、职业技术学校,仅占杭州全市所有学校总量的6%左右;举办展演、展览,组织"非遗"知识讲座等,惠及学生3万人次,仅占杭州全市学生总量的2%左右。数据最能说明问题,"非遗"进校园活动展开力度和规模还有待加强。

(二)传播方式不够丰富,"非遗"在校园的普及面有限

现阶段非物质文化遗产在杭州学校校园中的传播方式,大多是依托于报刊、电台、电视、宣传栏等方式进行。通过校园主流媒体向广大师生普及各类"非遗"知识,吸引大家注意,培养师生们对非物质文化遗产的热爱,提升他们的民族自豪感,同时也能推动"非遗"在学校中的保护和传承工作。但由于传统媒体的局限性,譬如覆盖面不够广,新闻报道受限于版面和字数,都不能详尽地介绍"非遗"的相关内容,直接影响了"非遗"在学校的传播效果。并且,由于"非遗"是一种活态文化,简单的、形式性的报道无法有效地诠释"非遗"所蕴含的丰富多彩的精神和理念,"非遗"在学校的校园文化建设和精神文化建设中的作用得不到充分发挥。

(三)部分"非遗"项目和活动持续时间短,"非遗"传播传承效果不够显著

从2006年开始,国务院把每年6月份的第二个星期六规定为

"文化遗产日",杭州陆续开展了"非遗"进校园的合作共建活动。可是,政策规定的日期与学校期末考试备考时间相冲突,学生以学业为重无暇顾及,教师也是忙于期末的考试和收尾工作。"非遗"进校园活动持续时间短,文化传播流于形式,难以对师生进行有效的"非遗"教育,难以唤醒师生们的民族文化自觉意识。目前,在杭州学校教育中,较系统的、完善的"非遗"教育体系和内容还未形成。因此,在校园文化建设中,如何构建长期有效的"非遗"保护工作体系,是摆在我们面前迫切需要解决的难题。

(四)部分"非遗"项目和活动进校园表面化和形式化突出,进校园熏陶学生效果不够明显

仔细观察也不难发现,围绕"非遗"保护的"进校园"实践及其宣传活动,其手段和目的依然主要停留在直观展示和舆论宣传的层面,较少或者说还没有全面系统地深入事关"非遗"保护长效性的日常制度化操作层面。换言之,目前的"非遗"进校园活动,主要是将一些"非遗"保护项目以展演和展示的方式介绍到学校的师生中去,更多属宣传的手段,较少进入课堂和教材、变文化传承由知识普及到技能培训再到学术传播。

(五)缺乏专业人才,师资队伍建设尚需时日

杭州"非遗"进校园,师资队伍建设和专业人才培养是重中之重。大学教育主要由民族学、民俗学、文学、历史学、艺术学等专业背景的教师担任"非遗"专业授课老师,专业知识相对来讲还是充实而丰富的。而现在杭州学校教育的中小学阶段,还鲜有较系统、完善的"非遗"教育体系和内容。从现在已有的中小学"非遗"教育来看,大多数是由语文、音乐等相关专业背景的老师来承担,老师基础理论的缺失,没有专业契合的"非遗"保护和传承人才来任教,正是"非遗"进校园特别是进入中小学困难的关键。

四、推进杭州"非遗"进校园的对策与建议

(一)加强顶层设计

让"非遗"进校园,在建设内涵更为丰富的校园文化的同时更好地保护和传承"非遗",关键在于顶层设计,这就需要文化主管部门和教育部门、宣传部门统筹协调,明确各自职责,结合"非遗"保护和传承进行多领域、全方位、深层次的战略设计。保护非物质文化遗产不仅需要教育系统的参与,认真制定"非遗"进校园的长期规划,明确目标、内容和措施,并根据总体规划,逐步实施,需要学校和青少年学生的积极配合;需要做好"非遗"传承展示工作,保障经费,创设活动载体等;还需要杭州市委宣传部大力实施青少年学生"第二课堂"行动计划,积极探索开展非物质文化遗产微课堂教育活动,开启"第二课堂"活动的崭新模式。

(二)加强学校师资队伍建设

首先,要制定"非遗"师资队伍培育方案,培育一支素质优良、专业配比合理的师资队伍。还可以不定期地邀请相关专家学者对任课教师进行师资培训、专题讲座、学术交流等。如此,在"非遗"传承人的带领下提升学校任课教师在"非遗"方面的授课水平,这样就有利于学生平时上课时间能更为方便快捷地接受"非遗"传承,克服"非遗"传承人平时有事不能经常来学校的困难。在这方面余杭区做出了良好表率。譬如,2015年余杭区在第十个"'非遗'保护月"期间,为育才实验小学师生举办了剪纸艺术展,邀请了剪纸大师宋胜林为学生们带去了一场剪纸讲座;余杭小百花越剧艺术中心先后到临平三中、临平新星幼儿园开展了"戏曲进校园"活动;余杭区文化馆书法干部每周到临平一小开展一次书法培训;2016年邀请浙江省曲艺家协会在余杭区云会中心小学建立曲艺

传承基地,开展民间故事员的培训和教学。杭州艺校这方面也进行了有效尝试,这些年花大力气培养"江南丝竹"音乐传承人,打磨出了一支年轻专业的江南丝竹音乐教师队伍,一批学生正在茁壮成长,"江南丝竹"音乐已成为该校的品牌专业。还可以通过聘用"非遗"传承人担任客座教授来充实师资队伍。其次,要积极创造条件,成立"非遗"研究机构,组织任课教师深入民间开展"非遗"传承和保护调研,参与杭州非物质文化遗产和文化生态保护建设。

(三)完善学校课程体系

"非遗"保护和传承主要是通过传承人口传心授、边讲解边实践。不过,"非遗"具有活态流变的特点,因而"非遗"的课程传授与传统教学相比有其特殊性,需要更为专业性的教材作为辅助。学校要以特色专业、精品课程为依托,形成"非遗"传承与学校教学相结合的特色发展模式。浙江音乐学院等专业院校开设了古琴专业,古琴业余爱好者日增。以霞影琴馆和西湖琴社为例,2006年左右两馆在馆人数合计不过百人,到2019年人数有千余人,短短十内年,数量增长了十倍。五常中心小学已经成为"非遗"进学校、进课堂活动的先进典型,目前已被评为省级非物质文化遗产传承教学基地。该校在每星期三下午开设"五常十八般武艺"专题课程,作为综合实践课程之一,在学生中受到欢迎。学校目前正在编写有关十八般武艺的校本教材,让学生进一步了解、体验五常十八般武艺,传播乡土文化。2015年,五常中心小学撰写的传承教学案例被省文化厅评为省级优秀案例。万向职业技术学院在这方面也做了率先尝试,把"非遗"课程纳入高职课程体系,通过课程平台,希望把濒临失传的"非遗"技艺在高职学生中届届相传。除了课程和师资建设,学院还专门立项校本教材课题"杭州非物质文化遗产读本",并纳入学院出版资助计划,邀请省"非遗"专家把关,和杭州市"非遗"中心一起编写。该书已在2015年初出版，是杭州第一本"非遗"综合性普及读物。2012年，临安区"非遗"保护中心编辑出版了《临安昌化民歌》，收录了200余首当地民歌，省级"非遗"名录昌化民歌已被湍口镇小学列为校本教程。另外，针对畲族民歌、昌化山歌等项目，杭州市可以考虑因地制宜在桐庐县莪山乡中心小学、建德县大同民族小学、临安区湍口镇小学等相关学校的校本教程中进一步强化，不仅可以让学生了解畲族民歌、昌化民歌，更有利于培养学生对民族文化、地方文化的认知和认同感，从而产生浓厚的兴趣。

（四）强化互联网传播

现今，以网络媒体为代表的新媒体具有互动性强、更为细化和分化等特点，是实现"非遗"文化保护和传播的新途径。要发挥校园网络媒体的作用，向师生们介绍"非遗"传承和保护的重要意义及特色"非遗"文化的介绍，增加"非遗"报道的次数，从而加大师生们对"非遗"文化的关注和讨论，从专业角度诠释"非遗"文化，起到积极有效的传播作用。同时还可以创新网络宣传，搭建微博、微信、论坛、App客户端等多元化网络平台，正确引导师生们在网上开展交流、讨论，弘扬"非遗"文化，激发正能量。

（五）培育"非遗"社团

"非遗"进校园活动开展之后，非物质文化遗产的传人、大师成为学校"非遗"传承导师。他们走进中学和大学各年级教室，开设校本课程，介绍"非遗"项目知识，示范制作工艺，手把手教授简单的技术，极大地激发了学生的学习兴趣。在此基础上，可以考虑让学生跟那些进学校讲课和授艺的传承人或者老师继续联系，继续让老师跟进指导，甚至在形成一定的互动之后考虑安排更优秀的老师来指导和授艺。在发挥校内学生社团力量，使学生社团成为参与"非遗"传承的重要支撑之外,还要充分发挥暑期社会实践的作用,使暑期社会实践成为学生参与"非遗"保护工作的又一重要途径。利用大学生暑期社会实践活动,充分利用大学生的各方面优势,点面结合,可以让"非遗"保护工作取得很好的效果。浙江全省投入大量人力、物力参与的大规模遗产普查已告一段落。但仍需做一些零星的资料补缺工作,尤其是关于传承人的口述史方面。动员高校大学生,参与到"非遗"调研工作中去,如果操作得当,将会起到立竿见影的效果。可以说,组织学生进行返乡社会实践,是发掘各地区隐藏的"非遗"资源最经济、最有效的方式。

(六)拓展课堂教学空间

另外,还可以考虑把课程安排到校外。有些传承人在农村文化礼堂就配有工作室,把"非遗"课程放在工作室,一方面是因为工作室内有设备有器具有材料有氛围,可以就地取材取料,更方便开展有效的课程教学;另一方面,也能让农村文化礼堂更好地发挥作用,有效利用好农村文化礼堂,传承弘扬"非遗"文化。

第四章

文化兴盛的载体:启动社区文化家园建设

2018年8月21日,习近平总书记在全国宣传思想工作会议重要讲话中指出,我国文化供给已经不是缺不缺、够不够的问题,而是好不好、精不精的问题;强调要推动文化事业高质量发展,以高质量文化供给增强人们的文化获得感、幸福感。这进一步明确了社区文化家园建设的目标任务和主要着力点。

2018年5月,浙江省委宣传部、省文明办等多部门联合印发《关于推进社区文化家园建设的指导意见》,围绕"文化驿站、共享空间"的定位,把社区文化家园打造成集价值引领、文明倡导、文化熏陶、志愿服务、爱心慈善、体育健身、休闲娱乐等功能为一体的社区公共文化空间和服务平台。在这方面,杭州也将继续推进公共文化服务的高质量供给。2018年7月,杭州市委全委会明确"深化文化惠民工程,规划建设一批重大文化设施项目"。当下,杭州不断完善公共文化设施网络,持续创新管理服务,实施社区文化家园等文化民生工程;搞活民间艺术、培育社区能人,增强社区文化自身造血功能,在构建具有杭州特色的现代公共文化服务体系方面不遗余力。杭州开展社区文化家园建设,有利于增强居民归属感及社区凝聚力;有利于传承优良文化传统、积极的价值追求;有利于丰富居民群众的精神文化生活,引导人们追求科学健康的生活方式。杭州未来应继续推动优质公共文化服务在社区的发展,打造良好的社区人文环境,丰富社区文化资源,使社区真正成为市民的精神家园。

第一节　城市社区文化家园建设的责任担当

中共杭州市委十二届四次全体(扩大)会议召开,通过了《关于打造展示新时代中国特色社会主义的重要窗口,当好"八八战略"再深化改革开放再出发排头兵的决定》(以下简称《决定》),提出了"全面推进文化兴盛行动"等六大行动,其中就包括"深化文化惠民工程",规划建设一批重大文化设施项目。随着城市化进程的不断加快,城市社区越来越多,社区文化不断兴起。社区文化作为城市现代化和城市文化建设的重要组成部分,越来越受到人们的关注,它在满足人们对美好生活的向往和提高市民素质方面,具有不可替代的作用。

随着城市化进程的加快,人们在城市中受到的工作和生活压力越来越大,迫切需要一个心灵暂时休憩的地方,需要一个精神家园得以安放心灵。所以,社区良好的人文环境和文化资源,是市民们赖以生存的精神家园。城市社区建设过程中存在着一些问题,迫切需要在建设过程中以人为本,体现该有的责任担当。

一、突出各自社区特色,注重挖掘人文要素

《决定》中提到"坚持创造性转化、创新性发展,加快推进以文化人、以文铸城、以文兴业、以文惠民,让杭州更有人文情怀、更具文化底蕴"。说明人文要素在城市社区发展过程中的重要性,社区建设不能光想到建筑等外在因素的存在,而更应该考虑人文要素

的重要性，这是不同城市社区发展的关键。因为在城市发展中有不同的社区，其中一些社区拥有相当多的资源和权利，而另外一些社区却没有，不同的社区发展的水平不同，拥有的硬件设施和文化要素也不一样，这就需要因地制宜，不断挖掘各自的人文特色，扬长避短，而不应该面面俱到。因此，需要按照"一社区一品牌"的要求，整合各个社区各类文化活动资源，创设文化活动载体，通过开展文化走亲、文化交流、文化展示等形式，活跃社区群众文化交流，打造社区文化品牌。

二、以人为本，切实满足群众多样化的文化需求

人与人之间需要情感交融、心灵沟通，个人渴望融入社区整体、参与社区建设。因此，需要充分发挥各自社区特色和优势，以人们能够接受的方式满足人们的情感需求。譬如，社区文艺骨干颇多，各类专才可以发挥各自才干组建相关的歌舞、戏曲、绘画、书法等业余爱好兴趣小组，自娱自乐开展活动。在这方面，杭州市滨江区彩虹社区做出了表率，该社区不但环境优美、能人众多，更拥有浓厚的文化氛围。周一书法课、周二国画课、周三摄影课、周四歌唱课、周五旅游课……这个成立不久的新社区，已经成了附近居民羡慕不已的文化乐园。依托良好的文化基础和文化人才，彩虹社区还成立了滨江区第一个社区级社会组织服务中心——七彩温馨园，下辖的29个社会组织常年提供便民服务，不仅有合唱、京剧、书画等文艺社团，还有辣妈课堂、心缘沙龙、成长俱乐部等社交平台，更有理发、健康咨询、缝补等志愿服务队伍，充分发挥了该社区的特色和文化优势，给我们建设城市文化家园树立了良好的典范。

三、切实抓好社区文化队伍建设,培养文艺骨干和志愿者

在社区文化家园建设中,人的要素是最重要的,这不仅指参与者,更重要的是组织者。这就需要培育基层文化队伍,通过"传帮带",加强相关方面的辅导,培育社区文化骨干,组建有特色、有群众基础的文化队伍,进一步提高社区文化的品位。大力倡导社会公德、职业道德、家庭美德等新风尚,在全社会形成团结互助的和谐的人际和邻里关系。

第二节　多种举措构建和谐社区

习近平总书记在党的十九大报告中指出,要提高保障和改善民生水平,加强和创新社会治理,打造共建共治共享的社会治理格局,并提出了加强社会治理制度建设、预防和化解社会矛盾机制建设、加强社区治理体系建设等具体要求。社区是城市社会的基本构成单元,也是构建社会主义和谐社会的基础。在中国社会的发展过程中,社区逐渐成为中国社会重要的社会结构单位,社区生活也已经成为中国社会生活中的重要表现形式。因此,理顺管理关系,大力加强社区建设,努力营造和谐社区,对构建社会主义和谐社会具有十分重大的意义。

一、以社区党建为龙头,加强和改进社区党组织建设

街道、社区党组织是党在城市工作的基础,是建设和谐社区的领导核心。要根据社区党员的分布情况,及时调整党组织的设置,使党组织建到"楼门院",建到"胡同",建到"两新"组织(新经济组

织、新社会组织)，实现党组织在社区的百分之百覆盖，真正做到哪里有群众哪里就有党的工作、哪里有党员哪里就有党的组织、哪里有党的组织哪里就有健全的组织生活和坚强的战斗力。配齐配强党组织负责人，增强社区党组织的创造力、凝聚力、战斗力。从机关选派能力较强、素质较高的优秀年轻后备干部到社区党组织、社区居委会挂职锻炼，加强社区党组织和党员队伍建设。加强居民党员、流动党员、在职党员的教育和管理，发挥党员在社区建设中的先锋模范作用，发挥社区党组织和党员服务群众、凝聚人心的作用，保证和谐社区建设的顺利进行。

二、以民主自治为方向，推进社区居民自治

和谐社区的突出特征是人际关系和谐。要把扩大社区民主、完善居民自治，增强基层社会建设和管理的合力作为根本环节，充分发挥社区在城市管理、公共服务和社会生活中的基础性作用。要进一步建立健全居民自治组织，发展中介组织，壮大社会组织，引导各类组织健康发展。完善民主决策机制，凡与群众切身利益密切相关的事项，都要通过座谈会、听证会、协商会、公开征询、民意调查等形式广泛听取意见。深入居民群众，了解、分析社情民意，注意兼顾不同方面群众的利益，正确处理人民内部矛盾，加强民意调解，协调邻里关系，维护社区稳定。

三、以文化建设为抓手，建立学习型社区

良好的社区风尚、共同的生活愿望和高尚的思想道德基础，是建设和谐社区的内在精神支撑。从社区实际和居民需求出发，按照健康有益、小型多样、寓教于乐的原则，加强文化设施建设，大力开展群众性的文化体育活动，提供社区文化活动空间，积极推动学

习型社区、学习型家庭创建活动,大力弘扬中华民族邻里互助、乐善好施、扶贫济困等传统美德,倡导健康、文明、科学的生活方式,努力营造社区安定祥和、文明礼貌、人际关系和谐的社区氛围。

四、以人为本,构筑良好的社区人文体系

和谐社区建设是一项综合性很强的系统工程,固然需要坚实的物质基础,但人文精神是和谐社区的灵魂。和谐社区建设要注意以人为本,立足社区、服务居民,以不断满足社区居民的社会需求、提高居民的生活质量及文明程度为宗旨,以实现人的全面发展为最终目标,让广大人民群众切身感受到党的温暖和政府的关怀,感受到社区改革带来的新变化。注重人与人之间的关系和谐,使全体社区成员各尽所能、各得其所而又和谐相处,社区各要素健康发展、充满活力而又稳定有序。

第三节　和谐社区建设中的文明养犬

一、和谐社区建设的内涵

和谐社区建设是指以邓小平理论和"三个代表"重要思想为指导,努力把社区建设成为管理有序、服务完善、环境优美、治安良好、生活便利、人际关系和谐、各个社会群体和谐相处的社会生活共同体。和谐社区建设内涵包括以下几个方面:第一,社区服务;第二,社区环境;第三,社区文化;第四,社区稳定(即安全问题);第五,居民自治;第六,党的领导。而社区稳定是和谐社区建设的重中之重。

二、因狗引起的冲突影响和谐社区建设

近年来,随着生活水平的提高,不少市民爱好饲养宠物狗,"人手一狗"已是公园、小区里的常见现象。杭州近期发生几件因狗引发的恶性事件:2018年11月3日晚,徐女士晚饭后和3岁女儿及6岁儿子在小区散步,小区内一男子遛狗不拴绳,哈巴狗追着儿子叫。妈妈为保护孩子踢了狗一脚,男子把徐女士按在地上打;2018年9月9日,杭州一位陈姓女子遛狗不拴绳,导致一条法国斗牛犬猛地扑向一名孕妇,两人因狗发生肢体冲突,孕妇出现流产征兆。这些事件暴露了城市规范养犬这一老大难问题。这些不规范行为直接影响了社区稳定,不利于和谐社区建设。建设和谐社区的具体目标是:民主法制健全、基本社保均衡、公共服务完善、社会安全稳定、生活环境良好、邻里互助友爱。因狗而起的冲突,不仅影响社会安全稳定,而且不利于邻里和谐关系建设。

三、加强犬类管理推进和谐社区建设

最近的恶性事件说明犬类管理面临的诸多问题,而犬类管理又直接影响社区居民关系,影响社区和谐稳定。因此需要对养犬人士进行管理。

(一)相关的管理法规应及时修订,与时俱进

养犬问题归根结底属于地方事务,《杭州市限制养犬规定》从1996年开始实施,之后进行了三次修正,最近一次修正是在2004年7月30日,距今已经十五年。有专家呼吁,其中不少规定已不太适应当前城市发展的需求,尤其是犬类管理发展的需要,建议修订法规,建议上级政府尽快出台养犬管理实施细则,明确统一的管理部门、人员和经费、处罚细则、问责机制等内容;建立以养犬登记管

理和强制免疫管理为核心的管理制度;严格执行有证养犬制度,禁止无证养犬,以有效解决狗伤人后的索赔问题,以及避免遗弃宠物狗、流浪狗;建议在主城区对养犬家庭实施强制免疫制度,定期注射相关疫苗。此外,一些规定不够具体、过于苛刻也让养犬人心有怨言。更值得关注的是,一些养犬法规对职能部门权限界定并不明晰,导致相关部门相互扯皮。养犬的人越来越多,相关的管理法规如何优化、如何与时俱进,以适应时代发展,是管理部门亟须思考的一个问题。

(二)抓好"四个层面"宣传,普及养犬注意点

一是社区民警入户宣传。印发《致市民的一封公开信》和宣传卡片,由派出所社区民警将宣传资料及时发放到养犬户手中,同时通过悬挂横幅、张贴标语、板报等形式进行宣传,普及养犬注意点。二是在公众聚集场所设点宣传。由公安部门会同城管、卫生防疫等部门及犬类管理协会等社团组织,在商场、社区、公园等门前广场设点宣传,可以通过发放宣传资料、现场咨询服务、图片展示、签署文明公约等形式进行宣传。三是媒体舆论宣传。市文化广电新闻出版局会同杭州电视台、电台和杭州日报等媒体制作编发专题新闻,加大媒体宣传报道力度。四是网上引导宣传。依托杭州发布等网络论坛,加强网络宣传,提升养犬户法制和公德意识,共创和谐舆论环境;在官网上公布养犬必备条件、养犬办证、免疫规定、办理程序、违规养犬危害等资料,供群众下载学习。

(三)加强整治,抓好违章犬只清理收容工作

与"携犬出户时,不对犬束犬链"等行为相比,违法遗弃犬只的行为更加危险。很多流浪犬伤人事件,都是因为犬主人违法将家犬遗弃,才使流浪犬无人管束频发伤人。建议公安部门会同城管等部门,联合开展集中清理收容行动。凡无人管理的无主犬、流浪

犬一律予以收容;对违反犬类管理规定的行为,坚决依法严格查处;对放任犬只恐吓他人的,依法追究犬主责任。认真受理处理群众举报犬患警情,做到凡举报必核查、凡查实必处理、凡具名举报必反馈结果。发现大型犬、烈性犬、伤人犬需实施捕杀的,按照相关规定进行捕杀,实施无害化处理。

(四)各组织形成合力,构建长效机制

改变以往犬类管理单靠政府的模式,建立以公安部门为主,联合社区、卫生、畜牧、交通等各部门,动员居民、犬主及社区基层组织共同参与,各司其职、各负其责、密切配合,形成齐抓共管的良好局面。根据杭州市实际情况,结合市民反响强烈的问题,对养犬实行分类管理,将闹市区和有物业管理的生活小区、人口密度大的生活区等作为重点管理区,限定范围以外的郊区作为一般管理区。重点管理的区域,城管部门要会同当地街道、社区,有计划、分步骤地开展日常整治工作,建立常态化管理机制。

第四节 社区文化家园建设的余杭实践

社区文化公共空间包括物质文化公共空间和非物质文化公共空间。社区物质文化公共空间主要包括社区文化景观、社区活动场地、文体设施及图书馆等。社区非物质文化公共空间主要指制度化的文化组织和文化活动,主要有社区舞蹈队等活动社团和手工制作等活动形式。社区文化公共空间是社区文化建设和社区管理的重要场域,是文化活动和各种社会关系构建依托的载体。依托各种社区文化物质载体承载各种社区活动形成精神依托的就是社区文化家园。

在城市化进程加快的背景下,社区文化公共空间形态面临着巨大改变：一是户籍制度松动，社会流动性增强，大量农村劳动力涌向城市，出现当地居民和外来劳动力混居的社区，意味着社区面临城乡二元文化的冲突和融合；二是住房制度改革，以往单位分房的日子一去不复返，"单位社区"逐渐被商品房住宅社区所替代，原来单一的职业社区不复存在，不同阶层、不同职业的人群共居一小区，难以形成统一的文化共识；三是随着城市居民的激增，开发商为了利益，城市社区可以利用的公共空间越来越少，原来"房前屋后，和睦相处，嬉笑玩闹"的"居住社区"越来越被高楼林立的"住宅社区"所替代。这使传统社区的文化建设土壤缺失，居民之间的互动机会减少，人们之间越发冷漠。因此，在这样的背景下，构建社区文化家园显得尤为重要。

一、余杭区社区文化家园建设的现状

（一）出台实施意见

2017年，余杭区文明办出台《关于开展社区文化家园建设的实施意见》，从指导思想、总体目标、工作原则、主要任务、实施步骤、工作要求等六方面对余杭区社区文化家园建设给予了明确规定，并成立了由区委常委、宣传部部长任组长，副区长任副组长，各区职能部门和各乡镇、街道主要负责人组成的领导小组，有力地推动了余杭区社区文化家园建设。

（二）打造社区文化综合体

余杭区以社区群众文化需求为导向，以设施建设为基础，以内容建设为核心，以队伍建设为关键，以机制建设为保障，建成了一批文化设施完善、文化阵地多样、文化活动丰富、文化队伍健全的社区文化综合体。据初步统计，到2018年年底余杭区初步建成社区文化家园35个，已初步完成"2018年，各镇街社区文化家园建成率占社区总数20%以上"的目标任务。

(三)统筹场所设施建设

余杭区充分整合了社区原有的文化场所资源,同时挖掘可用空间资源,做到了统一形象标志。其中,社区文化家园室内、室外场所设施总面积原则上在600平方米以上,并做到有一个Logo标志、有一个社区文化中心、有一个社区文化广场,场所外观上做到了统一。

(四)抓好内容建设

在"内容建设"方面,余杭区着重做到"6+X",使文化家园真正用起来、活起来。其中的"6"是指"6个有":有"市民文化讲堂",面向社区居民,开设门类齐全、知识实用的课程;有"社区文化展示",全面展示社区的最美现象、人物风貌、社区风采、榜样典型、科学普及等方面内容;有"社区文化社团",增强社区文化活动的凝聚力和号召力;有"社区文化品牌",整合社区各类文化活动资源,打造"一社区一品牌";有"社区文化节日",组织开展各类社区文化节庆活动,增进居民感情;有"网络文化平台",通过社区服务公众号、微信群、QQ、微博、短信等平台,实现居民有效联系和有效覆盖。其中的"X",则指多项社区惠民服务。在社区文化家园建设工作中,整合现有各类资源,进一步提升面向全体居民的养老、医疗、卫生、科普、休闲、保健等社区服务水平,真正落细、落实惠民原则。

二、余杭区社区文化家园建设存在的问题

(一)社区文化家园公共空间供给短缺

社区文化公共空间是社区文化建设和社区文化家园的物质载体,是社区居民进行文化活动、交流情感的公共场域。城市用地的紧张和居民的美好生活需要没有得到很好协调,造成了城市社区

活动场地及文化设施的不足,难以满足社区居民的需要。随着社会的发展,人们对文化的需求越来越强烈,但由于商品经济的逐利性,一般商品房在设计时很少将建筑风格和该地区的文化内涵相吻合,地产开发商从经济利益考虑,很少预留出很多空间作为文化活动的场所或者搭建健身设施。2018年杭州市总工会联合国家统计局杭州调查队和杭州市社会科学院共同进行了新时代杭州市职工群众需求状况调查研究。结果显示,影响杭州群众休闲活动的主要因素除了没有时间以外,场馆太少(占比为50.2%)和场馆设施太差(占比为16.2%)(见图4-1),都是属于社区物质文化公共空间难以满足人们日益增长的美好生活需要的重要因素。随着人们生活水平的提高,人们越来越重视生活的质量。人们的需求也在发展,不仅是物质生活的满足,更重要的是身体的健康。因此,能够帮助人们交流和互动并且愉悦身心的各种室内外活动场所的需求就显得尤为迫切。在新时代人们对美好生活的需要不仅包括物质需要的满足,而且包括精神生活的满足。因此,这就对建设文体场所提出了迫切要求。此外,该调查结果显示,杭州群众首先选择"家里"进行休闲活动,占比为62.5%;其次是"公园、广场",占比为59.8%;选择"商业性休闲场所"的有43.5%;选择"单位活动场所"的不多,占比为14.5%(见图4-2)。这可能是因为各个单位的文化娱乐设施不一定齐全,并且现在杭州发展很快,群众居住地和工作地点相距太远,不太方便。选择"街道社区的活动场所"的占比也不高,只有11.7%。这说明街道社区的文化设施建设也存在薄弱环节,需要加强社区文化家园建设。大部分群众选择在家里进行休闲活动,这是最方便的,而每家每户的文娱设施又不多。社区是最接近家里的活动场所,也是仅次于家里最为方便的地方。力争每一个社区都能建成一个面积较大、既有室内又有室外活动场所的、可以开展多种多样休闲文化活动的文化综合体。

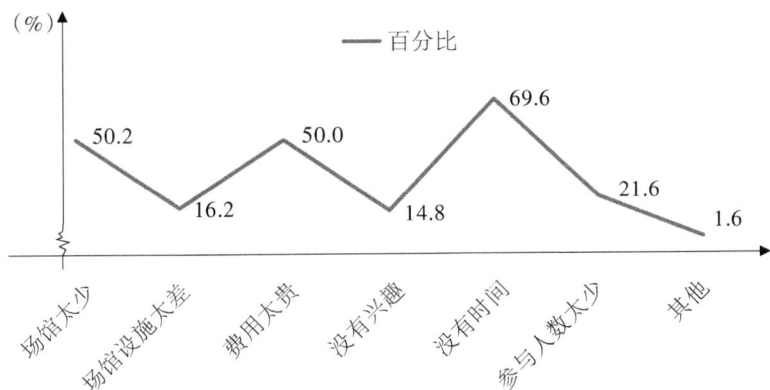

图4-1　影响杭州群众从事更多休闲活动的主要因素

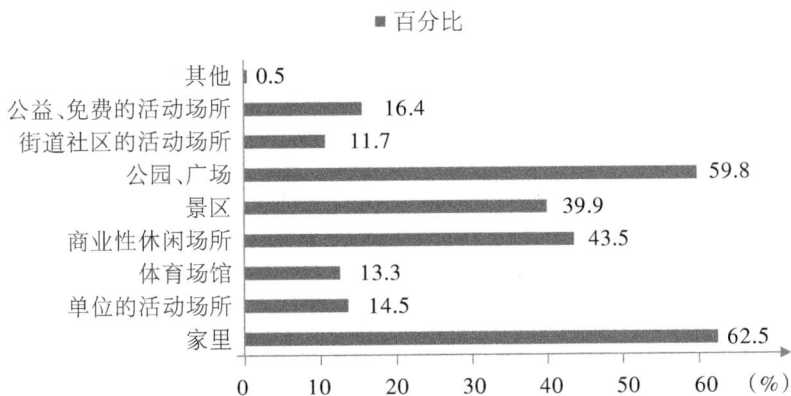

图4-2　杭州群众进行休闲活动的主要场所

(二)社区文化家园公共空间利用不足

当前,城市社区公共空间不仅存在缺乏的情况,而且存在利用不足的状况,主要表现在:首先,本社区居民对各自社区公共空间利用不足。对余杭区几个社区居民利用公共空间方面进行了调查,结果显示,仅有45.2%的居民表示会使用本社区公共设施,其中"经常使用"的为21.6%、23.6%的居民只是"偶尔使用",54.8%的居民则表示"几乎不使用"本社区内的健身设施(见图4-3)。上面提到不使用设施的居民除了没有时间以外,主要原因在于:一是社区现有的一些健身设施存在损毁情况以致无法继续使用,而且维修不到位;二是居民们认为社区内的体育设施不够多元化,都是老人和孩子在用,不适合年轻人使用;三是缺乏社区公共空间资源的共享。正如美国城市学者Michael Rustin(迈克尔·鲁斯汀)提出的社会人群对于城市公共空间使用方式、效果和权利的思考中指出的那样,在城市中有许多不同的社区,其中一些社区拥有相当多的资源和权利,而另外一些社区却没有。社区公共资源存在分布不均衡状态,不同社区之间的公共资源存在差别,一些社区公共设施丰富而一些社区匮乏;而且社区之间缺少足够的开放性,资源丰富的社区不对其他社区成员开放,一些社区健身资源富余却得不到很好的利用,而一些社区却是公共资源供给不足。另外,有些社区内有学校操场或图书馆,公司的健身场所等,本来学校放学或公司下班后,可以把这些资源最大化利用,但经过调研访谈得知,这样的想法很难实施。即便长期闲置,学校或公司也不愿将资源向

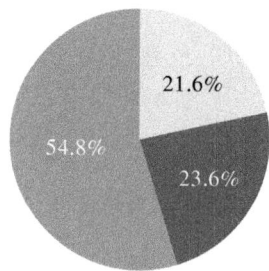

经常使用　偶尔使用　几乎不使用

图4-3　余杭区居民利用公共设施的使用频率

社会开放、实现资源共享，因为资源开放将导致管理困难、安全隐患、设备折旧损坏等一系列问题。因此，各个社区之间各自为政、长期封闭也是造成社区公共空间利用不足的重要原因。

（三）社区文化家园缺少特色

社区文化特色不鲜明表现为：一是对社区特有资源挖掘、开发不够。由于地域特点、地方特色及居民长期生活轨迹的累积，自然而然会形成各具特色的地方文化，多样化的社区作为城市文化传承的载体正是地方文化多样性的表现。但走访杭州市余杭区，虽然也有一些社区在努力尝试体现自身的社区特色，但是大部分社区建设还是千篇一律，没有依托各自社区资源进行公共空间的再设计，缺乏设计感和文化特色。大部分社区都是就地取材，囿于场地和空间，多数社区是把物业管理房挪用作为简单的文化活动场所，空间狭小、设备简陋等诸多问题的存在，难以吸引社区居民的参与。二是文化活动单一。调研时发现，由于社区公共空间的不足及对社区文化家园建设理解的偏差，社区文化活动建设缺少地方特色，一般都是以小型活动为主，如打打麻将、玩玩扑克、看看电视等活动，难以满足人们日益增长的对美好生活向往的需要。社区文化建设本来应该向居民提供更为丰富、更加多彩的娱乐和健身方式，如唱歌、跳舞、打球、下棋、绘画、陶艺、插花等有益身心、增进交往、减少压力的活动，这样才能吸引更多的社区年轻人参加。然而，事实并非如此。笔者在余杭区调研中发现，居民对该社区文化家园建设"很满意"的仅有15.6%，"比较满意"的有37.1%，感觉"一般"的有34.3%，"不太满意"的有10.9%，"很不满意"的有2.1%（见图4-4）。当然，一般人们习惯于选择比较满意，对很满意选择的概率偏少也是可以理解的。选择满意和比较满意的占比52.7%，超过了一半，说明我们的社区文化家园建设还是取得了一定的效果。同时,选择不满意的也有一定比例,这反映了社区文化家园建设存在一些问题,需要我们深入研究并加以改进。

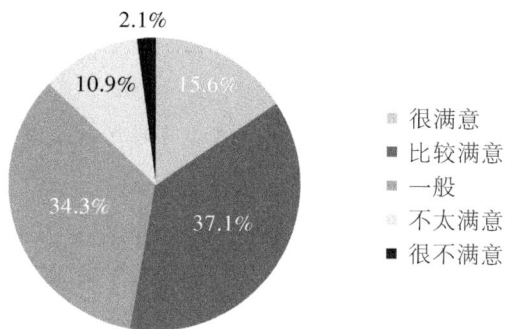

图4-4　余杭区对社区文化家园建设满意度

（四）社区文化家园建设缺少多元主体参与

亚历山大曾提出,无论建筑师或规划师如何仔细地规划或设计,他们自己不可能创造出丰富多彩的环境和我们所遵循的秩序。一个有机的社区只有通过整个社区的行为才能够完成。这样的行为中每个人都协助完成了他们最了解的那部分环境。只有使用者能够引导社区的有机发展过程,他们最清楚自己需要什么,以及房间、楼宇、道路和开放空间是否安排得当。①因此,社区居民本应作为"使用者"参与到社区文化家园建设中来。但实际上,目前却做不到。一方面,城市社区的建造、设计、开发从未有居民的参与,均是已经交付了才给购买者即居民使用,在此之前,居民没有机会参与整个社区的开发和设计;另一方面,在已经入住的社区中,由于社区文化家园建设缺乏设计和特色,难以吸引广大居民群众,参与

① 《景观设计师如何创造有利于户外交往的住宅小区景观》,http://www.doc88.com/p-9069323096229.html。

者并不多,积极性也不高,参与群体构成也不均衡。调查的结果显示,参与社区文化活动的成员中,存在着老少青两极分化的现象,60岁以上和18岁以下参与人数较多,分别为68.5%,19.7%,而18—59岁的中青年参与人数较少,仅占11.8%(见图4-5)。而且当地居民参与多,流动人口或租住人口参与少,群体成员构成不均衡。社区文化家园建设是服务全体社区居民的,因此需要考虑多元主体的参与。

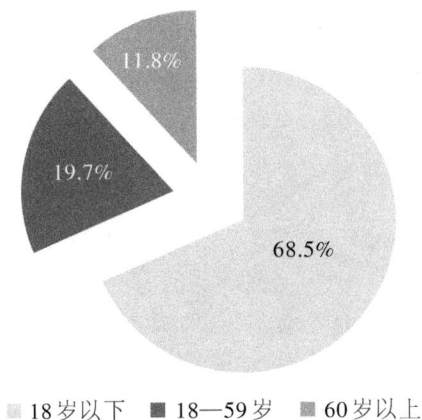

■ 18岁以下　■ 18—59岁　■ 60岁以上

图4-5　余杭区社区文化活动参与人员年龄构成比例

三、余杭区社区文化家园建设的思路与对策

(一)基于有机更新理念的特色社区文化家园建设思路

目前余杭区历史文化资源丰富,主要包括历史建筑、特色街巷及文化名人等,如塘栖古镇已经是全国闻名的旅游景区,周边的古河道、古建筑、古街巷均是历史悠久、文化底蕴浓厚的地方,周边社区可以深入挖掘这方面的文化资源进行社区文化家园的构建。因此,可以根据自身的特点和城市文化特色,在此基础上进行特色文

化空间构建,注重结合社区具体硬件基础,挖掘文化特色,打造特色鲜明、主题突出的社区文化家园。比如,余杭区现在已经开始着手的地方:良渚文化村社区依托良渚博物院、良渚文化艺术中心、河滨公园等良好的基础条件,开展良渚文化等方面的社区文化家园建设;桂芳桥社区挖掘临平街道悠久历史文化元素,以"留住记忆、唤起乡愁"为主题,在文化家园建设过程中打造"文化里弄";新城社区以"爱在新城"活动为载体,开展"爱祖国、爱党、爱家园、爱生命"等一系列丰富多彩的文化活动。特色社区文化家园需要通过一定的物质载体才能完美实现,还需要特色文化理念的提升和载体设计的更新,社区文化家园设计过程要始终围绕该理念进行各个环节的设计,要让特色文化理念体现到设计的全部细节上。

(二)促进社区开放和文化资源共享

自组织理论认为,一个孤立的社会系统往往会随时间的推移而变成一个死寂的自我循环,这种循环因为缺乏对外物质和能量的交换进而成为一种平衡的稳定态,这种稳定态没有发展的活力。[①]只有通过引进系统而有益的信息、资源、能量才能改变这种状态。社区文化家园建设就是如此。在立足本社区文化家园建设的同时,需要不断引进和融合其他社区优秀的文化和先进的做法,促进本社区文化家园的建设,这就需要通过经常和其他社区开展沟通和交流、举办联谊会等措施,有目的地增强社区工作者开放的意识,从其他社区学习宝贵的经验。另外,调研中发现余杭区社区之间存在着资源不均衡的问题。但由于各种原因,社区之间无法实现资源共享。解决这一问题的有效途径就是资源共享。首先,实现

---

① 高春凤:《自组织理论视角下的城市社区文化建设》,《经济研究导刊》2011年第25期,第179—181页。

社区内资源自调。可以合理利用社区内资源，充分发挥作用，最大限度实现社区资源共有共享。譬如，社区可以出面购置一些能够让居民共同使用的文化设施，当然，居民也可以自愿拿出一些文体用品用于全体居民共同活动。其次，社区内外资源协调。社区里拥有的图书室或文化广场或学校操场等文化资源，可以在适当时间开放给其他社区共享，这一方面实现了资源的充分利用，另一方面也能增进不同社区之间居民的交流和感情。

（三）促进社区居民的多元主体参与

社区文化家园建设主要是为了满足社区居民对美好生活向往的需要，因此建设也要以人为本。居民需求的多样性决定了社区文化家园建设的多样性，而多样性诉求的实现需要作为社区生活主体的社区成员的参与。首先，在社区规划、设计的时候允许和接纳即将入住社区的居民参与社区文化家园的建设，充分听取社区中不同参与者的意见和声音，赋予他们参与设计的权利。其次，要充分发挥社区居民参与社区文化家园活动的积极性和主动性。因此，社区文化家园建设需要评估社区居民的多元文化需求。通过问卷调查和访谈不同年龄、不同职业、不同收入、不同文化程度的社区居民，在了解他们多元需求的基础上制定相应的文化建设和文化活动策略。既要有高雅脱俗的活动，譬如插花、陶艺、瑜伽、西餐课等，也要有通俗大众的活动，譬如跳广场舞、打乒乓球、打羽毛球等。在这方面，还可以考虑成立更多的社区居民兴趣协会或社团，活动才具有持续性。推动成员组织多个兴趣小组，并引导这些小组成立兴趣协会或社团，慢慢浸入整个居住社区。这种文化发展的示范效应将会引发社区文化家园建设的新发展和新变革。另外，需要通过科学方法和途径邀请社区居民多参与社区文化家园建设，广而告之。信息渠道不畅是社区居民参与社区文化活动的障碍之一,可以借鉴社区工作的一些方法动员社区居民参与活动,譬如给居民写信(通过楼长投寄)、打电话或上门拜访等方式进行宣传,也可以采用每个小区的业主群或物业办公室向居民介绍,还可以通过大众媒体如社区网站、微信、广告、海报或社区广播等发动居民参与。通过公共参与培养社区居民的社区主体意识、责任意识,实现社区建设和管理的利益分享,建立多元化、多主体的社区文化家园建设和管理模式,是社区文化公共空间建设的追求。

第五章

文化兴盛的路径:完善公共文化设施建设

公共文化服务体系的重要内容是文化基础设施,同时也是地方文化的重要载体。党的十六大以来,党中央、国务院高度重视文化建设,采取了一系列政策措施,加强公共文化基础设施和服务网络建设,公共文化服务能力和水平不断提高,人民群众的精神文化生活显著改善。随着社会主义市场经济的不断发展,人民群众的文化需求日益增长,文化消费方式发生了深刻变化。这为文化发展注入了新的活力,有力地促进了文化产业的发展和文化市场的繁荣,同时对公共文化产品、基础设施、服务网络、资源配置等提出了新的要求。

杭州在提升文化软实力的同时,也与时俱进,以"全省领跑、全国领先"的标准,着力加强公共文化设施建设。在农村,深化农村文化礼堂建设,提高其使用率;在城市,加快建设社区文化家园,提供优质的公共文化资源,努力建成全省全国领先的现代公共文化服务体系;倡导良好的人际互动关系,既讲文明,又讲法制;争做好邻居、好市民,让优秀传统文化在和谐社会关系上发挥更好的作用。具体的做法有:谋划建设具有国际水平的杭州美术馆、音乐厅和杭州文化艺术中心,打造更多文化新地标;实现村(社区)公共文化活动场地 WiFi 全覆盖,推进数字图书馆、数字文化馆建设,加快"智慧文化一点通"文化服务平台建设,建立四级网络数字新媒体宣传文化传播平台;办好杭州国际音乐节、南宋文化节、大运河文化节等活动……这些公共文化设施和活动,也将成为市民文化获得感和幸福感的有效载体,成为杭州文化兴盛的重要路径。

第一节　完善社区公共文化服务

党的十八届三中全会后,中央下发了《中共中央关于全面深化改革若干重大问题的决定》(以下简称《决定》)。《决定》提出了构建现代公共文化服务体系的战略任务,要求建立公共文化服务体系建设协调机制,统筹服务设施网络建设,促进基本公共文化服务标准化、均等化。2014年3月,习近平总书记在参加第十二届全国人大第二次会议上海代表团审议时强调社会治理的重心必须落到城乡社区,社区服务和管理能力强了,社会治理的基础就实了。浙江省委第十二届第十次全会把着力构建公共文化服务体系,作为推进浙江文化强省建设六个方面的主要任务之一。着力构建浙江省公共文化服务体系,是以人为本、公正平等价值理念在公共文化领域的延伸和体现,也是矫正市场提供公共文化服务"失灵"的有效手段、建设服务型政府的内在要求。世纪之交以来,浙江省公共文化投入逐年增加,公共文化服务体系逐步完善。近年来,杭州市委高度重视公共文化服务体系建设,并把它作为"打造生活品质之城,建设幸福和谐杭州"的重要内容,杭州一直以来坚持政府主导,按照公益性、基本性、均等性、便利性的要求,加强文化基础设施建设,完善四级公共文化设施网络,加快城乡文化一体化发展,争创国家公共文化服务体系示范区,让群众广泛享有免费或优惠的基本公共文化服务。推进基本公共服务均等化,促进社会公平正义,让改革发展成果惠及全市人民,在共建共享中实现个体幸福与社会和谐的统一。

随着杭州经济社会的不断发展,人们物质生活水平的不断提高,社区群众参与文化建设的热情不断高涨,享有高水准、多层次文化服务的愿望日益热切,对公共文化服务事业提出了新的期望,社区在公共文化服务体系建设中的地位和作用越来越重要。为适应社区群众对文化的新要求,本章拟从杭州社区公共文化服务建设实践出发,对相关理论和实践问题做一初步探讨。

一、社区公共文化服务的意义

社区公共文化服务建设的基本理念是以人为本,即坚持以不断满足社区居民的文化需求、提高社区居民的生活质量及文明程度为宗旨,以服务社区居民为出发点和最终归宿,以构建管理有序、服务完善、文明祥和的新型社区为终极目标。

(一)有利于实现社区居民基本文化权利

随着生活水平的提高,在物质上获得满足的市民们对文化生活的需求越来越多,要求也越来越高,而社区是与居民文化生活最为密切、最为直接的场所,丰富多彩的文化活动、完善的文化设施、和谐的社区文化氛围、贴心的文化服务都是和实现社区居民的文化权利紧密相关的。完善社区公共文化服务已经成为实现社区居民基本文化权利的重要途径。

(二)有利于提高社区居民的综合素养

社区居民的综合素养一般包括受教育程度、道德水准、精神状态、健康状况和创新能力等。这几个方面形成一个综合的统一体,共同反映社区居民的综合素养状况。社区公共文化服务不仅仅是开展文化活动、体育竞赛,还包括课程培训、道德教育等活动,在活动中普及科学知识,开展科技交流,培养居民的法制观念、环境意识和公益意识。社区公共文化服务旨在社区内营造符合社会主流价值的舆论力量、价值观念、道德规范和文化条件,提高社区居民家庭美德、职业道德和社会公德水平,在社区中形成健康文明的社会风尚,使社区广大居民逐步达到思想健康、精神充实、热情礼貌的文明程度,促进社区居民全面发展和综合素养的提高。

(三)有利于增强社区居民的认同感和归属感

在现代城市中,大部分人只是将社区作为居住的场所,并不认为社区的建设与自己有切实的关系,甚至对自己居住的社区一无所知。而社区提供的公共文化服务能够吸引社区成员的参与,使居民们逐步减少对社区的疏离感,萌生社区意识,能够认识到自己是社区的一分子,使他们认识到作为社区成员的权利和义务,增强对社区的认同感、归属感和责任感。

(四)有利于增进人际关系

随着社会的进步、娱乐方式的增多、传媒的发展,人们似乎更愿意在家中与电视相伴,与网络为友,玩手机玩电脑,很少与邻里再有什么交流,社区中的人际关系淡漠。而社区公共文化服务的开展可以让宅在家的人们恢复社区交往,有益于身心健康。社区组织各种文化活动都不是个人的活动,而是集体的参与,在参与过程中可促进人们的交流与协作,建立良好的邻里关系。社区公共文化服务成为增进社区居民之间、各类组织之间、居民与居民之间相互联系、加深了解、沟通关系的精神纽带,把社区群众吸引在一起,创造和谐、友善、互助的人际关系,营造和谐的生活氛围。

二、杭州社区公共文化服务的主要实践

为更好地掌握杭州市社区现有公共文化服务和使用情况,了解社区居民的实际文化需求,我们针对杭州市社区公共文化服务现状进行了专题的问卷调查。本次调查选取了杭州上城区、下城区、江干区、西湖区等社区居民作为调查对象,调查重点是各级公共文化设施,主要有图书馆、文化馆、博物馆、公园、文化广场、青少年活动中心、老年活动中心的使用情况;调查内容包括社区居民对现有文化设施的了解、设施使用情况、公共文化服务满意程度、社区居民的文化需求情况、社区文化人才的配备情况及居民对公共文化服务的意见建议等方面。本次调查共发放问卷100份,实际回收90份,有效问卷88份,问卷回收率为90%,有效率为88%。通过问卷调查、访谈等形式深入了解杭州市社区公共文化设施、社区文化人才、社区文化活动现状、当前遇到的困难,为杭州市社区公共文化服务存在的问题和今后的发展提供可行的对策。

(一)对社区文化设施的知晓度调查

调查显示(图5-1),大部分被调查者了解居住地附近都有哪些文化设施,但社区居民平时最了解的就是公园和文化广场,分别占了受调查者的75%和78%;其次就是图书馆(56%),看来图书馆在社区居民心目中的位置也很重要,而其他几项活动选择比例较小。

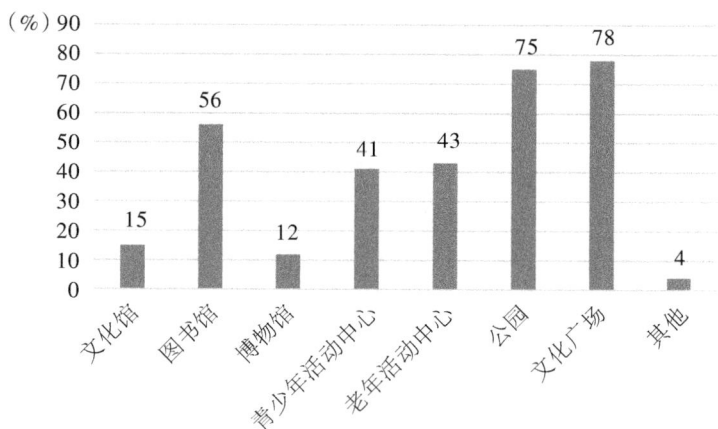

图5-1 对社区公共文化设施的知晓度

（二）对社区文化设施满意度的调查

调查显示（图5-2），图书馆是杭州社区居民最满意的公共文化设施，居民对图书馆的满意度最高，达到72%；其次为博物馆、公园和文化广场，满意度占比分别为55%，53%和51%，而文化馆、青少年活动中心、老年活动中心满意度占比都低于50%，青少年活动中心和老年活动中心不满意度都超过了10%，这是一个值得关注的现象。

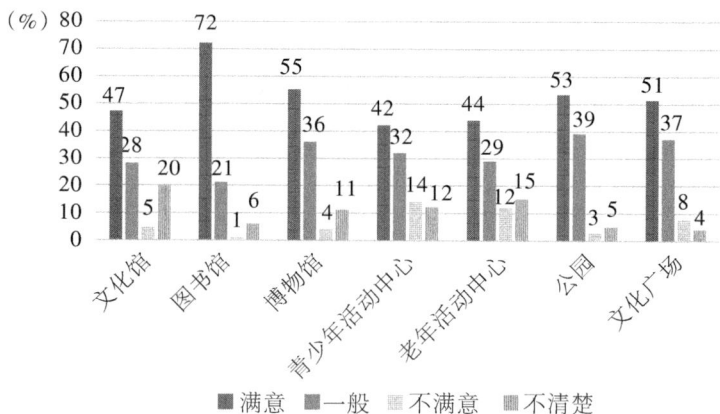

图5-2 对社区公共文化设施的满意度

（三）对社区文化设施的参与度调查

调查显示(图5-3),图书馆是杭州社区居民最常去的场所,其次是公园、文化广场、社区(村)活动室、博物馆,再次是青少年活动中心、街道(镇)活动中心,老年活动中心和文化馆排名最后。在选择常去公共文化场所时,有69%的人选择去"图书馆",比例远高于其他文化场所,说明图书馆的使用人群最多。在"平均多长时间去一次图书馆"的选项中,选择1—2星期的有33%,选择一个月左右的有47%,两三天就来一次的有19%,从没去过的仅占1%。这说明杭州居民对图书馆的使用还是经常性的,大家都养成了爱书、借书、看书的良好习惯。

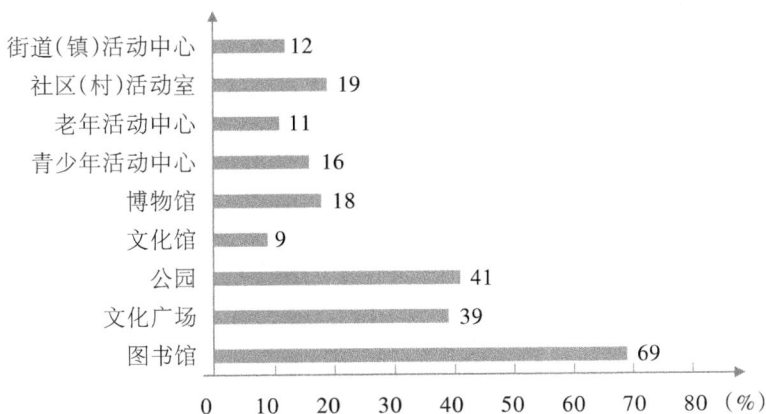

图5-3　社区公共文化设施的参与度

（四）对所在社区文化建设现状的调查

调查显示,被调查者"对所在社区文化建设现状"的总体感觉,认为"物质文明与精神文明并重"的比例在21%,选择"重物质环境改造,轻精神文明建设"比例在15%,选择"物质文明有待加强,精神文明亦需改进"的比例在45%,选择"重形式,轻内容;重表面,轻实质"的比例在19%。调查反映社区居民对所在社区文化建设现状的总体感觉是持肯定态度的,但也有需要改进的地方。

受调查者对"所居住社区的体育设施满意度",选择"很不满意的"有2%,"不满意"的有9%,"一般"的有78%,"满意"的有11%。看来调查结果是可喜的,被调查者对所在社区体育设施基本满意,但大多数人选择"一般"也意味着社区设置的体育设施不能很好地切合社区居民的需要。

(五)对居民去社区公共文化设施花费时间的调查

据对常去公共文化设施花费时间的统计(图5-4),发现受调查者花费"20分钟以内"的有36%,花费"20—40分钟"的有23%,花费"40分钟—1小时"的有16%,花费"1小时以上"的有14%,"基本不会"的占11%。这一方面说明受调查者一般会就近选择社区公共文化设施,另一方面说明公共文化设施分布还不尽合理。

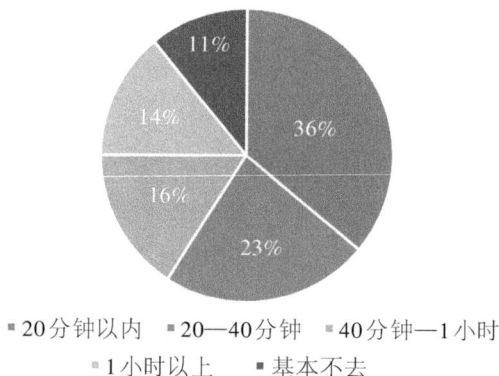

■20分钟以内 ■20—40分钟 ■40分钟—1小时
■1小时以上 ■基本不去

图5-4 常去公共文化设施花费时间的调查

(六)对不去社区公共文化设施的因素调查

阻碍受调查者去社区公共文化设施的因素中(图5-5),"工作忙没时间"排在首位,占比超过了50%,说明现代社会带来的工作压力已经影响到人们正常的文化需求。而"距离太远""交通不便"及社区公共"文化设施缺乏吸引力"，也是影响社区居民文化需求的主要因素。

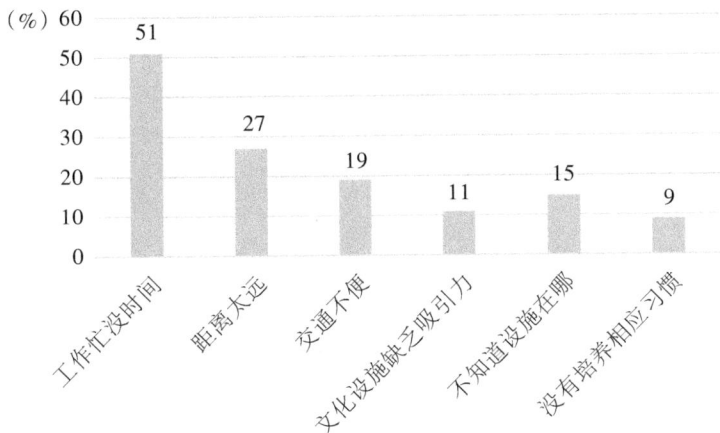

图5-5　社区公共文化设施的阻碍因素

三、杭州社区公共文化服务的成效

　　杭州是第一批"全国社区建设示范城市"，也是中华人民共和国成立后的第一个居民委员会的诞生地。全国唯一的社区建设展示中心落户杭州。2009年，在第一轮"全国和谐社区建设示范单位"创建活动中，杭州有5个城区、7个街道、10个社区被命名为全国首批和谐社区建设示范单位，数量居全国省会城市和副省级城市首位。2011年，杭州又被确定为"全国社区管理和服务创新实验区"。截至目前，杭州下辖的社区都已形成了较为完整的社区工作体系，这些都为社区公共文化服务提供了较好的制度和组织保障。

　　(一)领导有力，新型社区管理服务体制不断完善

　　目前，杭州已经普遍建立党政领导负责、民政部门牵头、相关

职能部门参加的市、县（市、区）、乡镇（街道）三级和谐社区建设领导协调机构，工作推进扎实有力。一是社区管理新体制已经形成。自2008年起，在杭州社区推行建立社区公共服务工作站，探索社区党组织、社区居委会、社区公共服务工作站"三位一体"、交叉任职、合署办公的社区管理新体制。多年实践证明，"三位一体"模式实现了公共服务覆盖到社区的目标，形成了推进基层社会建设的强大合力。二是社区管理资源得到有效整合。通过改革，社区党组织的领导核心地位进一步增强，社区居委会的自治功能进一步发挥，社区公共服务工作站的公共服务职能进一步落地，社区资源得到了大幅度的整合，社区的管理力量大大加强。三是社区管理模式不断推陈出新。近年来，杭州创新性地推出了楼宇社区公共服务工作站、新杭州人公共服务工作站、流动公共服务工作站等新模式，进一步拓展了"三位一体"社区管理服务体制的广度和深度。

（二）措施扎实，社区文化服务体系不断完善

杭州努力建设全国社区管理和服务创新实验区，社区包括文化等综合服务能力得到全面提升。主要有两个表现：一是社区服务网络全覆盖。全市面向社区居民的便民利民服务网络进一步健全，共建成服务网点2万多个，街道、社区服务中心（站）覆盖率100%。城市社区"一门式"服务大厅普遍建立，基本形成15分钟生活服务圈，实现了社区服务网络全覆盖。二是社区服务机制得到完善。通过政府购买服务、项目化管理等方式，将社区服务纳入政府公共服务项目，全力扶持公益型项目、适当补贴经营型项目。目前项目涵盖社区文化、体育、卫生、养老等各个方面。

（三）管理规范，社区工作者队伍素质不断提高

杭州注重提升社区工作者整体素质，建立统一招录机制。按照"公开招聘、竞争上岗、择优录用"的原则，社区工作者队伍结构

得到了明显改善。一是专业化程度进一步提高。全市10280名社区工作者，平均年龄37.06岁，30岁以下的占31.92%，文化程度大专以上的占81.16%。按照杭州市委市政府出台的《关于加强社区工作者队伍建设的若干意见》《杭州市社区工作者管理规范》等系列文件，要求实现对岗位设置、基本职责、任职要求、学习培训、服务规范、考核评议等方面的规范管理。10280个人里已经有4445人通过国家社会工作师职业资格考试，职业化、专业化程度得到进一步提高。此外，还建立了一大批社区特色工作室，为居民提供心理咨询、帮扶调解、青少年教育等个性化服务。二是培训考核进一步规范。将社区工作者培训纳入干部教育培训规划，建立社区工作者实训基地，实行分级培训制度，连续九年举办全市社区书记主任培训班。2014年5月，杭州首次组织20名优秀社工赴台湾地区培训、交流。在第六届"西湖—日月潭"两湖论坛中，首次开辟了"杭州—南投社区管理分论坛"，并签订了社区间相互友好的发展协议。同时，全面推行社区工作者"朝八晚九"错时工作制、"责任社工""片组户"民情联系等工作机制，探索推行预约、流动等服务制度，给社区工作者"压担子"，把了解熟悉社情民意作为考核的重要内容，进一步提升工作服务水平。三是保障激励机制进一步强化。大幅提高社工待遇水平，在全国率先将住房公积金、门诊医疗费社会统筹等纳入社区工作者的福利待遇，并按照上年杭州非私营单位在岗职工平均工资标准核定社工待遇；对长期在社区服务居民的专职社区工作者，还按照其服务年限每月给予300—600元不等的津贴。在全国创建并连续四年举办"社区工作者节"，全面扩大了社区工作者的职业影响力。坚持面向基层、关注一线的选人用人机制，一部分社区工作者通过"公选"等形式走上街道（乡镇）工作岗位。

四、杭州社区公共文化服务存在的主要问题

从调查结果可以看出，杭州市民对社区文化设施的布局和使用情况总体满意度尚可。但本次调查结果也暴露出杭州社区现有公共设施布局和使用中存在的问题和不足，特别是老城区公共文化建设还存在着缺少规划、设施建设滞后、产品供给不足等问题，尚不能满足广大人民群众的精神文化需求。

（一）尚无完备的社区公共文化政策

社区公共文化政策是创造公共文化繁荣的基石，在这里主要是指提供社区公共文化的政策法规和构建符合社会主义核心价值观的社区核心价值理念的措施。《中共中央关于构建社会主义和谐社会若干重大问题的决定》《公共文化体育设施条例》《文化部、财政部关于进一步推进全国文化信息资源共享工程的实施意见》等都涉及社区公共文化政策，浙江、杭州制定的有关文化规定、政策等也都有一些关于社区公共文化的，但是还没有一部关于发展社区公共文化的专门文件。

（二）社区公共文化设施布局不合理，分布不均衡

目前杭州现有文化设施格局中存在老城区多、新区少、分布不均衡、设施规模偏小且数量不足的问题。老城区内文化设施资源由于多年积累较为充裕，不过使用时间较久，大多设施陈旧，需要更新换代，兼之地方小、空间狭窄，能开展的社区文化活动较为有限。老城区以外的城市新区，随着大规模的开发，已成为新增居住人口的主要导入区，这些地方地广人稀，人均文化设施拥有量不多，但由于刚刚新建，文化活动场所一般都比较大，后期如果规划好，能开展的社区活动比较丰富和多样，有很大的发展潜力和后劲。在调查问卷中，就有25%的被调查者建议应合理布局，增加

公共文化设施的数量。这在一定程度上反映了这个问题已经引起了关注，需要得到有关部门重视，并加以协调和解决。

（三）社区公共文化服务管理机制还不完善，尚不能满足社区居民需要

一是公共文化服务设施的管理制度尚不完善，不能满足社区群众的实际需要。目前各个社区活动室的开放时间一般都在星期一至星期五，上午9：00到下午5：00，与社区居民特别是中青年居民的上班时间相冲突，导致中青年居民没有时间使用公共活动室，直接产生了社区公共文化室利用率不高的后果。二是社区文化工作者的考核、晋升机制不健全。社区的文艺骨干有些是兼职的，与社区之间没有形成聘用或协议关系，对社区的公共文化服务建设没有相关的约束，这是导致其人才极易流失的重要原因。三是缺乏统一的社区公共文化服务建设指标体系与评估体系。指标体系与评估体系的建立有利于社区干部明确社区公共文化服务建设的目的、活动任务、岗位责任、考评标准等，以目标管理责任制的形式，促进各个社区按时达标，强化社区干部重视公共文化服务体系建设意识，切实提高公共文化服务能力。评估体系的缺乏会引起社区干部对社区公共文化的不重视，从而对社区管理造成影响。四是社区居委会定位不清晰，存在"越位"现象。现在社区居委会既承担自我管理职能，又承担政府重心下移后的行政管理职能。这使社区居委会行政化倾向明显，影响和束缚了社区自治功能的培育和发展，从而影响社区公共文化服务的开展。

（四）社区文化活动场所紧张，不能满足居民文化活动的需要

这一问题在部分城市社区显得特别突出。虽然目前大部分社区都按照要求建立了综合活动室，但在一些城市中心社区，多数活动室兼具了图书馆、排练场、电子阅览室等功能，布置完各项设施

后,剩余空间已不可能展开活动,各种文化设施成了摆设。一些社区的办公区域与文化活动区域甚至挤在一间办公室里,如果开展活动势必互相干扰。另外,室外活动场所有限。目前城市社区大部分都是利用城市空地、街道空地,或是住宅小区的广场来开展室外活动,但部分社区活动场地面积也相当有限,不时出现群众因为跳广场舞抢占场地而引发矛盾,群众文娱活动难以开展。

(五)社区公共文化服务经费紧张,来源结构不合理

目前社区公共文化服务建设的经费主要来源为市、街道财政。调研中社区干部普遍反映公共文化服务建设的经费不足,财政投入不均衡,主要表现在:一是重硬件设施投入,轻人才引进、培训,导致社区公共文化服务工作人员的数量不足、专业素质不高。二是重大型活动,轻常规化活动。每年社区的经常性文化活动经费偏少,无法满足大量群众的活动要求。社区在开展文化活动时,有点捉襟见肘,开展活动相对不容易。三是重一次性投入,轻日常运行投入。

在财政投入不足的情况下,来自驻区单位、企业及居民捐助的数额也极少,没有形成社会化的投入机制,特别是涉农社区,区域内的单位数量极少,共驻共建基本上无法开展。长此以往,这种单一的投入机制,一方面将对政府形成越来越大的投入压力,造成社区对财政的过度依赖;另一方面,对社区公共文化服务建设的良性运行和可持续发展也不利。

(六)社区文化设施利用率不高,资源闲置现象较突出

近年来,政府加大了对公共文化的投入力度,添置了大量的文化活动设施和文化用品,如目前大部分社区都配备了电脑、报刊、体育活动器械等。但据我们调查,到活动室来上网、看书看报、参加活动的群众人数所占比例并不高,其中以老年人居多,各类文化

服务用品和活动设施的利用率较低，资源闲置现象比较突出。究其原因，一方面与群众对社区文化设施的知晓度有关，另一方面与政府的文化产品供给机制有关。目前，不论是图书、杂志还是电脑、电视等文化用品，都是由政府相关部门统一采购、统一配送，社区只是被动接受，没有选择权，导致文化产品购买缺乏针对性，居民需要的到不了，不需要的送了下来，群众当然不感兴趣。如不同文化层次的居民对图书、杂志的需求是不同的，不同社区对文化的需求也与所在地的居民结构有关，但这些差异化的需求现在还难以得到满足。

（七）社区群众文化活动形式较单一，参与面还不广

目前社区的文化活动主要是依托各个群众文化队伍来开展的，而各个社区的群众文化队伍主要有舞蹈队、合唱队、腰鼓队、健身操队、民乐队等，雷同度较高，形式较单一，缺乏各个社区独特的文化队伍品牌。就参与活动的人员数量来讲，相较于社区总人口的比例也很小。就参与人员的年龄结构来看，各个社区基本上都是以中老年人为主，青少年参与度偏低。特别是涉农社区，居民参与公共文化活动的热情不高，愿望不强。大部分涉农社区居民主要的业余文化生活是看电视、看影碟录像、玩电脑。

（八）社区公共文化服务缺乏专人负责，人才队伍不稳定

一是各个社区基本上都没有设专职人员负责公共文化服务工作，一般都是由一名社区工作人员兼任。二是社区的文化辅导员大多只对社区的大型文化活动进行指导，而社区群众常规性的文化活动则缺乏专人辅导。三是在由文艺骨干带动群众文化活动发展的社区，由于群众文化队伍的自发性与松散性，文艺骨干不受社区管理，很容易发生文艺骨干一旦流失社区的文化活动队伍就会解散的现象。

四、推进杭州社区公共文化服务建设的对策和建议

（一）进一步完善社区公共文化设施布局

针对杭州社区文化设施调查结果,对于市、区、乡镇(街道)、社区(村)不同层级的文化设施配置,首先应该通过分级、分类、分区域多种方法结合,并针对老城区和新区、农村和城市等不同区位情况,制定合理、可操作的配置标准。市区和区级设施应以文化广场、图书馆、博物馆、文化馆、青少年活动中心、老年活动中心为基础,加强美术馆、群艺馆等特色文化设施建设;街道(镇)级文化活动中心功能应该满足居民日常的文化需求,包括影视厅、舞厅、棋类活动室等;社区(村)级文化设施应包括书刊阅览、养身讲座、健身等接地气的活动,而且开放时间要兼顾青少年和老年人的需求。

调查结果显示,杭州社区居民平时最喜爱的文化活动是看电视和去图书馆,分别占总人数的45%和51%,其他的如健身、跳舞、唱戏、去博物馆等,选择比例较少。随着市民生活水平的不断提高,人们对公共文化的需求量也逐渐增加,内容也越来越多样化,这就需要完善公共文化设施的功能配置,注重公共文化服务与时俱进,以满足不同层次的社区居民需求。同时,充分考虑可操作性原则,应根据文化设施区位不同,提出有差别化的模式。在新区及乡镇等用地宽裕地区可采用新建及合建的模式,老城区、中心地带等用地紧张的地区主要采用合建、改建、分设等模式。特别是基层设施,可多考虑与其他公益性设施集中建设或共建,以便于场地和设施的共享,提高对公共设施的有效利用率。

（二）进一步提高对社区公共文化服务重要性的认识

各级党委、政府应当坚持以人为本的原则,切实把解决教育、医疗、住房、就业等民生问题和满足群众日益增长的文化需要放在

重要的位置,投入足够的精力,做出具有可操作性的规划。要充分利用和发挥各自社区的先天优势,譬如有些社区地处市中心,文化活动场馆较多,文化人才较多,文化氛围浓厚,应该利用这些得天独厚的条件,推进社区文化建设。从社区的实际出发,把社区文化建设作为一项主要工作,精心安排,周密组织,在现有基础上打造出既有一定影响又有较高品位、既有广泛群众性又有较高艺术水准的文化品牌。

（三）在体制、机制上要不断开拓创新

第一,要建立政府牵头、社区居民具体操作的社区文化管理机制。社区的党组织和居委会是社区文化建设的组织者。要成立专门的社区文化委员会,由热心公益事业、有一定文化素养和工作能力的人员组成,负责社区文化的领导、组织和管理工作。第二,要建立社区文化资源共享机制。除了政府建设的公共文化资源外,要通过共创共建等形式,把机关、团体、学校和企事业单位的文化资源纳入社区文化发展规划中,最大限度地盘活闲置资源,建立一种资源共享机制,党委、政府要出台相关政策,动员各单位开放本单位的活动场所和设施。第三,打造一支稳定的文化队伍。各社区要从群众的需要出发,尊重本社区的文化传统和风俗习惯,有选择地组织若干个社区文化团队,在社区文化委员会的领导下,组织开展各类文化活动。第四,要建立社区文化投资机制。政府要加大用于文化硬件和队伍建设的资金投入,逐步改善社区文化的"软硬条件"。同时充分利用社会投资,将社区文化活动与企事业单位的商业活动有机结合,借助社会力量进行社区文化建设。

（四）提高社区群众参与社区文化建设的积极性

一要坚持以人为本的原则。社区文化建设工作的成效,应当以是否有利于提高社区人民群众的物质文化生活水平、是否有利于提高社区人民群众的精神品位、是否有利于提高社区人民群众的身心健康为标准来判断。所以要把满足社区群众的多方面需求作为社区文化建设的出发点,致力于不断提升社区群众的思想道德素质和科学文化素养,满足社区群众的多方面需求,为人的全面发展创造良好的文化氛围。二要为社区群众创造良好的社区环境,切实解决社区成员最关注的问题,尤其要注意解决好社区的基础设施、环境卫生、绿化美化、社区治安等方面的问题。三要为社区群众提供合适的文化"大餐"。党中央在构建现代公共文化服务体系的战略任务中提出"建立群众评价和反馈机制,推动文化惠民项目与群众文化需求有效对接"。针对社区成员的文化需求、兴趣爱好,在内容上应注意与之相匹配,在形式上做到大中小型兼顾、上下结合,在对象上应注重让更多的家庭和个人参与,让最大多数的社区成员共享社区文化成果。

第二节　推进农村文化礼堂建设

杭州是一座传统文化底蕴深厚的城市,也是一座学习氛围浓厚的城市。自2011年杭州市委市政府大力推进学习型城市建设以来,杭州的学习阵地不断拓展,农村文化礼堂正是其中的重要阵地。它拥有诸多文化资源、是满足广大农民群众日益增长的学习需要的新时代农村文化家园,是办在家门口的新时代学习殿堂。

一、农村文化礼堂的功能分析

农村过去也有一些学习阵地,譬如改革开放前的农村礼堂,后来的村委会办公室、老年活动室、农村综合文化室等,不过有些已经年久失修、衰败破落,有些没有合理利用,有些已经大门紧锁,有些设施陈旧等，都无法开展活动。而农村文化礼堂是新时代农村地区具有多种功能的文化综合体，具有以下诸多功能。

宣教功能。文化礼堂是培育和践行社会主义核心价值观的重要阵地，在此平台上宣讲国家和党的各项方针、政策，能够让当地村民及时了解相关政策。除了方针政策的宣传外，主流价值的弘扬也是文化礼堂的功能，而且形式还是多样的，比如说可以通过学堂的讲授，也可以通过民风廊、励志廊中先进人物、先进事迹的展示来教化村民，这样的思想道德教育更直观更生动，更容易为村民们所接受，效果也会更明显。

娱乐功能。文化礼堂是一个综合型的公益性村级文化设施，其目的就是寓教于乐，在提供各种文化体育活动的同时，满足村民们的精神文化需求，实现更高的目标。因此，娱乐性是文化礼堂必不可少的一个功能，只有举办那些能够吸引村民参与的、健康又文明的文体活动，比如学堂里的书画学习、文化活动中的健身操和广场舞、定期的篮球比赛，或者其他具有当地特色的活动，才能把村民们聚集到这个公共文化空间。只有村民参与进来了，文化礼堂才能发挥它的功能作用。在生产劳动之余，当人们有地方去、有事情做、有东西玩的时候，才不会无所事事，村民们的整体文化水平、精神素质才有提高的可能性。

礼仪功能。文化礼堂注重仪式，比如春节迎新礼、学童开蒙礼、国庆成人礼和重阳敬老礼。有些地方为了增强乡里乡亲的亲切感和凝聚力，村里的红白喜事、年轻人参军时的入伍仪式等都会在文化礼堂举行，共同参与的、固定的仪式会增强人们心中的凝重感，对所要做的事情都会更加慎重，无论是对婚姻还是对入伍当兵。仪式会加深人们的感知和认知，拉近人们之间的关系，增强人们对自己家乡的归属感。

保护、传承、弘扬传统文化习俗的功能。农村基层文化生活是传承民族文化文脉的根基。如今的城市是现代化的都市，几乎不见传统习俗的踪迹；只有在农村，由于交通不便、经济欠发达，仍保留了一些比较传统和民族的东西。文化礼堂中的"两堂五廊"，几乎都与之密切相关，比如讲堂会邀请当地有威望的老者或者专家学者进行与本地有关的传统文化习俗的讲授；礼堂会在重要的节日举行一些仪式，比如春节迎新礼、成人礼、重阳节老人礼等；"五廊"中的村史廊、民风廊、艺术廊里可以展示与传统文化习俗相关的人物事件、民俗物件。

二、杭州农村文化礼堂建设的现状

截至 2019 年底，杭州市农村文化礼堂已累计建成 1408 个，村改覆盖率 70.3%。萧山区截至 2018 年底共建成农村文化礼堂 138 个，截至 2019 年 7 月底建成 63 个，总共建成 201 个；余杭区截至 2019 年 5 月底，全区建成文化礼堂 123 个，共开展活动 3483 次，每个文化礼堂平均每月开展活动 28.32 次；富阳区 276 个行政村已建成 237 个文化礼堂，且在 2019 年底实现全覆盖，这比省里要求的到 2022 年实现基本全覆盖的目标足足提前了三年；临安区截至 2019 年底累计建成 238 个，基本实现农村文化礼堂行政村全覆盖；建德市共计 229 个行政村，截至 2019 年 8 月底，已完成建设 185 家文化礼堂，完成率达到 80.7%；截至 2019 年，淳安县 423 个行政村累计建成农村文化礼堂 219 个、社区文化礼堂 4 个，覆盖率达 51.77%。[①]

为具体分析文化礼堂建设所取得的成果，笔者从农户层面和

---

① 数据来源于 2020 年杭州市各个区委宣传部的统计。

村层面设计了6个问题,包括:文化礼堂安排的文艺活动多吗? 文化礼堂经常开展学习培训吗?"两堂五廊"是否有专人管理? 村民到文化礼堂聚会吗? 村民到礼堂参加学习吗? 你觉得文化礼堂建设有必要吗? 随机访谈了100名村民,表5-1为数据统计结果。从表中可以看出,绝大部分村庄都开展了文化礼堂活动,71%的村安排了较多的文艺活动;文化礼堂学习活动开展情况也较好,66%的村经常利用礼堂开展学习培训活动,而且91%的村文化礼堂都有专人管理。村民利用文化礼堂开展活动或进行学习的频率也较高,平均而言,70%左右的村民会选择到文化礼堂聚会或者学习,83%的村民对文化礼堂认同感较强,认为文化礼堂活动的开展是很有必要的。可见,文化礼堂建设已经取得了初步成效。

表5-1　杭州农村文化礼堂建设成效情况

		频数	频率(%)
文化礼堂安排的文艺活动多吗	没有	8	8
	很少	11	11
	一般	10	10
	较多	46	46
	很多	25	25
文化礼堂经常开展学习培训吗	没有	10	10
	很少	4	4
	一般	20	20
	较多	37	37
	很多	29	29

		频数	频率(%)
"两堂五廊"是否有专人管理	没有	9	9
	有	91	91
村民到文化礼堂参加聚会吗	从不	6	6
	很少	9	9
	一般	17	17
	较多	35	35
	经常	33	33
村民到文化礼堂参加学习吗	从不	12	12
	很少	15	15
	一般	17	17
	较多	40	40
	经常	16	16
你觉得文化礼堂建设有必要吗	没多大必要	0	0
	无所谓	7	7
	有必要	16	16
	非常有必要	77	77

农村文化礼堂是农村"实现精神富有、打造精神家园"的重要载体,是巩固农村思想文化阵地的重要保障。杭州市按照"文化殿堂、精神家园"的要求,把农村文化礼堂建设和学习型城市建设紧密结合起来,进一步提炼了文化礼堂的特点,把弘扬主流价值、传

承传统文化、展示村庄形象、丰富文体活动等主要功能有机结合起来，把农村礼堂打造成为弘扬主流价值的新平台，传承传统文化的新载体，展示村庄形象的新窗口，农民文体活动的主阵地。通过调研，笔者发现杭州农村文化礼堂具有以下特点。

一是内容丰富、不单一。回顾杭州农村文化礼堂的发展历史，文化礼堂由于集思想道德教育、文体娱乐、知识普及于一体，因此自然地成了宣讲党和国家的各种方针、政策、弘扬主流价值观的主要文化阵地。同时，农村文化礼堂通过挖掘和整理杭州本土文化中的学习资源，融合了杭州城市发展的历史与现实，引领了一系列丰富多彩、喜闻乐见且具有地方特色的活动，既服务了村民学习，从而提升了村民人文素质，又进一步推进了学习型城市建设。譬如笔者调研的临安区几个村在这方面就树立了典型。上田村着重抓好文武融合，创建"中国书法名村"、建立临安区书法协会上田分会、推动书法进农户、编排"上田村文武操"、整理陈列十八般兵器、制定上田村训、编写上田之歌等。花戏村着重抓好戏剧排练、书法比赛、篮球比赛等，让村民在劳动的闲暇有丰富健康的休闲娱乐活动。①这些活动丰富了村民的业余生活，也使村民在学习书法和戏曲的过程中得到了成长，进而提升了村民的人文素质。

二是注重精神内涵，有更高的精神追求。传统的基层农村文化建设偏重设施的建设而忽略内容的建设，而杭州农村文化礼堂寻求家与国、古与今、内与外的结合，注重内生性、延承性、持久性，旨在实现单纯娱乐向更高精神层面的跃升，使文化礼堂成为农村村民心灵的寄托、真正的精神家园。在临安区迎丰村，社会主义核

---

① 程丽敏：《临安市新农村文化建设研究——以农村文化礼堂为例》，浙江农林大学2014年硕士毕业论文。

心价值观与杨震廉政文化在文化礼堂实现完美结合,传承与延续着"杨氏家风"。把文化礼堂和当地红色文化结合起来,既丰富了礼堂的文化内涵,又弘扬了优秀乡土文化。这是一个值得借鉴的模式。

三是注重仪式。根据浙江省委宣传部编制的《文化礼堂操作手册》,文化礼堂专门设立了春节迎新礼、学童启蒙礼、国庆节成人礼和重阳节敬老礼。例如,成人礼选在国庆节举行,就是要体现"与共和国共同成长"的主题,体现"中国梦"的共同理想。这些仪式,不仅让村民们印象深刻,而且还让村民们对主流价值产生认同感、对传统的节日有了更深的了解和记忆,他们必定也会对养育自己长大的乡村产生亲切感和依恋感。

四是体现村级特色文化尤其是传统文化、传统习俗、传统礼仪习惯。文化礼堂不仅是弘扬社会主义核心价值观、休闲娱乐、普及科学文化和知识技能的地方,而且还是弘扬民族传统文化习俗礼仪的地方。譬如临安区湍口镇三联村,把千年传承下来的"索面文化"融入礼堂文化,带动当地村民增收致富的同时传承传统文化。太湖源镇光辉村的"农民画"别具一格,具有悠久的历史,该地在建设文化礼堂的时候就很好地把这一点融入进去。这些都是把当地特色习俗融入文化礼堂的实例。

五是以农民为主体。在文化礼堂的建设中,政府虽是主导,提供资金帮助和理论指导,但是文化礼堂的实际内容还是要靠广大村民群众来充实的,比如说"两堂五廊"中"五廊"的内容都是和人们的生活息息相关,需要当地村民的积极参与。文化礼堂要想生根发芽并且最终枝繁叶茂,不流于形式,成为村民们真正的精神家园,就一定要接地气,办成村民们喜闻乐见的、愿意参与进去的文化综合体。

三、杭州建设农村文化礼堂的难点和问题

(一)农村文化的"空心化"

经过调研,笔者了解到,如今杭州周边区(县)市,譬如临安、建德、淳安等偏远山区的年轻人出去打工的多,留守村里的基本上以老年人为主。农村大量劳动力的转移,特别是农村青壮年、有知识技能的劳动力和文化能人大量外出,使农村文化精英过度流失,造成了农村文化的"空心化"。

文化活动方面,由于众多青壮年外出务工,农村已形成了以妇女、儿童、老人为主的社会,文化需求表现出明显的代际差异,大量老弱妇女的文化消费需求并不旺盛,因而看电视打牌成为他们主要的文化消费方式。笔者根据调研的情况了解到,看电视的人数最多,打牌、打麻将的人数其次。农村文化因为缺少农民主体的参与而势弱;同样,这反过来也使得村民们的精神文化相对空虚。村民比较关注物质财富,交流中开口就问"一年挣多少钱",对精神文化或者说是学习型方面的知识相对不太关注,这种导向容易导致对金钱崇拜、精神文化缺失。伴随着农村公共文化空间日益势弱的是农村私有文化设备的急剧增长,如电视机的广泛普及。互联网所代表的现代娱乐内容在一定程度上代替了以往的戏曲杂技等传统文化内容。文化活动的娱乐空间开始从公共领域退回到农民家中,由上述私有文化设备予以满足。

(二)对弘扬传统文化重视不够

农村传统文化受到现代文化的冲击越来越强,原有的文化价值体系正在逐渐调整,特别是一些优秀的传统仪式活动、娱乐活动和民间艺术活动,因为表演群体和观众群体的双重流失,其生存空间日益萎缩,面临传承危机。以前在农村经常看到的唱大戏、庙会

等传统文化活动,现在基本上不太能看到其踪影了。笔者在访谈中发现,村民们还是很爱看戏的,一方面,随着民间文化艺人逐渐向城市流动,民间凭借自己力量举办唱戏活动、实现自我供应的能力不足;另一方面,随着农民文化需求的日益多样化,政府提供的服务项目又不能完全满足村民的文化需求,进一步使得村民们尤其是青壮年不愿待在农村,一心向往城市的繁华生活。

(三)形式同质化

当前杭州各区、县(市)建设农村文化礼堂在一定程度上存在同质化倾向。其实,在建设初期,参照建设模板或者蓝本有一定的示范意义,但也导致了文化礼堂建设模式有些类似。除了有些有鲜明地方特色的文化礼堂建设外,其他一些乡镇的文化礼堂场地建设和内容改造缺乏本地区的特色和风格。

(四)主体地位不够突出

农村文化礼堂建设的主体是村民,服务的对象也是村民。审视当前的农村文化礼堂建设,一是农村文化"空心化",大量青壮年村民外出务工,导致文化礼堂建设的主体本身也在减少;二是一些农村基层干部在推进农村文化礼堂建设的时候,未能充分了解和尊重村民的意愿,从而导致村民主体意识不强,进而造成参与农村文化礼堂建设的意愿相对较弱;三是农村传统文化面临着文化传承后继乏人的问题,一些优秀传统文化缺乏内容和形式创新,难以吸引年轻人的参与,造成一些优秀的传统文化、民间艺术缺乏继承人,一些民间艺人因为需要养家糊口,转岗从事别的工作,人才凋零。

(五)注重物质建设多,对精神建设重视不够

有些乡镇建了大礼堂和"两堂五廊",就认为已经完成了建设农村文化礼堂的任务,对后续文化活动内容开展不够重视,也没有对建好的农村文化礼堂进行充分的规划和利用,或者只是为了争

取经费建设农村文化礼堂,其实村里已有一个祠堂,没有在此基础上加以扩充而是另起炉灶,或者只重视场地的建设而后续维护、投入不足,影响了农村文化礼堂的可持续发展。

（六）设施不够健全

经过笔者调研,发现不少地方的农村文化礼堂文化设施不够健全,不能经常开展活动。由于经常不用又缺乏维护,现存的文化设施存在不少损坏的现象。笔者在调研临安区和淳安县的某几个村时发现,有些文化礼堂是由宗祠或者原来的农村合作社改造而成,只是外面墙体做了简单的粉刷,内部结构没有改动,除了墙上张贴的文化礼堂介绍、村训、管理制度、学子榜、寿星榜、民风艺术廊、成就廊等的内容外,内部设施陈旧。物质基础设施是传播文化的载体,没有相应的物质设施或者物质设施有残缺,就会大大影响文化的传播,影响村民文化生活的开展和精神文化素质的提高。调研农村书屋时,发现一般农村书屋的藏书有一两千册,但是书的种类比较少,新书也少。某村的图书管理员介绍说,他喜欢看革命年代的书,基本上相关的他都看过了,但是新增书籍特别少。他还说,现在村里年轻人少,适合小孩子和年轻人看的书更少,他觉得应该增加适合他们阅读的书籍,才能吸引青少年前来阅读。

（七）功能不够强

经济条件较好的村基本上都能完成文化礼堂室内室外双配置:室内文化礼堂和讲堂,可以宣讲相关政策,可以进行传统文化习俗和知识的传授;室外有规范建设的"五廊",也可以组织篮球赛等体育活动,影响面也较大。而在经济条件较差的地方,基本上只能完成室内文化礼堂和讲堂建设,"五廊"是通过张贴相关规定在室内进行展示,面积较小,功能较少,两者差距也有些悬殊。

（八）后续建设资金不足

文化礼堂建设及组织运行需要大量资金投入，前期的这种投入主要依靠政府的政策性鼓励和支持，但是依然没有解决经费不足的普遍性难题。调研中发现，资金的缺乏导致农村文化建设后劲不足。除了集体经济实力较强的村以外，很多偏远山区的村集体经济很少。目前，依靠上级部门拨款建设或者小幅改造农村文化礼堂后，缺乏后续资金用来维护和改善农村文化礼堂的设施，以及对后续开展的活动进行补贴。因此，有些文化礼堂基本上没有开展什么活动。有些基层文化服务队，由于缺乏资金，只有逢年过节出来开展一些应景的活动。

从资金需求来看，农村文化礼堂资金需求量大，文化礼堂建设动辄就要几十上百万，对于村集体经济薄弱的村来说，启动建设资金本身就已经很艰难了，后期的日常运行维护经费不足。譬如，临安区的光辉村为实施精品村建设，2012年一年就投入了1400万元用于基础改造，地方财政仅提供980万元，资金缺口较大。根据调查，有一些示范性村庄的礼堂维护运转经费每年至少需要15万—20万元，但是现在杭州周边有些村级集体经济收入还不足以支持文化礼堂的建设和运行。①

（九）专业文化工作队伍力量有限

农村文化礼堂主要还是靠人来建设和维护的。也就是说，不仅要求农村文化礼堂是由文化工作者带领建设的，而且文化工作者还得是专业的。之前分析过杭州偏远山村存在年轻人及文艺骨干流失的情况，适合的人才本身就少，再加上开展文化工作的人员

---

① 程丽敏：《临安市新农村文化建设研究——以农村文化礼堂为例》，浙江农林大学2014年硕士毕业论文。

素质偏低,专业性相对缺乏。因此,造成了有的文化礼堂管理人员不足,有的无专业管理人员,只有兼职人员,而兼职人员很多时间都在忙其他工作。有些农村文化书屋不是建设在文化礼堂里面,虽有人员管理,但管理人员经常不在。

四、杭州农村文化礼堂建设需要处理的几对关系

(一)正确处理政府和民间力量的关系

政府是农村文化礼堂建设的主要外推力,在农村文化礼堂建设中,政府的主要功能是提供资金支持,改善文化礼堂基础设施状况;组织送文化下乡等活动,丰富农民的精神文化生活;组织对文化礼堂建设的评比考核等。尽管政府在农村文化礼堂建设中充当着十分重要的角色,但光靠政府建设农村文化礼堂还远远不够,建设礼堂还要充分发挥民间的力量。譬如资金方面,依靠政府以奖代补的形式,拨款补助各村支付实际建设费用是远远不够的,其他资金还是需要村里自筹,以及向社会拉赞助等。要积极鼓励社会力量参与农村文化礼堂建设,坚持在政府主导的前提下,调动企业反哺文化,乡贤支持文化建设,培育社会组织的"众筹"发展,引导企业履行社会责任,实现投入主体多元化,动员农民实现"众筹"发展,动员社会力量参与综合性文化服务中心的共建共享,助力提质扩面的进程。另外,也要善于联动群众团体,利用老年协会、兴趣社团等生力军,充分发挥民间力量在文化礼堂建设和管理服务中的作用,推动农村文化活动常态化,让文化礼堂真正成为村民的"精神家园"。

(二)正确把握传统与现代的关系

当代的中国农村文化,没有完全脱离传统文化的脉络,又开始快速地向现代文化迈进,这在沿海发达地区更是如此。农村文化

礼堂要真正被群众接受，发挥其作用，就必须做到传统与现代的有机结合。杭州的农村文化礼堂建设，也要高度重视传统文化与现代文化的关系，力争让乡村的现代文化汲取传统文化的养分，让传统文化促进现代文化的提升，让乡村文化特色萦绕于传统和现代之间。笔者在调研中发现，有些文化礼堂发展主要靠汲取传统文化的养分，有些文化礼堂则更多地在传统之上进行创新，这些都是值得借鉴的。如临安区湍口镇三联村文化礼堂主要是从传统文化中汲取资源，它由村里20世纪70年代留存至今的大会堂改建而成，完整保留了当时的布局风格。其"内在"又有了创新，不仅设有舞台、村庄会客厅、三联越剧团展示厅和"三联雅室"特色书屋，还把文化和旅游结合起来，打起了"索面文化"的招牌。村民在文化礼堂边上建起了索面馆、索面工坊、索面广场，这里也成了展示三联文化、体验三联索面、购买三联特产和为村民提供学习、休闲的综合性场所，他们将这些民间文化融入现代化主题中，并以此来加厚文化礼堂的历史底蕴。

桐庐县在文化礼堂内容设置方面，结合原有特色推陈出新，共推出了荻浦村"农耕文化展陈馆"、阳山畈村"桃文化博物馆"、中门村"畲乡文化主题馆"等特色文化展陈馆30余处；打造了芦茨村剪纸基地、茆坪村"国学堂"、新丰村书画基地等10余个民俗体验基地。文化礼堂成了当地人喜欢聚集的地方，同时也成了外来游客的一个旅游点。富春江镇芦茨村、江南镇荻浦村，将乡村旅游信息（集散）中心设置到农村文化礼堂内（或附近），有效发挥了农村文化礼堂的地标作用，让礼堂成为游客"美丽乡村游"的第一站，成为了解当地村容村貌、乡土风情的窗口。该县和中国美院等单位合作，在推进艺术村落、写生基地等建设过程中，指导和帮助部分农村文化礼堂改造和提升外部景观，将其打造成美丽乡村的焦点和亮点。此外,桐庐还通过"文化礼堂＋文化创意"活动,让礼堂更显"洋气"。新合乡引坑村等地引入了新型文创旅游综合体"文化大院"等项目,打造"文化礼堂＋文化大院"的文创旅游综合体。通过综合开发利用乡村闲置资源,建设集旅游宣传、乡村民宿、特色农业等产业于一体的新型农村文化礼堂。结合桐庐县文创节等活动,在富春江镇芦茨村、江南镇荻浦村等地文化礼堂设置分会场,相继举办了特色稻草人展览、文创产品发布会等活动。同时,以文化礼堂为主取景地,组织开展影视剧创作活动,相继制作了《花落梦深处》《又见花开》等影视作品。[1]

（三）正确处理存量与增量的关系

建设农村文化礼堂,还要处理好存量和增量的关系。尽量利用现有的资源,盘活存量,物尽其用。设施场所是文化礼堂建设的基础,也是开展丰富文化活动的阵地。在总体布局上,可以建成独立的综合体,也可分散组合。不搞大拆大建,主要采取盘活存量、调整置换、集中利用等方式进行建设。优先考虑村里的旧祠堂、大会堂、闲置校舍、厂房等,如果条件允许,就在此基础上进行改建,也可与其他公共设施如村办公场所、祠堂、养老建筑等合建,或在原有文化设施上扩建,这样投入相对较少,村集体经济压力相对也较小。如果没有文化礼堂或者其他适宜改建而需要新建的行政村,也要力求空间组织紧凑,注重节约集约用地。

---

[1] 陶元、彤轩：《桐庐建设"文化礼堂＋"点亮美丽乡村》,《杭州日报》,2015 年 11 月 30 日,http://hangzhou.zjol.com.cn/system/2015/11/30/020932278.shtml。

五、杭州农村文化礼堂建设的对策和建议

(一)政府积极引导农村文化礼堂建设

在农村文化礼堂建设方面,离不开政府的投入与支持。一是政策引导。借助相关扶持政策引导城市文化资源向农村流动,引导文化下乡等公益文化活动。特别是针对不同农村的需求提供可供选择的"菜单式"下乡活动,针对村民喜欢看戏、看电影的特点,更多地提供他们所需要的文化下乡内容。二是资金支持。包括文化礼堂建设及之后的活动补贴等都需要政府提供一定的资金支持,特别是经济发展较差、村集体收入极少的村子。政府还需选派相关人员实地考察,帮助村民找到可持续发展的文化礼堂建设路子,既要与当地传统文化和地域文化相结合,又要具有可操作性。三是培养农村文化精英。由于农村经济相对落后,加之交通不便,要从外面引进人才比较困难,因此可以着重发掘农村当地的文化能人,重视对农村文化能人的培养,培育有文化素养的文化管理人才。另外,需要继续推进"高校师生进礼堂"活动,可与高校签订"一对一"合作共建协议,为文化礼堂长远发展提供人才支撑,注入全新活力。四是加强制度管理,建立长效运行机制。为了确保文化礼堂能够健康发展,构建长效管理必须坚持"监管同步"的原则,完善市、乡镇、村三级管理机制,健全奖惩制度,保证有人管理、有人服务。市级必须制定科学合理的考核办法,乡镇按照考核办法对各个村级文化礼堂的日常运行和活动开展情况进行全方位的指导和评价。探索开展农村文化礼堂星级管理制度,制订文化礼堂长效管理细则,每年对文化礼堂的组织领导、创新活动、设施维护及群众满意度进行考核评比,并按星级进行表彰奖励。星级的考核结果要与管理员的年终奖金挂钩,形成良性互动。

(二)充分调动村民的积极性

村民是乡村文化建设和消费的主体。只有充分调动村民的积极性,当村民从"他者"转变为"主者",并付诸实践,才能真正确立村民在农村文化礼堂中的主体地位。一要通过宣传和教育提高村民参与文化礼堂建设的自觉性。可以在文化礼堂举办一些讲座或者张贴一些公告,不仅可以让村民了解相关政策,而且培养了村民来文化礼堂学习和参加活动的习惯。二要给予村民在文化礼堂建设中的话语权。文化礼堂建设最终是服务广大村民的,因此在内容和形式的设计上及之后活动内容的安排上,要经常参考村民的意见,这才能更好地激发村民们建设和运用农村文化礼堂的主观能动性。三要重视对乡村本土文化人才的培养,建立科学有效的农村民间文化传承机制。可以在农村文化礼堂经常开展民间艺术培训班,通过传帮带的形式吸引小孩子和年轻人参与,因为他们才是文化传承的接班人。

(三)多渠道筹措文化礼堂运行维护及开展活动的经费

礼堂建设的维护费用是需要长期投入的,而不是一次性投入,在各个环节上,包括运行、维护、组织、管理、发展、充实等环节,每年都需要大量的经费投入,而这部分投入,目前仍旧没有清晰和充足的来源保证。关于建设和运转经费问题的解决,除了政府的财政支持外,要寻求资金来源的多途径化,比如民间筹资、企业支持等。譬如笔者在淳安县宋村乡胡家畈村调研时,该村的干部就说,他们开展文化礼堂相应活动时,就找相关企业赞助,在篮球赛或者其他比赛给企业冠名。这样能双赢,企业获得知名度,他们也有了活动经费。

另外,也可发展当地旅游业。文化礼堂建设结合当地特色打造旅游文化资源,在拉动当地经济发展的同时,也为文化礼堂的建设和运转提供了持续、稳定的资金来源。像近几年很火的乡村主题民宿、"非遗"民俗传承等活动，都为"文化礼堂＋"提供了广阔的结合空间，有助于培育形成各具地域特色的乡村文化业态，推动乡村文化产业发展，增加乡村集体经济的同时，也有助于筹集经费建设文化礼堂，这其实是多赢的结果。

（四）抓好人才队伍建设，打造多样化人才队伍

调研中发现，很多村的农村文化礼堂管理并没有专门人员，大多是由村干部兼职，他们同时担负着村庄建设的各项工作任务，人员数量不足导致文化礼堂的建设需要很难被满足。这就需要设立文化礼堂管理员。各个礼堂需要选择几个热衷宣传文化、懂得民俗文化礼仪、能熟练操作礼堂设施并志愿服务群众的专职文化礼堂管理人员，这是加强管理的关键。

针对建设文化礼堂人才不足的问题，我们需要在统筹城乡文化建设的大环境下去考虑。一方面，要继续利用"文化下乡"、大学生支教和大学生村官，鼓励各个大中专、高等院校和科研院所与农村和农业发展建立更加紧密的联系，不仅在技术和科研上支持农村经济和物质生活发展，而且要引导和促进农村先进文化建设；另一方面，不仅要引进外来优秀人才，还要大力挖掘和培养农村本土的文化人才，例如乡贤能人、退休教师、文艺文化活动爱好者。要充分发挥他们的力量，吸收一批"非遗"传承人，培育一批农村宣传队，建立一批本土明星队，在文化礼堂开展党的政策宣讲、节庆礼仪、文明道德教育、文体活动、文艺演出等活动。

除此之外，还要充分调动广大社会力量和人员参与到农村文化建设中来，尤其要发挥各种文化志愿者的积极作用和潜力。各级政府部门对农村文化志愿者要给予更多的优惠政策，争取更快、更好地建设农村文化环境，全方位地给予更多更有利的扶持措施。

街道(镇)级部门要指导村委会,培育村内有能力开展文化活动的村民组织。通过文娱服务外包形式,逐步将村民的舞台交由专业的村民打理,采用村民带动村民的方式,保持广大村民参与文娱活动的积极性。村民组织成熟后,也能更好地联系对接外来活动,促进文化礼堂活动开展的有序化和丰富化。

(五)充分发挥村委会的力量,组织多种形式的礼堂活动

村委会要落实管理和运作的职责,要顺应村民精神文化生活的总体需求,在不同时间段、针对不同年龄段的村民群体,在文化礼堂组织契合度较高的文娱活动。例如,白天可以针对老年人对保健和情感慰藉的需求,组织医护人员在礼堂进行养身保健教育宣传,配合定期的血糖血压检测,帮助老人达到预防保健的目的,也可以组织老人茶话会、学习插花、放映曲艺类影片等活动,帮助构建老人的人际网络,丰富老人的文娱活动,让老人白天不再孤单。晚上和周末可以针对中青年人,组织广场舞学习班、观影会、读书会、育儿分享会、生活技能培训课程、老人照护技能培训等活动,丰富中青年人业余生活的同时,帮助他们提高生活技能和育儿扶老的能力。可以请镇(街)的专职文体工作者授课,也可以成立一支镇(街)级的专业宣讲队伍,定期进村(社区)开展巡回讲课与指导活动。

村委会要针对特定人群和特定节日,组织村民在文化礼堂内参加有意义的礼仪活动。例如,清明节农村家庭保留了做清明果的习俗,可以引导村民将制作场地转移到文化礼堂,组织制作大赛,配合节日特殊意义的讲解,给村民的家庭劳动增添娱乐竞技性的同时,也向村民普及了传统节日的意义。敬老日可以在文化礼堂组织敬老晚宴,可以组织每户家庭为老人制作一道菜,配合敬老家庭和敬老好子孙的评比,让老人通过聚餐的形式感受"百家祝

福",缓解农村老人家庭地位普遍不高的困境。①

第三节　夯实文化创意产业发展

创意经济是以智力资源为依托,以创意为基本动力,用创意产业占据价值链高端环节,集约利用城市空间资源的经济。作为21世纪的朝阳产业,文化创意产业正逐步成为一个国家和地区经济社会发展的原动力。近年来,我国开始重视创意产业的发展,北京、上海、杭州等城市纷纷提出发展创意产业的规划,创意产业已成为许多城市经济发展的又一增长点。近年来,杭州的创意产业发展很快,形成了一批具有较高知名度的创意品牌,建立了一批具有特色的创意产业园区,聚集了一批创造力很强的优秀创意人才。但与上海、北京、深圳、广州等其他创意产业发达城市相比,杭州的文创产业仍有差距。辨识杭州发展文创产业的区位优势,从而充分发挥区位优势,有效促进文创产业,将杭州发展成为全国乃至世界创意产业中心,是当务之急。

一、区位理论和区位优势

区位理论是研究经济行为的空间选择及空间内经济活动的组合理论;简单地说,就是研究经济活动最优的空间理论,即研究经济行为与空间关系问题的理论。通过考察区位论的发展历程,发现在不同的历史阶段,区位论强调的区位影响因子由于受历史条件等因素的制约,有所差异并各有侧重。到了现代,产业发展日益融合,影响因素的复杂性,使得现代区位论更注重从一种重视总体

---

① 来自良渚街道崇福社区主任张宇挺的调研采访。

经济结构、考虑多方面因素的角度来分析区位的影响因素。

区位优势是一个很早就被人们所认识的概念。早在19世纪30年代，杜能在农业区位论中及韦伯在工业区位论中，都提出了关于区位优势的概念，指出并不是所有区域都具有从事某种生产的条件，只有某些区域具有从事这种生产的优势。随着创意产业使英国经济复苏，这一产业已成为英国雇佣就业人口最多的产业和伦敦的核心产业；以创意产业为核心推动力的新经济，已占美国GDP的70%、加拿大GDP的60%。①世界很多大城市都将创意产业作为产业升级的方向，看作在知识经济时代提高城市竞争力的核心。当前世界产业态再度发生变革的新趋势证明了：谁抓住并做大了创意产业，谁就占据了未来产业发展的战略优势，也就基本掌握了城市能级提升的砝码。②同样，我国的北京、上海、深圳、西安、杭州等大城市，也都提出要大力发展创意产业。一个城市要发展创意产业，必须考虑该城市的条件和优势；其中十分重要的是，要对该城市发展创意产业的区位优势进行分析。

二、杭州发展文化创意产业的区位优势

（一）杭州文化创意产业的基本情况

目前，杭州文创产业发展取得了明显成效，主要特点可以概括为以下几个方面：一是改革再上台阶。完成休闲杂志社、都市周报社、杭州市广播电视服务中心等单位的转企改制工作，推动杭话、杭歌、杭杂三家文艺院团改革，推进杭州爱乐乐团和杭州大剧院进

---

① 孙元欣：《上海都市创意产业园呼之欲出》，《上海国资》2004年第7期，第28—29页。
② 徐清泉：《创意产业：城市发展的又一引擎》，《社会观察》2004年第9期，第16—17页。

行资源整合。二是产业快速增长。据统计,2019年,杭州文创产业实现增加值3735亿元,增长15.6%。规模以上高技术服务业营业收入占全省的80%以上。三是园区加快集聚。据初步统计,2010年十大文创园区建成面积达124.4万平方米,使用面积达52.77万平方米,营业收入约42亿元,入驻企业数1437家,就业人数23074人。从2011年开始,杭州重点打造白马湖生态创意城、之江文化创意园、西溪创意产业园、高新区国家动画产业基地等16个市级文创产业园,全市文创产业园区集聚企业数超过4000家。四是行业竞相发展。目前从收入增幅来看,信息服务业、教育培训业和设计服务业分别位居前三。五是效益不断提升。文化创意产业效益状况保持快速增长态势。

(二)杭州发展文化创意产业的区位优势深入分析

区位优势对于一个区域发展某种产业具有至关重要的作用。因此,一个区域要发展某种产业,首先应该考虑本区域是否具有发展该产业的区位优势。分析发展创意产业的区位优势,对该地区发展创意产业的规划具有重要意义。因此,只有对杭州发展文化创意产业的区位因素进行多层次、多角度的分析,综合考察各种因素,才能加深对杭州区位特点和优势的认识,更好地解析杭州文化创意产业发展的制约因素,为突破杭州文化创意产业发展"瓶颈",提供实施宏观经济管理决策依据。

1. 文化资源禀赋深厚

一个城市深厚的文化底蕴,是培养和产生创意人才的沃土。因为这有利于创意人才的聚集和相互交流,通过彼此借鉴催生出好的创意作品。同时,创意人才在一种创新气氛浓厚的环境中工作,也有助于他们创作出好的作品。因此,城市的文化底蕴是否深厚,是衡量一个城市是否具有发展创意产业区位优势的最基础因素。从国外创意产业发展情况来看,凡创意产业较为发达的城市,都具有深厚的文化底蕴,如创意产业发达的伦敦、东京、巴黎、首尔等,都是代表其国家民族历史文化的重要城市。

杭州有八千年的文明史、五千年的建城史,是中国七大古都之一,历史源远流长,文化博大精深,名人灿若繁星,这是适合文化创意产业发展的土壤。杭州文化积淀深厚,良渚文化、吴越文化、南宋文化和明清文化,形成了一个完整的文化发展系列。西湖的一草一木、一屋一椽,无不带着历史的印记。杭州文风鼎盛,人才辈出,渊源深厚的江南文明像一块巨大的磁铁,吸引着历代的帝王将相、逸士高人,他们不仅在杭州文化中留下了深深的印记,也为西湖的风景平添了历史的厚重。

"三分山水,七分文化"。自然的神来之笔和历史的风云际会,赐予杭州独特的闲适气质。无论古今,杭州的美丽与繁华总能收获最大的群体认同。马可·波罗在游记中写道,这简直是一座"天城",只应天上有,为何落人间? 在最近几年,西溪国家湿地公园、世界休闲博览园、南宋皇城遗址公园、中国古代造纸印刷文化村等观光旅游名品,让世人再次惊艳。"放水养鱼",培育特色的良好规划,使杭州南山路艺术休闲街区、武林路时尚女装街、四季青服装特色街区、梅家坞茶文化村等9个商贸街形成气候。具有历史底蕴的街区,其火爆程度毫不逊色于那些景点。古老的拱宸桥边,杭州10多家大型国有企业曾在此创造过辉煌。如今,破旧厂房里开出了名为"LOFT49"的奇异之花,20多家设计和艺术机构的入驻和改造,把这里变成了时尚设计者的天堂。当文化成为一种资源,杭州就有了别人难以赶超的优势。凭借这一优势,这座美丽悠闲的城市放言:到2015年,服务业增加值占据了全市GDP的半壁江山。杭州还成功举办了西湖博览会、世界休闲博览会、中国国际动漫节及国内旅游交易会、金鸡百花奖等国内外大型会展活动,形成了一批会展品牌,成功打造了若干创意展示平台。长三角现代服务业次中心城市、国际风景旅游城市和东方休闲之都呼之欲出。

2. 制度环境已逐渐形成气候

文创产业的发展正是一座城市文化发展的体现。近几年来,杭州文创产业取得了巨大发展——在《两岸城市文化创意产业竞争力研究报告2015》中,杭州排名第三,仅次于上海、北京,位于全国省会城市第一名。上海赢在文化软实力较强,北京文化硬实力较强,杭州则在文化支持度上拿到第一。

资料显示,2019年,杭州文创产业实现增加值3735亿元,增长15.6%。规模以上高技术服务业营业收入占全省80%以上。顺网科技、华策影视、宋城旅游等文创企业已成功上市,中国"电视剧第一股"华策影视成为国内首家以电视剧制作为主的民营文化上市企业。电视剧《东方》列入建党90周年6部重点电视剧之一,《五星红旗迎风飘扬》《毛岸英》等多部杭产电视剧在中央一套播出。这些成绩的取得,离不开杭州市委、市政府的总体部署和指导。另外,杭州歌舞剧院、杭州杂技总团、杭州话剧团等3家市属文艺院团体制改革工作顺利完成,杭州歌剧舞剧院、杭州歌剧舞剧院有限公司、杭州话剧艺术中心有限公司也正式挂牌。这标志着杭州市的文化体制改革进入了一个新阶段,同时也给文创产业的发展营造了良好的制度环境。

为了推动文创产业发展,杭州市委、市政府出台了很多扶持政策,如《中共杭州市委、杭州市人民政府关于打造全国文化创意产业中心的若干意见》《杭州市人民政府关于促进企业上市的若干意见》《杭州市人民政府办公厅关于加快推进我市文创企业创业板上市工作的实施意见》《关于做好2010年度市文化创意产业专项资金扶持项目申报工作的通知》，支持杭州市文创企业做强做大。

杭州最值得注意的，莫过于在税收方面给予文化创意产业许多优惠政策。由于文化创意产业以中小型企业为主，资金较成问题。从2008年开始，杭州设立1亿余元的专项基金，用以扶持文创产业。文创办和财政机构洽谈，商讨文创产业新的融资方式。2009年和2010年，先后推出为解决中小文创企业融资难的"宝石流霞"与"满陇桂雨"专项基金，向文创产业提供急需的资金。①

今后几年，杭州市将文创产业定位为重点发展的"十大产业"之一，是产业结构调整的战略支撑点。2019年，全市文创产业增加值占全市GDP比重超20%多。现在杭州文创类的民营企业已经做出了一些精品，比如华策影视投资的《微微一笑很倾城》《何以笙箫默》《三生三世十里桃花》等剧集，以及《刺客聂隐娘》等，都广受观众和市场好评。今后，杭州还将继续引导和支持非公资本进入政策允许的领域，尤其是文创产业，重点培育中国国际动漫节、中国杭州文创产业博览会两大产业会展活动，力争在国际化、专业化、品牌化及产业化方面取得更大突破。

3. 市场广大，潜力雄厚

根据杭州市统计局的资料，2018年末杭州全市的"常住人口"已超过980万人。全市稠密的人口，为文化创意产业提供了广阔市场，这也是发展文化创意产业的一项基础优势。人口数量说明了可能的市场深度，市场需求则需另行衡量与评估。市场需求决定了企业经营的效果，实际上也决定了某个地区对文化创意产业

---

① 胡秀丽：《文化创意产业的杭州实践》，《企业导报》2010年第22期，第167—168页。

企业和创意型人才的吸引力。①市场需求是非常重要的指标。

　　以全市每人平均收入和消费支出衡量地区文化创意产业的需求水平，可以进一步突显杭州文化创意产业的市场潜能。②据统计，在2018年，杭州平均每人可支配收入达到54348元，在浙江甚至全国，杭州市民收入水平皆名列前茅。其中，除去平均每人生活消费支出37369元，尚余16979元。平均每人每年在食品支出之外尚有16979元的支出金额，其项目包含衣着、家庭设备、医疗保健、交通和通信、教育文化娱乐、居住、杂项商品。大多学者仅通过"教育文化娱乐"这一项目，来说明地区文化创意产业的潜在市场消费力。③事实上，扣除食品支出后的支出项目，都与文化创意产业息息相关。设计产业的涵盖面广，服饰、器具、建筑、交通工具、通信设备皆包罗在内。设计产业与文化创意产业的相关性不言自明，甚至"医疗保健"也可以是文化创意产业的一部分，因为先进国家早已运用其高水平、高知名度的医疗资源，开创"观光医疗"产业。东南亚国家也在发展这一产业，我国少数地区亦在起步中。观光医疗的商机极为可观，可以带动文化创意产业的各个层面。仅将目光局限于杭州市民"教育文化娱乐"平均支出，显然大大低估了杭州文化创意产业的市场潜力和需求。

　　除了常住人口已带来的文创产业市场，作为世界首屈一指的

---

① 刘艳飞：《发展文化创意产业的关键影响因素分析》，《现代商业》2009年第36期，第84—85页。

② 这是翁旭青在《杭州文化创意产业集聚发展实证研究》提出的办法，不过本文的计算方式与之不同。

③ 杭州市统计局、国家统计局杭州调查队公布《2019年杭州市国民经济和社会发展统计公报》：http://zjjcmspublic.oss-cn-hangzhou-zwynet-d01-a.internet.cloud.zj.gov.cn/jcms_files/jcms1/web3148/site/attach/0/6f66e1188f724b319f262fab653d2700.pdf。

观光城市,杭州文化创意产业的市场潜力巨大且具有自己的特殊性。据统计,2019年接待入境过夜游客约113万人次,同比增长5%,以韩国、日本、美国以及中国台湾、香港的游客为主。这些游客的收入和素质都相对较高,他们来到杭州,很大程度是因为杭州的历史文化遗产和文化魅力。充分发挥杭州特殊的人文资源,建立品牌,设计各式产品吸引观光客,杭州文化产业商机无限。境外游客人数逐年增长,预示着杭州独有的文化创意产业市场在未来也将不断扩大。

4. 强大的工业实力足以成为文创产业的基石

杭州不仅是旅游文化都市,也是工业大城市。尽管杭州总工业产值落后于深圳、苏州、广州等工业城市,但是杭州各大主导工业的发展情况比较平均,具有特色。根据研究,由于杭州八大主导行业工业的产值较为平均,因此与其他工业城市同行业相比具有优势。这八大产业分别是化学纤维制造业、通用设备制造业、化学原料及化学制品制造业、交通运输设备制造业、电气机械及器材制造业、纺织业、通信设备计算机及其他电子设备制造业、金属制品业(见表5—2)。①这些产业的发展呈现既分工细化又互相融合的态势。制造业与服务业相互配套,工业化与信息化相互融合,使知识、科技、文化、艺术等元素更多地融入产品和服务中。简单地说,杭州文创产业可以凭借的本地工业资源相当充足,可以不假外求。

---

① 施勇峰、吕克斐:《基于产业选择的杭州工业经济转型升级对策研究》,《科技管理研究》2010年第11期,第75—78页。

表5-2　2007年杭州八大主导行业工业总产值与相关城市一览表

单位:万元

行业 ＼ 地区	杭州	深圳	广州	苏州
化学纤维制造业	5729477	40596	129508	4788785
通用设备制造业	5754230	1415972	2607053	7295757
化学原料及化学制品制造业	4948739	2031127	9302399	9305341
交通运输设备制造业	5914442	1546054	20201161	3960154
电气机械及器材制造业	6322369	10528115	5490586	11078504
纺织业	8595107	827754	1965116	13798866
通信设备、计算机及其他电子设备制造业	8027424	79953736	7669193	49684778
金属制品业	3508776	3523903	2502053	3615024

　　整体而言,杭州的工业发展比较全面;分开来看,各个分区各有其强项和优势。杭州市已形成萧山化纤、富阳造纸、余杭纺织、桐庐制笔等块状经济群。部分杭州卫星县市的人均收入甚至超过杭州城区,而工业产值正是这其中的关键原因。如果以主城区的历史、文化、景物为杭州发展文创产业的最大卖点,那么,杭州各区的工业资源可作为烘托,与文创产业相辅相成。尽管已有学者指出金融风暴冲击了这些结构老旧、缺少品牌的传统产业①,但是,近年来各区域仍在不断调整、发展(例如建德、富阳)②,建立品牌、加

① 黄宏瞻:《后危机时代杭州工业转型升级评析》,《统计科学与实践》2010年第5期,第11—13页。

② 傅胜英、曹建东:《杭州建德市工业经济持续发展初探》,《统计科学与实践》2011年第8期,第46—47页。徐文君:《加快富阳工业转型升级的思考》,《统计科学与实践》2010年第3期,第46—47页。

强营销是杭州工业追求转型的重要课题。杭州的工业水平是文创产业的基石,而文创产业可以帮助杭州工业建立品牌及加强营销。

三、对杭州市文创产业区位发展规划的思考与建议

杭州最特殊最珍贵的区位优势莫过于文化资源,这也是杭州文创产业市场潜力的基础和来源。探讨未来杭州市的文创产业能否善用这些区位优势,显然很有必要。下面根据2009年5月杭州市文化创意产业办公室所印发的《杭州市文化创意产业发展规划(2009—2015年)》(以下简称《规划》),探讨杭州市政府所制订的文创产业发展计划。该发展计划所选择的文创产业园区是否充分利用了杭州市最独特珍贵的区位优势—历史文化优势,将是下文分析讨论的重点。

(一)《规划》的空间布局构想

根据《规划》,杭州市文创产业的空间布局,以"环西湖、环西溪、沿运河、沿钱塘江",以"十大文化创意产业园区"为重点,呈现"两圈、两带、多点"的新格局。所谓"两圈",即"环西湖文化创意产业圈"与"环西溪湿地文化创意产业圈";"两带",即"沿运河文化创意产业带"和"沿钱塘江文化创意产业带"(见图5-2);"多点",即结合省级新闻单位与集团,还有各县、市、区的各项相关产业,因地制宜,建立文创产业园区。

在杭州市构建的文创产业新格局中,最值得注意的是比较具体的"两圈"与"两带",杭州市在此总共规划了10个文创产业园区。在"环西湖文化创意产业圈",坐落着"西湖创意谷"和"西湖数字娱乐产业园",而"环西溪湿地文化创意产业圈"则有"西溪创意产业园""创意良渚基地"。"沿运河文化创意产业带"和"沿钱塘江文化创意产业带",各自坐落"运河天地文化创意园""杭州创新创

业新天地"和"之江文化创意园""白马湖生态创意城""湘湖文化创意产业园""下沙大学科技园"（见图5-3）。这些创意园区相当集中，可以充分发挥聚集经济的效果。

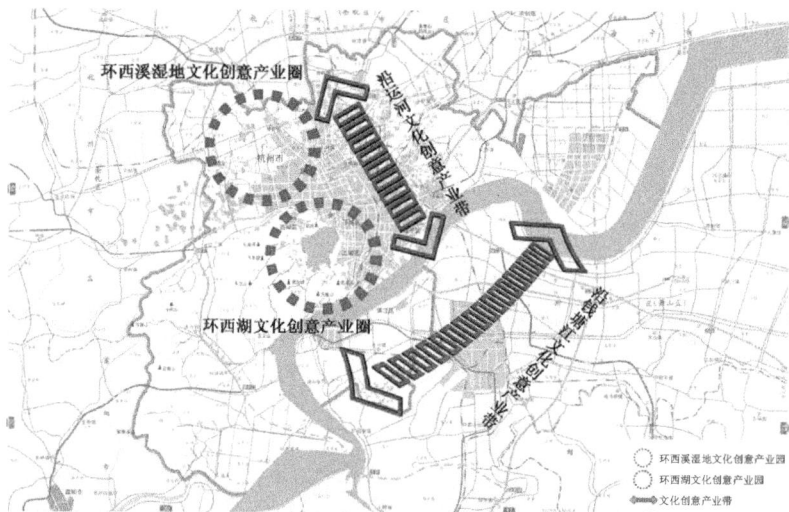

图5-2 沿运河文化创意产业带

图5-3 杭州十个文创产业园区

10个园区中，"西湖创意谷""西湖数字娱乐产业园""创意良渚基地""运河天地文化创意园"和杭州的历史文化资源息息相关。从《规划》来看，这几个园区也最被看好。"环西湖文化创意产业圈"的两个创意园区，所依托的无非是西湖周边的文化、景观资源，借此发挥该产业圈的科技、人才优势。在"西湖创意谷"发展建筑景观设计业、艺术品制造业及时尚消费等特色产业，"西湖数字娱乐产业园"则开展动漫、网络游戏、手机游戏、数字音乐等数字娱乐类产业。在"创意良渚基地"，杭州市希望突出良渚文化和玉文化元素，重点发展文化生态旅游、时尚消费创意设计和文化会展等产业。"运河天地文化创意园"的重点，则在于保护与利用该地的工业遗存、历史建筑，培育文化艺术、建筑景观设计及广告设计等产业。

坐拥文化和景观资源的"环西湖文化创意产业圈"，足以成为杭州市文创产业的主力。杭州市发展文创产业的区位优势，最为珍贵的历史文化资源也集中在这里，辐射效益很大。杭州市政府希望能在这两个园区集中进驻450家以上企业，亦显示了这个企图。"创意良渚基地"和"运河天地文化创意园"也各自有其历史文化资源，能够作为文创设计的源泉。相比之下，在"两圈、两带、多点"的构思中，"沿钱塘江文化创意产业带"及"多点"的潜力还有待开发，其繁荣或许尚待时日。

（二）杭州文化创意产业区位发展的对策和建议

1. 制定园区土地租用的优惠政策

针对园区土地利用，《规划》已有各种建议和设想，但关于土地租用优惠则未见相关信息。

目前，已知"沿钱塘江文化创意产业带"的"湘湖文化创意产业园"为进驻企业提供房租补助：在产业实验区启动后，第一年每月补贴20元/平方米，第二年补贴15元/平方米，第三年补贴10元/平方米。另外,属于"下沙大学科技园"的"开发区高职科技创业园",免除学生、教师的租金;园区外的公司如要进驻,提供每月10元/平方米的房租补助。[①]"创意良渚基地"则对符合条件的文化创意企业实行前两年免租金的优惠政策。

尽管"创意良渚基地"提供了土地租税优惠,但是,比较具体、简便的房租优惠,显然集中在发展远景相对不大的"沿钱塘江文化创意产业带"。足以成为杭州文创产业主力的"环西湖文化创意产业圈"则没有提供房租优惠。"创意良渚基地"与"沿钱塘江文化创意产业带"的文创产业园区,相对于"环西湖文化创意产业圈",都可以被归类为"远郊区",它们与市中心的距离超过15千米。[②]正因为如此,这些园区能提供的土地较多,所以最高补助额度可能也比较高。如"湘湖文化创意产业园"的建筑面积共有8万平方米,杭州市期望进驻企业可以达到100家。换言之,每家企业的理想平均建地面积最多有800平方米,理论上,它们先后可以获得每月16000元、12000元、8000元的房租补助。"环西湖文化创意产业圈"虽然靠近市中心,交通便捷,地段好,市场潜力相对较高,但是空间拥挤,租金和商务成本远高于其他地区的文创产业园区。因此,提供园区房租补助,显然是可行之策。由于文创产业以中小企业为主,他们当中试图打入"环西湖文化创意产业圈"的群体,显然迫切需要房租补助或优惠。

2. 在西湖西南方向增设园区

在杭州市规划的几个主力文创产业园区中,"创意良渚基地"

---

① 沈建:《杭州十大文化创意产业园区设计资源研究》,中国美术学院2009年硕士论文。

② 沈建:《杭州十大文化创意产业园区设计资源研究》,中国美术学院2009年硕士论文。

的玉文化世界知名度很高，"运河天地文化创意园"也有特殊的历史文化遗产。西湖周边可以运用的文化资源相当多，以宋朝文化为主，这也是杭州历史文化的最大亮点。

自宋代以降，东南地区一直是全国的经济、技术、文化中心，杭州文创产业可以运用的历史资源不仅仅在于宋代。打开杭州城区的旅游地图，位于西湖西南的历史文化景点，尚有明朝忠臣于谦墓、辛亥革命纪念馆、国学大师章太炎纪念馆、周恩来纪念馆、中国茶叶博物馆。有些著名的历史文化景点也在西湖南面。然而，西湖周边的两个文创园区却坐落在西湖的东部、北部，忽略了西南方向的历史文化资源，令人遗憾。

在西湖西南方向增设园区是必要的。一是为了充分汲取杭州的历史文化资源，吸引不同群体。正如前文已经提到的，西湖周边的两个文创园区空间非常有限，园区本身所能延伸的空间余地不大。二是在属于城区中心的西湖西南方向增设新的园区，可以有效发挥杭州文创产业区位因素的市场优势。

3. 异业结盟：解决品牌形象薄弱、设计人才不足的问题

已有许多学者提到，杭州市文创产业应建立品牌、培养设计人才，但这个目标不容易在短期内达到。异业结盟则是可以选择的一条快捷方式。通过与世界知名设计公司合作，选择适宜的文物，制造商品，不仅可以创造可观商机，还能更快速有效地建立品牌，并有效地弥补设计人才的不足。

台北"故宫博物院"与知名意大利设计公司 Alessi 的合作，就是很好的借鉴。①台北"故宫博物院"近年来以"Old is New"为核

---

① 龙瑛：《博物馆创新经营研究：以故宫与 Alessi 异业结盟为例》，台湾师范大学 2008 年硕士论文。

心价值,创造文化创意产业新价值。2005 年,台北"故宫博物院"与 Alessi 共同发布以"东西品牌结合,共创文化新契机"为主题的记者会,正式开展合作。由首席设计师史蒂芬诺·乔凡诺尼(Stefano Giovannoni)操刀,以典藏的《乾隆御制师》里的乾隆三十岁画像为素材,创作"清宫系列"产品。商品项目不仅有钥匙圈、手机吊饰等饰品,还包含胡椒罐、蛋杯、香料研磨罐、定时器等生活用品。这些商品在 Alessi 全球 5000 多个销售据点贩卖,台北"故宫博物院"也因此享誉国际,打响了知名度。而台北"故宫博物院"人员指出,由于 Alessi 在全球的高知名度与大量营销据点,通过这次异业结盟,文化资产用另一种不同的观点与方式营销到全世界,比自行研发、产销的效益高出很多。

台北"故宫博物院"与 Alessi 异业结盟的成果,相当值得注意。毕竟台湾仅是收藏大量清宫文物,台湾文化本身与清宫文化的关联度其实并不高。但是,通过异业结盟,台北"故宫博物院"却世界驰名,这正是建立品牌、有效营销的范例。

杭州所拥有的历史文化资源远远超过台湾。借助异业结盟以充分发挥杭州文创产业的区位优势,能在短期内快速建立品牌形象,有效营销杭州,并创造大量商机。无论是良渚玉文化还是南宋都城文化,都是杭州独有的珍贵历史文化资源,也是最具竞争力、无可取代的文创产业区位优势。即使是元、明、清、近代的文化遗产,虽然知名度相对较低,也可以参照台北"故宫博物院"的做法,通过异业合作与品牌营销,使之成为文化创意产业的历史文化区位优势的一部分。异业合作不仅是充分运用杭州文创产业区位因素的途径,也是补充、挖掘、甚至创造杭州文创产业区位优势的方法。

4. 因地制宜,构建创意产业的不同发展模式目前杭州的文创产业与创意经济,尽管形成了一定的规模和态势,但产业形态和涉及的领域还相对较窄,大部分创意产业园区业态雷同。因此,需要根据自身优势分析定位,选择合理的发展模式。同时,现在文创产业大多局限于文化生活和文化艺术领域,真正涉及社会生活和经济领域的创意设计相当有限,而更宽泛的创意工业、创意农业、创意科技、创意教育、节能环保创意、循环经济创意、社会公益事业与公共服务创意等城市生活等方面的创意还很缺乏。

同时,杭州虽然已有"外桐坞艺术家村落"那种小木舟式的自下而上、自然聚集的发展模式,以及"白马湖生态创意城"那种大航母式的自上而下、官方意味浓厚的发展模式等案例雏形,但现在还只是处于探索阶段,需要通过实践来不断论证和发展。这个过程需要多种力量参与和塑造,因为文创产业具有多样性的特征,因此应该以开放和宽容的心态去吸纳、引导各行各业的组织和人才,尽快将创意产业从现在的创意产业阶段过渡到更高的阶段——创意经济阶段,即创意成果能作为一种要素渗透到各行各业。

第六章

文化兴盛的展现:丰富市民多彩文化生活

中华民族的伟大复兴,不仅要在经济发展上创造奇迹,也要在精神文化上书写辉煌。坚持中国特色社会主义文化发展道路,推动中华优秀传统文化创造性转化、创新性发展,继承革命文化,发展社会主义先进文化,激发全民族文化创新创造活力,建设社会主义文化强国。在2018年全国宣传思想工作会议上,习近平总书记将"兴文化"作为宣传思想工作的重要使命任务,提出了更好地满足人民精神文化生活新期待的重要要求,为新时代文艺繁荣、文化发展指明了方向。

文以载道,文以传情,文以养德。更好地满足人民精神文化生活新期待,要把提高质量作为文艺作品的生命线。中国特色社会主义进入新时代,我国文化供给的主要矛盾已经不是缺不缺、够不够的问题,而是好不好、精不精的问题。这些年,我国文艺创作生产能力大幅提升,但是有影响力、人们普遍认可的好作品还是不够,满足基层、农村的文艺产品供给依然不足。与此同时,人民群众的眼界在拓宽、品位在提升,对思想精深、艺术精湛、制作精良的文艺作品提出了更高要求。因此,新时代我国人民日益增长的精神文化需求呈现出新特点:一是更加个性化,人们对风格迥异的文化作品接受度越来越高;二是呈现多样化,希望文艺作品形态多样；三是体现品质化，人们审美能力的提升，对文艺作品的思想内涵和内在品质有更高要求；四是追求国际化，人们视野开阔，更愿意感受异域文化氛围。

杭州在这方面树立了典范。杭州是一座历史名城，有很多历史传说故事可以挖掘，同时还是一座兼具创新与活力的现代城市，有无限创新的构思和妙想。未来，在推动多出精品方面，杭州着力围绕重大时间节点，推进重大主题文艺精品创作，加强重大革命历史题材和现实题材创作，推出一批有杭州特色的原创优秀作品。在打造文艺特色品牌上，杭州将加快建设"中国网络文艺之都"，打造"全国美术书法摄影名城"，助推"全国影视产业副中心核心区"建设；建设一批"美术之乡""摄影之乡""书法之村"等特色乡村，营造浓厚的乡村文艺氛围。

第一节　杭州市民观看电影纪实

2000年，杭州市委、市政府出台了《关于推进电影院线建设加快电影产业发展的实施意见》（以下简称《意见》），就加快推进杭州市电影院线建设，促进电影产业繁荣发展，打造全国文化创意产业中心提出了总体要求、主要任务和保障措施。这意味着，杭州市委、市政府已经把推进电影院线建设，特别是做强做大本土国有院线摆到了发展文创产业中的重要位置。《意见》明确：至2015年，基本完成区、县（市）和重点乡镇影院建设和数字化改造任务；重点培育壮大星光院线，进一步优化杭州电影有限公司股权结构；整合各方资源，支持各类电影院线在杭发展；切实提高杭产电影精品（含动画影片）的创作生产能力。截至2019年，杭州已形成布局合理、覆盖广泛、层次多样的现代电影院线格局。

电影产业无疑是文化产业中的重要组成部分。目前,中国的电影产业市场仍然不完善,发展还不够成熟。但从2006年开始,电影的发展出现了可喜的势头,逐渐朝产业化方向发展,电影市场也逐渐开始走向良性循环。电影票房实现了多年来的持续增长,电影投融资的多元化格局得到了进一步发展,影院的建设不断增强,中小制作电影受到重视,国产影片发展势头强劲。《红海行动》《流浪地球》《哪吒之魔童降世》《西游记之大圣归来》《我和我的祖国》《中国机长》《烈火英雄》等国产电影票房和口碑双丰收,电影在大众娱乐消费中的地位显著提高。

电影是大众娱乐消费的重要方面,也是"东方休闲之都"必备的休闲娱乐方式。那么,杭州电影院线的分布情况和票房收入究竟如何?市民的电影消费情况又是怎样的呢?本文通过对相关方面的数据分析,试图了解杭州市民观看电影的情况、电影院线和票房收入的现状,分析制约市民观看电影的核心问题,提出切实可行的发展对策。

一、杭州市民观看电影的现状

(一)杭州市民观看电影的人群分析

2018年全杭州的观影人次达4149.1万,比2017年的3815万人次增长9%。按2017年杭州市常住人口946.5万来算,2017年杭州平均每人看了4.4部电影,比2016年高了0.3部。可以看出,杭州人更爱看电影了。

据统计,在对杭州市民电影偏好的调查中,"非常/比较喜欢"电影的人主要集中在25岁及以下和26—35岁,所占比例分别为60%和55.5%。在"不太/不喜欢"电影的人群中,66岁及以上的人所占比例最高(25%),认为"非常/比较喜欢"的人也只有27.8%,比例最低。认为"一般"的人(对电影偏好处于中立的人),所占比例最高的群体是 36—45 岁,占 48.2%,其他依次是 56—65 岁占47.5%,66 岁及以上占 47.2%,46—55 岁占 45.9%,26—35 岁占37.8%,25 岁及以下的占 35.7%。

从学历上看,大学本科生对电影的偏好程度最高,占 47.7%;其次是高中/高职/专科和研究生及以上,分别占 38.8% 和 37%。而初中、小学及以下的人群对电影的偏好程度不高,并且其中有将近1/4 的人群"不太/不喜欢"电影。

从职业上看,对电影具有很强偏好的人群是学生,"非常/比较喜欢"电影的人占 51.7%,"不太/不喜欢"的人所占比例最小,为10.3%,没有偏向的人所占比例也最小为 37.9%。这个数据表明,学生中对电影具有强烈偏好的("非常/比较喜欢")人超过了另外两项的总和,他们是电影最主要的消费群体。

从收入上看,高收入的人群对电影具有较强的偏好性:"非常/比较喜欢"电影的人占 48%,"不太/不喜欢"的人最少,只占 7.8%。

可以看出,电影的主要消费群体集中在 35 岁及以下,他们对电影有着极强的偏好。而 36—45 岁的人群对电影最没偏好,但不喜欢电影的人也只占少数,所以这是一个庞大的潜在消费群体,从这个群体中容易争取到更多消费者。66 岁及以上的人群只有25% 喜欢电影,25% 不喜欢,极难成为电影消费者的群体。学生是电影消费的主要群体,应该予以重点关注。职业不同和收入高低并没有明显影响市民对电影的偏好,因为电影始终是面向大众的娱乐消费活动。

(二)杭州市民观看电影的硬件设施分析

据统计,从 2000 年初只有 4 家电影院,到 2018 年底全城拥有158 家电影院,杭州只用了 18 年时间。而仅在 2013 年至 2018 年 5

年内,新增电影院数量就高达110家。

2008年金融危机后,全国市场关注点忽然转到了电影院上,当时电影院每年以30%的市场份额在递增。2010年《阿凡达》的出现,引爆了市场的热点,资本投资开始偏向电影产业。2010年前,杭州电影院增长速度较为平缓,平均年增长2—3家,但2010年仅一年,新增7家影院,刷新了此前的年度增长量记录。在2013年、2014年、2017年这几个增量大年,如果杭州市民去"time时光网"看影讯,隔几个月就能刷到一家新影院。在这种爆发式的增长中,杭州商业综合体起到了举足轻重的作用。2013年,城西银泰、西溪印象城、西溪天堂、西田城面市杭城;2014年,水晶城、万达广场、中大银泰城开门营业;2017年,国大城市广场、杭州新天地、杭州来福士广场、西溪银泰城、远洋乐堤港、龙湖滨江天街、理想银泰城等综合体陆续开业。随着商业综合体如雨后春笋般出现在杭城,电影院也接踵而来。在电商冲击下,线下零售业态正在萎缩,电影院和餐饮反而抓住了机遇。这种基于"体验式"的消费理念,使得综合体与电影院合作更和谐。

谈起对杭州电影院变迁的感受,杭州市民普遍的感觉是以前纠结"怎么去",现在纠结"去哪儿"。譬如居住在拱墅区的市民,以前只有翠苑电影院距离较近,现在却有比高、金象、传奇奢华、万达等影院可供选择,真是想去哪里就去哪里。这几年,杭州电影院"开枝散叶"的速度真的很惊人。从时间轴上来看,杭州电影院的建设始于2010年。2010—2015年杭州新开电影院共计46家,超过了2012年杭州全市电影院总数。

据不完全统计,截至2018年年底,杭州全市共分布有158家电影院。据相关统计机构提供的数据,2016年杭州全市电影院有90家,在两年时间内,影院数量几近翻番。在所统计的13个区(县、市)中,江干区、萧山区的影院数量位居前列,其中江干区一个区电影院数量就多达38个。

在区域分布不均的情况下,免不了有人欢喜有人忧。在滨江上班的小丽,想看电影就要跑星光大道。"这块附近就一家影院,想看电影只能来这。毫不夸张地说,它还带动了周边的餐饮娱乐业发展。"每次在"淘票票"App买电影票的时候,家住临平的小马都表现出了另一种纠结。"临平就两个电影院,选择余地很小,对比杭州市区,票价也不会太便宜。"为了追求观影的舒适度,小马偶尔会跑到市区去看一场电影,至于付出的成本,小马说很难算平。

(三)杭州电影院线票房收入情况分析

杭州100多家电影院,到底哪家强?杭州影院观影人次前三名和票房前三名一致,分别为萧山德纳IMAX影城(票房收入5385.96万元)、中影国际影城(西溪印象城店)(票房收入3931.28万元)和新远国际影城(票房收入3518.67万元),从影院所在位置可以看出,喜欢看电影的杭州观众前三名分别在萧山区、余杭区和拱墅区。值得一提的是,中影国际影城(西溪印象城店)以平均每场49人次的上座率,高居榜首。

据统计,除萧山德纳IMAX影城、中影国际影城西溪印象城店、新远国际影城外,百老汇、比高、奥斯卡、卢米埃等耳熟能详的电影院票房收入也很可观,在杭州影院票房排名中属于前列。据观察,票房高的影院分布类型较为广泛,既有老牌"霸主"、新兴"潜力股",也不乏个性鲜明者。

为什么这些电影院的票房高?首先,市中心交通方便,观影也方便。新远国际影城地处武林商圈,周边小区众多、人流量大,加上地铁1号线、公交车均有直达的,存在感极强。其次,新远国际影城可以看IMAX,电影效果不错。对于好莱坞大片爱好者而言,观影体验是电影院的加分项目。再次,新远国际影城活动多。大学生或年轻人喜欢追娱乐资讯,浙江卫视的热播节目《奔跑吧兄弟》在这录制的时候,很多人特意跑去影院围观。最后,新远人气很旺。虽为工作日,西湖文化广场卜人流量较大,周边银泰西湖文化广场折扣店、博库书城、自然博物馆均能带来人流集群效应。

同为优胜者,百老汇的取胜方式则不同于新远国际影城。百老汇坐落于钱江新城万象城,周边公共交通虽有地铁4号线,但公交车站较少,观影者多是驱车前来,地下停车场收费高达12元/小时。但是,作为杭城第一家IMAX影院,加之良好的观影环境,其将高端做成了卖点。2018年去百老汇看一场电影平均要花61.1元,和2017年的64.9元、2016年的65.9元相比有了一定的降低,但依旧比杭州电影票的均价33.1元贵了近1倍。百老汇系的电影院向来走高端路线,其在杭州的3家电影院百老汇影城、百美汇影城和百老汇影城(宝龙店)票房均价分别为61.1元、56.8元、44元,都远远高于市场均价。虽然票价高,但追求品质的杭州观众非常愿意买单,这3家影院的票房产出分别排第4名、第11名和第24名。

其他影院也各有千秋。2003年建成的奥斯卡因名气大、交通便利(临近凤起路地铁口、公交车站多)吸引了不少人;卢米埃、UME、时代联合周边小区环绕,拥有最多受众群体;中影国际影城的西溪印象城店和滨江星光大道店,也因周边缺少竞争对手而一家独大;下沙华元位于高教园区,学生群体多,周边竞争对手相对较少;拱墅区的比高电影院,常年低价卖票也拥有不少观影爱好者。

据观察,在相同排片和相近时段中,有的电影院门庭若市,有的则门庭冷落。比如,钱江新城的万达影城,因其所处"砂之船"奥特莱斯人气极低,观影人流非常稀少。东漫电影院主要靠票价低吸引观众,但是停车位紧张,地段也不处在闹市区,因而人流量无法得到保证。位于南宋御街上的金逸影城，客流量也不大，因为来南宋御街旅游的人居多，他们不一定能发现这家电影院，而在上城区的居民可选择的电影院很多，譬如贝弗利影城、近江电影大世界，还有老牌的新华影都、西湖电影院等，诸多电影院可供选择，观众更看重影院本身的硬件设施、观影效果和票价。

二、影响杭州市民观看电影的因素分析

近几年，杭州市民观看电影条件好了，各类综合体如雨后春笋般崛起，驻扎在综合体的影院环境好、设备优、票价亲民，使市民观影体验良好。

（一）得益于综合体的迅速扩张

据不完全统计，杭州全市的电影院中，2009年前开业的有22家，都是位于区域中心，坐拥繁华。而随着时间的推移，电影院的位移也在进行中。

万达、银泰城、天街……据不完全统计，杭州100多家电影院中，大多都位于商业综合体内，其中不乏一些耳熟能详的新兴商业综合体。在近几年迅速增加的电影院里，我们可以清晰地看到商业综合体和大型品牌院线的良好合作：以近几年新增电影院为例，2013年杭州开出了城西银泰城和西溪印象城两座大型综合体，其中印象城引进了中影国际影城，银泰城引进了传奇奢华影城；而2017年开业的杭州国大城市广场和滨江龙湖天街都引进了CGV影城。

近年来，杭州综合体开发、开业迅速，而作为综合体内吸引人流量的电影院线更是发挥了不小的作用。万象城的百老汇、银泰城的传奇奢华、印象城的中影院线与综合体的合作，正在改变以往杭州人的观影习惯；而显然，类似武林路的奥斯卡、东坡路的胜利

剧院这样的单独院线将不再是主流。2013—2014 年和 2017—2018 年是增量大年,前者增加了 26 家,后者新增了 68 家,这也是这两年大型商业综合体遍地开花时期。可以说,杭州有综合体的地方就少不了电影院的存在。2010 年前建成的电影院,或单独位于街道边,或"搭伙"大型超市(家乐福、沃尔玛、物美)和百货商场。

(二)设备升级,票价亲民

最近一两年新开的电影院基本都按五星级标准建造,影厅全部可播映 3D 电影,大部分影院建有一个甚至两个 IMAX 厅、巨幕厅、4D 厅。

设备升级了,但价格却更低了。这些高配的新电影院,票价却大都走"平民化""大众化"之路。浙江时代院线旗下的传奇奢华、星际、东漫等影院均为天天特价或半价,金逸在杭州的电影院无论是已经开业的,还是即将开业的,一律全天特价。现在电影院线的思路,是让电影走入普通市民中去,成为市民日常娱乐的一部分。

新电影院所在的新综合体多配有大型停车场,可享受免费停车,而这些优惠,一开始没有时间限制,星期二星期三和星期六星期日的价格完全一样。后来实行收费也是比较优惠的,譬如水晶城任意消费,就可以免费停车三小时。观众如果愿意办张电影院会员卡,还有机会享受到比半价更低的优惠,比如正常 2D 影片正价为 70 元,办了会员卡后,万达设定的价格为 30 元,便宜了一半以上。

(三)刷卡、团购、会员制,搞促销

新电影院一家接着一家地开,老影院压力明显增大。以前位于西溪湿地附近的中影西溪印象城店,曾经让同行很羡慕,因为邻近大型住宅区,而该地块影院相对较少,"洼地效应"让它赚得盆满钵满。2018 年,它开始面临激烈竞争。2 月初,五常路上的华元西溪欢乐城综合体里,新开了一家东影时代 IMAX 影城西溪店,距离中影西溪印象城仅1千米。2月16日年初一,东影时代票房就达到29万元。接下来,五常路上的综合体杭州C＋西嘉广场开张,也带有影院,中影西溪印象城店"洼地效应"不再。

为了赶上潮流,浙江时代院线对旗下的几家老电影院进行了升级。一是硬件上的升级,翠苑完成局部改造,庆春、奥斯卡、恒隆重新装修,包括更换座椅、增加前后座位的距离,更换更为舒适的3D设备与眼镜;二是软件上的升级,电影院提供更为细致的服务;三是在票价上,根据市场情况,为每家影院都制订了不同的票价政策。以翠苑为例,除了正常促销、会员促销,该影院还与各大银行合作,刷指定银行卡,可享受1—30元不等的票价优惠。庆春、近江、众安等影院则推出了全天半价的活动。网络团购如今也成为电影院的重要促销手段。现在大家看电影基本先在"淘票票"等App上预先购买,这既比现场买划算,同时观影时间更自由。

(四)影院还拓展新业务,可以办婚礼,也可以开同学会

想象一下,跟男朋友坐在电影院里看爱情片,看着看着,突然发现大银幕上的女主角变成了自己,而且全影厅里坐着的都是自己的亲朋好友。此时,一阵浪漫的音乐响起,身旁的男朋友突然拿出鲜花和戒指,在大庭广众下向你求婚……

这种以往只能在影视剧中看到的求婚桥段,现在正逐渐在杭城流行开来。杭州百老汇影城2015年已经接了好几单求婚业务,每年2月份情人节时最多,一般费用在四五千元,如果要使用豪华大厅,那么价格可能会上万元。除了负责布置现场,影城还可以帮求婚者挑选求婚时的背景音乐,制作视频在大银幕上播映等。此外,影城新增的业务还跟上映的影片有关。当年《同桌的你》上映之后,到电影院里开同学会的就一下子多起来了。其实,影院经理们的目的很明确,采取一切办法吸引更多的观众进电影院,你有要

求尽管提,能满足的一定想办法满足。

三、制约市民观看电影的影响因素

(一)同质化严重

特效、屏幕、服务……随着各家电影院"技能"越来越丰富,大同小异的情况也越发严重。主要是片源单一、影片雷同,同质化严重,不像国外能卖差异化的产品,走不同的营销道路。一般最近上映的电影都能在各大院线看到,各影院没有走差异化放映的道路,区别只在于排片数量,以及上映时间长短。最新电影同一时间上映,只有距离远近和票价高低才是观众挑选电影院的决定因素。

(二)低票价的恶性竞争

在同质化严重的情况下,影院要吸引客流量只好凭借简单粗暴但见效最快的手段,现在恶性竞争已经有端倪了,就是票价。票价上的"白刃战"是最低级的竞争手段,但往往也是最早被采用的。

据观察,杭州的电影院基本都与"时光网""格瓦拉""猫眼""淘票票"等购票网站合作,定价基本为原价的一半。团购网站上,仅"美团"平台一家就有超30家电影院推团购活动,有些折扣力度达3折。团购手机App上,大众点评经常推出"9.9元秒杀大片"活动,美团则为首次注册的用户提供"1元"看电影的机会。价格战下,消费者窃喜,电影院是"冷暖自知"。"影院竞争要有价格底线,不然对电影院和电影行业都是致命打击。"调查中有院线经理这么回答。

(三)影院运营成本高

数量多、竞争激烈并不是杭州电影院面临的唯一问题。近几年,杭州房租开始迅速上升,成本间接转嫁到了电影院及院线上。签租方式起初有免租期,后来是保底租金跟票房分成两者取其高,也有部分优质综合体采用"底租＋票房分成"的方式。电影院压力越来越大。据调查，虽然和全国一样，杭州的观影人数、电影票房同样在增长，不过增速却未和院线一样同步：2018年观影人次的数据，杭州也首次突破了4000万（4149.1万人次），比2017年增加了300多万（3784.8万人次），增长了9.6%。2018年杭州电影票房13.57亿元，比2017年的12.61亿元收入多了1亿多元，增长了7.6%。2018年电影院数量158个，和2017年相同，与2016年的90个相比，增加了75%。虽然观影人数增长率和影院增长率不能完全类比，但数据可以参考，可见影院增速要远高于观影人数和票房的增长。因此，影院的竞争是很激烈的。另外，电影票价有所下降，人均票价为33.1元（2017年为33.3元）。据统计，2018年全国观影人次同比增长15.26%，平均票价上涨至35.6元/张，比2017年34.6元/张略有上涨。可见杭州的票价在全国来说并不高，这也增加了影院的压力。

自2012年以来，杭州电影院平均年度票房为二线城市中最高，但人均观影次数和平均上座率较低，电影院建设处于饱和状态，观影热情还需进一步激发。院线增加，票房增速放缓，表明新增加影院有不少座位并没有产生效益，借用最能反映电影院效益的"单座产值"来参考（"单座产值"其实就是票房除以座位数），上座率并不高，这一方面可以归咎为电影院的经营问题。另一方面，杭州是否真的有那么大量的观影需求也有待考量。

四、促进杭州市民电影消费的建议

（一）差异化发展是根本

相较于赚取高租金，商业综合体更欢迎优秀的电影院进驻，因为独特的业态能吸引人流，达成双赢的目的。杭州电影院线的未来到底怎么走？差异化发展是根本，市场急需有差异化、细分化的影院和影院运营模式,应该把工作的重点和精力放在服务上,去关注一些个性化的细节。现在电影院线发展比较好的就是高科技带来的多种特效厅。目前除常规的2D影厅外,还有其他一些特效厅,例如3D厅、IMAX巨幕厅、4D影厅、震动厅等。在观影过程中,观众可以同步体验根据片中剧情设置的座椅转动、吹风、喷香味、喷水、闪电等颇具实感性的特殊效果,从视觉、听觉、触觉、嗅觉四个维度全方位地进行观影体验,给观众带来特别的观影体验与震撼力。4D厅播放的影片应该是当前上映的大片,如《变形金刚》《幽灵党》等这样有动感的、有震撼力的大片。相应地,平缓的爱情片在4D厅放映没有多大意义,因为平缓的爱情片不具备特别的视听效果。目前,4D厅在国内UME等影院已经有了,杭州也可以参考做些这方面的尝试。高科技发展带来的多种特效厅,可以将这种艺术体验、娱乐体验得到最大化的体现,让观众感受到电影艺术性、观赏性、娱乐性的统一。

功能性影厅的创新。在影厅的功能、运营的特色方面,影院也可进行创新,从而形成差异化和细分化,例如情侣厅、VIP厅。情侣厅设置了双人休闲舒适的沙发软座,在座椅下面放置了宾馆里用的一次性拖鞋,观众看电影的时候穿上拖鞋。特别是女士,逛商场穿高跟鞋很累,在这里观众可以全身心地放松来看电影,看完电影后,又有了体力与心情去商场进行二次购物。VIP厅里的高档座椅有按摩功能,还可以全躺式看电影。在座椅的扶手处,有呼叫系统,可以呼叫服务员提供饮料等。目前杭州影院有情侣座,还少有专门的情侣厅,可以进行一些尝试。而关于VIP厅,据考察,贝弗利影院已经有了,两人一个小厅还可以点播影片放映,深受情侣喜爱和好评。

儿童影院产品。2018年国内儿童消费市场规模突破4.5万亿元，并以每年20%的速度增长。二胎政策或衍生4万亿儿童产业红利，"普遍二孩"之后儿童产业市场更是消费惊人。"子女教育与健康成长"成为家庭建设中最重要的目标之一。近几年，中国儿童电影产业发展迅速，片源丰富。在儿童电影上映期间，小朋友和家长成为电影院的主流客群，并且取得了很好的票房收入。一部600万元低成本的二维动画片《喜羊羊与灰太狼》，在2009年创造了令人瞠目的票房奇迹，达8500万元；一部仅用了5天就拍摄完成的大电影《爸爸去哪儿》，7天拿下4.6亿元的票房；《功夫熊猫2》达到了4.7亿元票房。在此背景下，儿童影院应运而生，是专门以儿童为目标受众而建立的差异化、细分化的专业影院。将儿童观影由传统的成人影院中解放出来，放到目标客群更加准确的儿童购物中心、儿童体验馆、儿童乐园内，让孩子们更能全身心地体验欢乐愉悦。在儿童影院里，播放的片源为国内外经典儿童题材及最新同步儿童电影，父母不用担心儿童观看的影片是否健康积极。国内"贝拉贝拉儿童天地"作为中国首家全情景式儿童体验MALL，将儿童社会体验、梦幻主题乐园、儿童主题餐厅、儿童摄影、儿童教育、儿童零售和儿童影院组合在一起。其中，它的"儿童影院"一般为1—2个影厅，因为装修风格和浪漫的儿童座椅而受小朋友们欢迎，小朋友可以看到常规的院线儿童电影，也可以看到5D的儿童影片。在杭州，传奇奢华影城已经有专门的儿童厅，作为尝试，调查结果反映效果还不错。其他影院也可以参考这个模式引进。

（二）影院应该进行上下游产品的营销和开发

以下沙的华元电影大世界为例，在《阿凡达》全国统一上映期间，与下沙网、报纸、社区合作，进行网上报道、杂志刊登、社区海报张贴，同时还进行企业与企业的资源互换，给酒店等企业周年庆的优惠券。经调查，在下沙，华元的生存环境不是特别艰难。下沙常住人口和大学生比较多,但是对票价要求比较高,所以华元跟院线申请会员卡五折折扣,这在其他影院不一定做得到。值得一提的是,电影院厕所上的镜子可以自动进行广告播放,既可以对影院进行宣传,也可以进行广告招租,增加影院的收入,可谓一举两得。

原来的UME国际影城就设有电影衍生产品专卖柜台,各种经典海报和玩具公仔,使观众在欣赏完精彩电影之后,还能把纪念品带回家,尤其受到电影发烧友和小朋友们的喜爱。此外,UME还拥有风格浪漫典雅的咖啡吧、独家明星录影房、豪华VIP放映厅等。为了让更多杭州观众走进电影院感受UME这种有别于传统影院的观影体验,UME举行各种票价优惠活动,针对老年人、学生、情侣都有不同的特别优惠,且不定期举办各种主题活动、派对,让影迷们在观影之余还能收获其他欢乐。据营销人员透露,UME的一个其他影院所不具备的优势在于:电影是一种特殊的媒介,兼顾着文化和娱乐属性。UME影院是电影人吴思远先生开的电影院,他引领下的UME,必然会给观众带来不少新鲜感受。比如电影开场前,银幕上会出现关于电影知识的有趣问答,观众不仅能欣赏到好电影,还能了解到更多关于电影的知识,电影人传播电影文化可谓别出心裁。UME影院集团不断考察欧美及东南亚电影放映场所,引进各种先进的经营模式和管理理念,给中国电影放映场所注入新鲜血液。同时,进行顾客分析和市场定位,分析哪些人是目标顾客,哪些人是潜在顾客,以及对这些顾客消费心理和行为进行研究。根据行业相关数据和长时间观察调研,影院认识到青年人和工薪阶层是目标客户。青年人追求时尚、喜欢体验刺激,对大片有着较强的需求,工薪阶层则偏重档次品位。据此,影院进行了比较科学的定位。为加强传播和促销效果,该影院采取主动购买电视、广播、地铁移动电视、出租车移动电视的广告时间,为影院打出硬广告；积极建立良好的媒体关系，并最大限度地争取承办一些首映活动、主题活动和见面会，邀请媒体采访，争取在报纸、杂志、广播、电视和网络中多播出一些软广告；利用影院自身所具有的阵地优势，采用宣传渠道置换等形式与一些商家保持紧密合作，利用合作商家的阵地宣传从侧面增强影院的宣传力度；针对目标消费者，影院或电影广告通过 LED 等多种媒介走进小区和公司，或者通过与中国移动等运营商开展合作，通过短信、电邮等方式将信息有效传达到目标消费者身边。影院还建立客户跟踪服务系统。根据科特勒（Kotler）的观点，产品分为核心产品、形式产品和延伸产品。相应地，电影作为一种服务，也可分为核心服务、形式服务和延伸服务。核心服务即是影片的档次和质量，形式上的服务包括影院硬件设施、影院环境、服务态度、视觉听觉效果等，延伸服务比如说客户跟踪服务。所谓客户跟踪服务，即是根据客户储存在计算机系统的信息，对客户意见问题及时处理、进行人性化关怀，等等。比如在某顾客生日时给予祝福，顾客达到一定积分则赠送礼品，通过这些方式和顾客建立起亲密的互惠关系。影院的会员卡制度比较完善。会员卡分为 500 元、800 元、3000 元 3 种不同面值，购卡时一次性享受不同折扣优惠。会员卡可在集团内几家影院使用，可在影城内票房、小卖部消费，还可享受订票服务专线，可优先收到会员专讯，购卡充值可获赠精美礼品。会员有机会被选中免费参加 UME 举办的明星见面会、首映礼等活动，会员还可享受免费停车等福利；同时凭会员卡可到周边商家享受指定优惠。

（三）电商介入票价但要有底线

最近去看电影，大家普遍会先在手机上查看 App，譬如"淘票票""猫眼"等软件平台上的售票信息，发现正在上映的热门电影票价相当于影院票价的 5 折左右，只有偏冷门的和还未上映的电影才有20元左右的特价票。之前一度火爆的9.9元看电影的价格战看来不是长久之计，以低价为核心的营销活动不可能持久。

经历了上一轮的价格战后，现在售票电商集体把重心放在了预售上。预售电影票就像买期房一样，既能为影片预热宣传造势，又能提前抓取影片的核心粉丝，抢先为票房做贡献。这也证实了电商的销售力对排片可能存在的影响。如今大数据不仅可以帮助电商平台更加精准地掌握用户需求，它也正在被开发成一种产品，来提升用户在线购票体验。多家在线售票平台相继推出实时数据分析产品，包括排片、上座率查询等。目前，"格瓦拉"平台已有几部联合出品的影片，包括《十万个冷笑话》等。而在《万物生长》中，它们的身份是联合出品和联合发行方。电商的未来一定不只是卖票，它们在不断往上游走，包括衍生品商城的推出、参与上游的出品和发行等。售票电商的发展让"巨头"也新动作不断。2015年4月8日，阿里影业发布公告，已接受其控股母公司阿里巴巴集团的一项资产注入建议，其中就包括阿里巴巴的线上电影售票业务。

售票电商的快速发展已让线下影院倍感压力，可是线下影院又离不开电商这一渠道，处境比较尴尬。就拿《速度与激情7》这部大片来说，金逸给电商的价格是45元，可是有一些电商不满意，想压价，这让影院方有一种被牵制的感觉，但网上购票已是大势所趋，这让影院有点无所适从。

虽然杭州影院在线售票率一直在增长，但票房增长却有限。在竞争激烈的城西区块，一些影院票房甚至出现下滑。不少影院负责人担忧，虽然电商带来了短期效益，但从长期看，真的能给电影市场带来积极作用吗？会不会给观众养成只买低价票的习惯？有的影院已对电商产生畸形依赖，正常的营销管理、会员维护工作都不做了，不做电商就没票房的情况已现端倪。于是，在与电商合作的问题上,影院开始变得谨慎,有的高端影院甚至拒绝电商渠道。电影院的投资都很大,不少影院很讲究观影品质,观影人数过多会造成服务跟不上,对会员造成很大冲击,最终影响影院口碑。电商确实帮助不少新影院打出了名气,但合作是有条件的,要遵守这个行业的游戏规则,才能把电影资源做大,电商的积极作用也能更长远。星光院线旗下的影院开始为自己设置防线,在电商采购电影票的时候就划定价格底线。影院不能放弃主动权和话语权,否则整个电影系统会遭到破坏。

(四)对受众进行细分,重视除学生和35岁以下人群外的其他消费阶层

针对杭州电影观众,首先对受众进行细分,才能知道受众喜欢什么类型的电影。知道不同的职业、年龄、收入对电影偏好的影响,知道不同的受众对院线有哪些要求,这样才能针对不同的受众进行不同的电影营销,为不同类型的电影赢得更大市场。对受众进行细分的重要环节是建立一个完善的电影消费信息系统,包括票房系统、受众分析系统等。

(五)重视在郊区和人群聚集地建立影院

目前影院大多集中在市中心的商业区,郊区和人群稀少的地方比较缺乏影院。这就需要政策的引导,加快这些地方的影院建设,不仅有助于提高院线市场的竞争力,也有助于满足郊区观众的观影需求。

第二节　杭州市广场舞蹈"写真"

随着社会的不断进步和发展,广场文化作为一种社会文化现象,越来越受到人们的关注。随着各地政府在县级以上的城市建

立了许多文化广场,广场舞蹈成为城市文化建设越来越不可缺少的内容。由于广场舞蹈艺术的特殊性,在娱乐的同时兼具健身的效果,广场舞蹈发展方兴未艾。

杭州市作为浙江的省会城市,一直在积极努力发展群众体育运动。杭州市的广场舞蹈具有浓郁的生活气息,并融入了许多创新意识和元素,有着自己独特的风格。随着市民主体意识、参与意识的逐渐形成和广场文化的广泛开展,广场舞越来越受到市民的关注和重视,成为城市文化生活不可或缺的重要内容。

随着城乡居民生活质量的不断提高及其对求健求乐求美需求的不断增加,加之城乡公共文化基础设施的日益完善,广场舞蹈越来越多地进入杭州城乡居民的日常生活,成为杭州市民文化生活的重要组成部分和杭州城乡各地的一道亮丽风景线。

一、广场舞蹈的重要意义

(一)有助于促进全民健身运动的开展

广场舞蹈对参与者没有技术、学历、户籍等限制,且具有普遍随意、简单易学的特征,可谓男女皆爱、老少皆宜,是具有广泛性和普适性的全民健身运动形式。越来越多的杭州市民跳广场舞,有利于增强市民的体质,提高市民的整体健康水平。

(二)有助于促进市民健康生活方式的养成

在人们身心能量既定的前提下,人们将越来越多的时间和精力投入到自己感兴趣的广场舞蹈,这会使越来越多的市民远离赌博、电脑游戏乃至黄色垃圾和吸毒贩毒活动。换言之,市民跳广场舞,意味着他们对健康生活方式的选择;越来越多的市民参与广场舞蹈活动,也有助于减少黄赌毒和夫妻吵架等现象的发生,即有助于家庭、社区乃至整个社会的和谐。

（三）有助于城市广场文化的发展

广场舞蹈是广场文化的重要内容。正是由于广场舞蹈活动的始终存在和经常开展,城乡各地的广场才变得热闹和吸引人;同时,通过音乐和舞蹈,群众文化得到广泛传播和大力推广,市民群众也因此获得了越来越多的视觉盛宴和艺术享受。一句话,广场舞蹈常在,广场文化才能长兴。

（四）有助于提高城市老年人的生活质量

调查表明,广场舞参与人群中,老年人占多数,他们对广场舞可谓情有独钟。之所以如此,主要是因为老年人通过练习广场舞,不仅可以促进身体健康,更可以在这一集体性文化活动中获得与人沟通交流的机会,从而有助于他们排解寂寞、消除孤独,丰富其退休生活、空巢生活乃至独居生活,进而提高他们的生活质量,减少各类身心疾病的发生。

二、杭州广场舞蹈发展现状

笔者对杭州20多支广场舞团队基本情况进行了解后发现,在2000年左右就有舞蹈团队成立,活动内容以健身操、健身舞蹈为主,规模少则十几个人,多则上百人,参与人群覆盖面越来越广,跳广场舞不再是中老年人的专利,许多年轻人也加入了广场舞的大军,参与广场舞锻炼身体,体会运动带来的快乐。为了更加具体地了解杭州市城区广场舞的开展现状,本书选取了杭州城区西湖文化广场、西城广场、运河广场、吴山广场,还有一些社区的广场舞团队作为对象,通过问卷调查、访谈等研究方法深入了解杭州市城区广场舞的组织现状、活动的具体内容、参与成员的情况和当前遇到的困难,为杭州市城区广场舞团队存在的问题和今后的发展提供可行的解决方法和对策。

（一）广场舞蹈参与者的基本特征

①广场舞蹈参与者的性别特征。通过问卷调查发现，参与广场舞的人群性别比例相差较大，男性仅占14.6%，而女性几乎是男性的6倍，高达85.4%。究其原因，一方面因为大多数广场舞内容设计倾向于女性，柔美动作的比例较大，很大一部分男性在潜意识里认为跳广场舞是女性的专属健身方式，因此大部分男性不愿也不好意思参加而且参加的男性大多数也是参加交谊舞，排舞基本上没有男性。再次，男性退休年龄大于女性，由于工作需要，晚上应酬较多，或者下班后比较疲劳不愿意出来活动。通过调研了解，朝晖公园就是以跳交谊舞为主，因而男性占了总数的一半以上，这与交谊舞需要舞伴的特殊因素有关。还有娃哈哈美食城广场等个别地方的参与者基本上都是男性，主要以快节奏的街舞为主，通过步法的灵活多变体会运动带来的成就感和刺激感，吸引了大量青年男性参与。

②广场舞参与者的年龄特征。如图6-1所示，在参与广场舞活动的人群中，年龄段50岁—59岁的人比较多，占了38.8%。在这个年龄段男性仅占2.3%，女性占36.5%，出现这一现象可能的原因是我国男女在退休年龄上的差异。由于女性一般都在55周岁就退休了，余暇相对比较多，因此有更多的时间参与广场舞的活动。男性退休年龄一般都要年满60周岁，没有足够的时间和精力参与到广场舞的活动当中。

在参与广场舞活动的人群中，50岁以上的人数占了59.1%，说明中老年是参与广场舞锻炼的主力军。另外，从调查结果看，参与广场舞的青年人数也占有一定的比例，说明广场舞参与人群在不断扩大，人们的健身意识在逐渐增强。青年人参与广场舞锻炼的比例较中老年人的参与比例来说，还是存在比较大的差距，主要原因在于青年人花在工作、应酬和其他娱乐休闲活动方面的时间较多，没有足够的余暇参与广场舞的锻炼。

占比

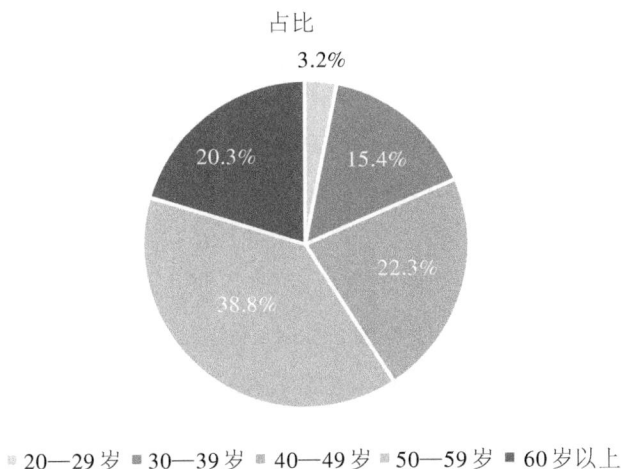

■ 20—29岁 ■ 30—39岁 ■ 40—49岁 ■ 50—59岁 ■ 60岁以上

图6-1　广场舞参与人群的年龄段特征

③广场舞参与者的学历特征。通过调查发现，参与广场舞的人群中学历最高的为研究生，大学（含大专）、中专（含高中）的人数最多，分别占调查总数的22.8%和36.5%。由此可以看出，健身意识强弱与学历高低存在一定的联系，教育程度对健身意识与行为的影响是广泛的，时间是持续的。

④广场舞参与者的职业特征。被调查的200人当中，96人有相对固定的职业，104人无相对固定的职业，其中11人无职业、75人离退休、18人下岗。有固定职业的96人中，身份为工人的人数最多，所占比例为36.6%；其次为个体户经营者，比例为28%；再者为科教文工作者，所占比例为22.1%。由于工作的压力，一部分人通过跳广场舞缓解压力和疲劳。

（二）广场舞参与频次、时长和强度

①广场舞参与者每星期参与广场舞的次数、时长和强度。根据卢元镇编写的《中国体育社会学》一书中对体育人口的界定：每星期身体活动频数达3次以上，每次身体活动时间达30分钟以上，每次身体活动强度达中等程度以上。只有同时满足这三个条件才能称为体育人口。表6-1到表6-3为杭州市城区广场舞参与者每星期参与广场舞活动的次数、每次练习的时长和强度情况调查，按上述体育人口的标准计算，每星期身体活动频次达3次以上的占比为89.5%，每次身体活动时间达30分钟以上的占比为94.5%，每次身体活动强度达中等程度以上的占比为74.5%。因此，有74.5%的广场舞参与者满足了体育人口的要求。从提倡全民健身、发展群众体育的角度来说，广泛开展广场舞是提高我国体育人口数量的一个有效方法。

表6-1 广场舞参与者每星期参与次数

每星期参与次数/次	1—2	3—4	5—6	7—8
人数/人	21	62	93	24
占比/%	10.5	31.0	46.5	12.0

表6-2 广场舞参与者每次练习时长

每次参与时长/分钟	1—30	31—45	46—60	61—90	91—120
人数/人	11	16	46	88	39
占比/%	5.5	8.0	23.0	44.0	19.5

表6-3 广场舞参与者每次练习的强度

每次练习强度	出大汗	中等出汗	微微出汗	全身发热
人数/人	67	82	33	18
占比/%	33.5	41.0	16.5	9.0

②广场舞参与者的持续练习时间。通过访谈了解,杭州市城区广场舞从2000年左右开始兴起,一直到2008年前后,广场团队的数量有明显增加,广场舞团队渐渐地出现在各个街道、社区和广场。杭州市广场舞团队晚上运动时间比较固定,基本都是18:30左右开始,到21:30左右结束。其中排舞大概持续一个半小时,交谊舞时间比较久一点,这和体力消耗有关。早上参与广场舞锻炼的人群以老年人居多,也有附近工作的人士,时间大概都在6:00—9:00。譬如黄姑山社区广场舞就是从7:00多到8:00,参与者主要是附近的经营户和白领,7:00把孩子送到学校后到9:00上班还剩下的一个多小时正好健身。还有中午或者工作间歇跳舞的,这主要是一些农贸市场的摊主,这样既锻炼了身体,又交流了感情。通过调研发现,杭州市区大部分广场舞团队都是在晚上进行,早晨相对少些。出现这个现象的原因可能是参与广场舞的人群大部分在职,一部分退休的人群可能要承担家务或者帮助照顾家中的小孩,没有充分的时间参与广场舞健身。

调查数据显示,在杭州城区广场舞参与人群中,有71.2%的人坚持了1年以上,28.8%坚持不到1年时间,有22.3%的人坚持了3年以上,说明了杭州市城区广场舞的发展具备一定的生命力。广场舞兴起至今,不但没有消亡,反而不断发展壮大,参与人数、活动地点等不断增多。

③广场舞者的参与途径。广场舞参与者途径情况如图6-2所

示,其中 **66.7%** 的广场舞参与者都是自己主动参与,**13.3%** 的是通过朋友介绍,**11.2%** 的是通过邻里介绍,**4.2%** 的是通过同事介绍,通过家人介绍的只占 **3.6%**。随着温饱问题得以解决之后,人们越来越认识到体育锻炼作为有效增进身心健康手段的重要性。当人们满足了基本的需要后,就追求更高层次的需要。人们通过参与广场舞的锻炼,提高身心健康和自信水平,在互相合作中共同进步,逐步满足了尊重和自我实现的需要,这也是人们主动参与广场舞锻炼的原因。

占比

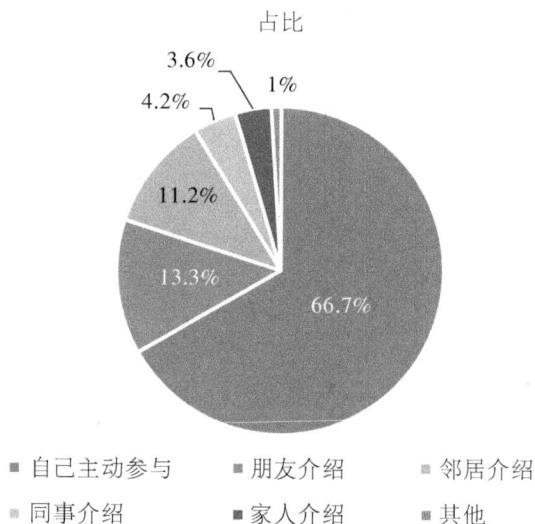

图6-2　广场舞参与者参与途径情况

④广场舞者内部人际关系状况。运动友谊质量与体育活动的参与程度呈正相关,积极的友谊质量有益于居民参与体育活动,居民经常参与社区群众体育活动能够加深运动友谊。人们参与广场舞的一个主要目的是想增加交流,扩大交际圈。通过对杭州市城区广场舞参与者内部人际关系情况的调研发现,团队中32.6%的

人基本上都认识,比较熟悉和非常熟悉所占比例共为41.9%。由于参与广场舞练习的随意性比较大,人员流动也比较大,所以参与者之间熟悉度不高,友谊质量自然也受到影响。增进参与者之间的交流与沟通,提高彼此间运动友谊的质量,促进广场舞参与人群的参与程度,是今后广场舞团队发展需要努力的方向。

⑤广场舞者的参与动因。杭州市城区广场舞参与动因如表6-4所示,保持健康、预防疾病是人们参与广场舞练习的主要目的,应答次数百分比为35.10%;其次为丰富生活,增加精神享受,应答次数百分比为19.62%;再次为缓解工作压力,应答次数百分比为18.49%。从人的自然属性上看,身体运动是人的本能和固有属性,也是人的生存方式。从人的生存需要出发,人们通过参与广场舞这一身体运动形态可以保持健康,提高身体适应力;放松精神,健康消遣,充实生活,展现生命活力;缓解疲劳,调控疾病,最终达到改善生存质量的目的。

表6-4 广场舞参与者的参与目的

原因	应答次数/次	应答次数百分比/%	排序
保持健康、预防疫病	186	35.10	1
缓解工作压力	98	18.49	3
增进交流、扩大交友圈	84	15.85	4
丰富生活、增加精神享受	104	19.62	2
提高自信	58	10.94	5
总量	530	100.00	/

根据调查,健身意识增强是人们参与广场舞练习的首要原因,动机的产生来源于个体需要。个体越需要,意识就越强烈。随着

经济的发展、生活水平的提高,人们对生活的质量提出更高的要求,尤其是对身心健康的要求提高了,而人们对体育锻炼有利于人的身心健康的有益性已达成共识。在人的意识中能够认识到体育锻炼的重要性,终身体育的理念也已经深入很多人的意识中。室外空气好是人们参与广场舞练习的另一个重要原因,广场舞练习的地点一般都在宽阔的广场、公园绿地等地方,空气相对比较新鲜,能让人们自由自在地享受运动带来的欢乐。良好的锻炼环境可以刺激人们体育锻炼的意识,加强这种刺激可以使人们产生更强烈的体育锻炼动机,从而推动体育锻炼行为的发生。再次,参与广场舞的经济性、便捷性也是人们参与练习的一个主要原因。广场舞是群众性的体育活动方式,简单易学,时间灵活,门槛低,不像健身房一样消费贵并需要持续性,因此受到广大人民群众的推崇。

除了上述原因,广场舞音乐也是引导人们加入广场舞的原因之一。广场舞动听的音乐让他们的身心得到了愉悦与放松。有相当一部分广场舞参与者一开始都是被广场上的音乐吸引了,然后才慢慢走进这个圈子进行锻炼的。音乐不但以情绪的方式影响人们精神生活,而且还以情感的方式作用于人的精神活动,满足人们精神生活的需要。因此,如何选择合适的广场舞音乐,并在人们生活中发挥积极的导向作用,提高人们的思想道德水平和审美情趣,是广场舞团队今后发展值得思考的问题。

⑥杭州市城区广场舞团队具体活动情况。通过调查发现,杭州城区广场舞团队活动内容往多样化的方向发展,不再是单纯的健身操和健身舞,出现了健身街舞、国标舞、形体舞等多种形式。活动形式以单人舞的形式为主,出现了双人配合的套路,更加注重参与者之间的交流与合作。

杭州城区广场舞团队活动内容的素材获取渠道主要来自网

络。随着信息化的发展,网络视频的多样化、便捷性,通过网络学习成为人们获取知识的重要途径。由于音乐风格和活动内容的不同,广场舞的参与者在年龄和性别上也存在一定的差别,靠近体育场路的西湖文化广场和娃哈哈美食城广场,音乐以快节奏的DJ为主,男性比例最高;朝晖公园等处以国标舞为主的场地,男性比例比较多,一般占到队伍的一半人数;除了广场国标舞学习团队外,其他的广场舞团队男性只有少数的几个人,基本以女性参与为主,这与广场舞的内容形式和音乐风格存在一定的关系。

三、杭州市发展广场舞蹈活动遇到的困难和存在的问题

(一)广场舞团队在开展过程中遇到的困难

①噪音问题。通过访谈,了解到广场舞在开展过程中如何合理控制噪音成了首要问题,特别对于靠近住宅区的小广场而言。譬如湖墅南路沈塘桥附近有个小广场,广场舞参与者和周边小区居民因为噪音问题不仅互相开骂,把垃圾倒在广场上,还差点发生肢体冲突甚至出动了警车。一边是积极参加锻炼的跳舞者,另一边是有的家里有病人,或需要安静思考的从事设计或创作的上班族,还有即将参加中高考的学子们,噪音问题如何解决已是一个迫在眉睫的问题。

②场地纠纷。由于广场舞大多占用的是广场类的公共场地,所以经常会碰到场地纠纷。在浙江省科技馆东门靠近中山北路、正对博库书城的地方是莉莉舞队的场地,由于地铁开通、车流量增加,这里开放了地上停车位,占了舞队的场地。想进出的车辆就被舞队拦在了外面,此事最后经由西湖文化广场管委会协调才得以解决。也有由于场地紧俏而发生两个舞队抢同一块场地的情况,

因为没有租金，场地都是先到先得，出来晚了场地就会被抢走。据了解，西湖文化广场最多时曾有10多个舞蹈队在跳舞，有队员回忆"跳舞像下饺子一样，音乐都听不清楚"。

③缺少躲雨场地。广场舞一般都是在露天的广场举行的，所以一般遇到刮风下雨的恶劣天气就只能暂停。访谈了各大广场舞队都是这样的情况，除了一些靠近小区的排舞队，有时候社区有专门的室内场地留给舞队，但都是极少的情况。而杭州下雨的时间不在少数，这对广场舞蹈的开展造成了很大的不便。

④收费问题。除了场地和噪音，收费问题也是目前广场舞蹈发展过程中的一大问题所在。通过访谈一些广场舞蹈的参加者，大家看法各不相同，大体有以下几种："如果仅仅是设备钱，我支持组织者收一点，因为音响设备需要购买，每天还要充电，确实不应该让辛苦组织活动的人吃亏。但是组织者不能有借机敛财的心态和行为。""这片空地属于公共场所，私人凭什么收钱？这不成了占道经营吗？这是非法的。"在西城广场参加广场舞的居民中，其中有1/3左右的人对每天收费这个行为比较反感，他们认为不应该交这个钱。而有些市民虽然心里不想交这个钱，但为了参与跳舞，还是默认了这种收费行为，他们认为："广场跳舞如果不允许收费，就没有人组织活动，也不会有人提供音响，到时候我们恐怕连舞也跳不成了。""这本来应该是政府组织的群众文化活动，由个人来组织确实难以承担这个成本。最好让政府相关部门出面购买音响等设备，组织广场舞活动。"

⑤其他困难。通过对杭州市城区广场舞团队开展过程中遇到的困难进行调查，还发现了以下问题：灯光太暗，能坐着休息的地方少，场地太小，物品没有安全地方寄存等。而音响和供电问题却没有成为人们开展广场舞面临的主要困难，这与预想的不同。群

众体育的开展,不仅需要群众自己付出一定的经费解决遇到的困难,也需要相关部门在广场和公园绿地的建设方面进一步加强和改善。人们拥有足够的健身场地和较好的健身环境,是发展群众体育的一个重要保障。

(二)广场舞参与者学习广场舞过程中存在的问题

①缺少专业人员指导。通过对杭州市城区广场舞参与者学习广场舞过程中存在问题的调查,我们了解到杭州市民在进行广场舞蹈练习时多数情况下有指导员。但指导员专业水平参差不齐,在如何运用比较合理的教学方法、教学手段等进行教学的能力方面比较薄弱,较少对广场舞练习者的健康状况进行科学的分析与指导,也不会运用科学的方法与手段进行教学与练习,因而制约了广场舞在市民中的顺利开展。

②教学内容较少科学性。访谈过程中,广场舞参与者反映新动作教学太快和忘记得快、动作内容不丰富、动作不够优美、不了解所学内容发挥哪方面的锻炼效果。由于广场舞团队较少有专业人士的参与,组织者多数凭兴趣和爱好组织参与者开展练习,在内容的选取上缺乏专业知识的指导,而且大多数组织者通过网络选择广场舞的内容,通常以动作好看、简单、音乐好听为选择标准,较少从科学的角度出发。因为广场舞的随意性,参与者很容易受到一些事情的影响而不能参与锻炼,广场舞团队人员流动大和出勤率没有一定的保证,是影响组织者教学和参与者学习的一个重要原因。

③宣传不到位。杭州市各社区、街道、体育相关部门对广场舞的宣传力度不够大,只有大概1/10的练习者是通过社区、媒体的宣传参与到广场舞练习中的,只有不到1/3的练习者对社区关于广场舞的宣传感到基本满意,却有超过1/4练习者感到不满意。社区

组织广场舞比赛的情况并不频繁,因而对广场舞的宣传不到位,也是限制更多中老年人参与到广场舞练习中的一个重要因素。

四、杭州广场舞蹈的发展趋势

(一)参与群体规模越来越大

参与群体的规模越来越大的原因有:一是随着生活水平的大幅提高,人们的健康意识也随之增强,大家开始追求一种积极的、健康的、美丽的生活方式。二是根据2017年的数据,杭州每100个人中就有21个是60岁以上的老年人,杭州老龄化趋势越发明显。老龄化的加剧,闲暇时间的增多,寻找一种适合的、方便的健身方式便成为老年人的急需。三是社会的激烈竞争、工作和生活压力过大、人际关系处理欠妥等造成的职业人群亚健康问题,需要一个简单易行的宣泄渠道。而广场舞这几年的流行和普及,满足了上述需求,从而受到了不同层次、不同职业人群的青睐,呈现出更为迅猛的发展态势。

(二)城市向农村扩展

由于现在城乡联系密切,城乡居民交流频繁,广场舞蹈等最初在城市兴起和流行的城市文化,现在农村也越来越受到欢迎。特别是随着许多进城农民陆续返乡工作和生活,青年大学生回乡创业,相关培训活动的更多开展,农村文化礼堂的普遍建成,今后农村的广场舞蹈将越来越普及,会跳爱跳广场舞的农民越来越多。甚至在如今的杭州一些农村地区,也成立了舞蹈队,并购置了音响、服装、乐器,经常到其他村组进行巡回表演。

五、杭州市发展广场舞蹈活动的对策建议

考虑到广场舞蹈广泛的群众基础、强劲的发展势头,我们应以

合理的文化广场建设为基础，以有效的管理为保障，充分发挥广场舞蹈的积极作用，尽量避免广场舞蹈的负面影响，做到利民不扰民。

（一）加强广场舞管理，确保利民不扰民

群众喜欢广场舞本来是好事，不过通过调查访谈，七成网友认为广场舞制造噪音，存在扰民现象，使用大音箱、低音炮的不在少数，有些音量甚至接近100分贝。《新周刊》《新京报》《都市快报》等国内各大媒体对广场舞噪音扰民现象都有所报道。有鉴于此，城市管理者应当主动作为，切实抓好规范与管理。首先，广场舞者和社区居民双方协商制定公约，在时间选择、音量控制、地点设定上做好约定。其次，加强对广场舞者的教育，使其充分认识广场舞带来的扰民影响，在自身锻炼的同时也要考虑他人感受，采取适当时间、合适地点、适宜音量开展广场舞，达到各方共赢。最后，一旦发生纠纷争执，建议通过居委会、小区物业沟通协调。

（二）完善户外广场锻炼的场地和设施，合理规划城市建设和社区文化生活配套，使城市建设和文化建设实现统一协调发展

在城市建设的规划中，政府应加大广场舞活动的场地和设施的建设力度，从根本上解决广场舞练习场地不充裕的现状，为广场舞的正常开展提供基本保障。规划者要为锻炼者的健身场地预留足够的活动空间，还应考虑和居民区的关系，留足合适的距离避免出现因为锻炼而噪音扰民的情况。这样不但满足了人们日益增长的健身需要，还解决了社区群众与广场舞锻炼者之间的矛盾，使生活区和活动区保持了适当的距离。建议每个社区都要建设一个面积较大、可开展多种文体活动的室外活动场地，以使人们就近参与广场舞蹈活动。

由于噪音扰民、照明、刮风下雨恶劣天气等影响，以及场地有

限引起的纠纷等问题,如有可能,可根据"党建引领、区域联动、互惠互利、共建共享"的区域性党建共建新模式,联系社区或街道进行协调,适当开放社区内或社区周边学校的体育场馆,供广场舞练习者使用。广场舞练习多是在晚上6:30—9:30这个时间段,多数学校的体育场馆都处于闲置状态,可将这些场馆向练习者开放。这一举措不仅给中老年人提供了一个远离闹市和居民区的场地,还解决了噪音扰民的问题,更保障了广场舞练习者的人身和财产安全。

（三）提高有关部门的重视,加大广场舞活动经费投入

体育活动的开展需要经费做保障,广场舞之所以能吸引众多市民参与,就是因为它收费低门槛低,除了支付电费、设备费或者指导员的培训费以外,基本上不需要其他支出。但要提高广场舞的影响,最好定期举办广场舞比赛,邀请专业老师加以指导,这些经费的支出对于一般广场舞参与者来说是一笔较大的开支。因此,要提高杭州市各级有关部门对广场舞的重视程度,增加对开展广场舞的经费投入,同时还应引导其他社会各界共同关注广场舞,争取他们对该活动的赞助。

有关部门可以资助广场舞开展的广场管理方一定的费用,以弥补他们在广场舞团队开展活动上的经费支出;还可以通过以奖代补的形式资助一些广场舞蹈团队,包括给器材音响、服装和资金等。

（四）加大广场舞的培训,提高其专业素质

广场舞指导员专业素质的高低,直接影响着广场舞能否健康发展。因此,提高现有广场舞指导员的专业素质任务迫在眉睫。首先,目前杭州市各个社区、街道广场舞练习点的指导员大部分是退休的舞蹈教师、体育教师或是业余爱好者,可充分利用现有资

源,继续发挥这些退休人员的余热。体育局等相关部门可为愿意加入广场舞指导员队伍的人定期举办广场舞培训班,组织他们进行深入系统的学习,并在学习中交流经验。同时要注重指导员道德素养教育,改善他们的知识能力结构,提高其专业水平。

其次,杭州市高校云集,其中开办了体育学院或艺术学院的高校也非常多,体育局或社区街道可与这些学校建立长期的合作关系,专门培养广场舞专业人才。杭州现在各村社都配备了有文化、有知识、有一定组织管理能力和文艺爱好的工作人员,作为专职宣传文化员,高校的专业老师可以定期给他们提供集中培训,提高文化员的专业素质,这样不仅提高了跳广场舞人员的整体素质,更为高校解决了一部分人的就业问题。这样不仅可以提高广场舞练习者的整体水平,还能提高广场舞练习者的参与热情,更能激发更多的人加入广场舞指导员的行列,为广场舞储备更多的后备力量。

(五)积极利用媒体的传播效应,加大广场舞的宣传力度

广场舞本身是接地气的群众性体育运动,让更多的人群了解广场舞,并参与到这项全民性的健身运动中来,是我们努力的方向。湖南卫视创意创新了"大型广场舞节目",把颇有群众基础、风靡全国的广场舞搬上了舞台。杭州市各电台各媒体应学习外省电视台媒体大胆创新的发展思路,加大对杭州市广场舞的宣传力度,打造有本土特色的广场舞节目。

还可以创建杭州市城区广场舞团队的超级QQ群或者开通有关广场舞的微博,通过QQ群或微博第一时间发布一些广场舞的音乐、视频、培训和比赛的信息等,让更多团队能够享受专业化的指导与培训,同时增进团队之间的交流与互动。

（六）经常组织广场舞的比赛或表演，促进各社区居民更好地沟通交流

2013年西博会闭幕式上举行了"舞动中国·2013全国排舞总决赛"颁奖仪式，这是杭州市政府为广场舞普及所做的努力。为了更有效地提高市民参与广场舞健身的积极性，促进广场舞广泛开展，市体育局或社区、街道应多组织广场舞比赛或表演，以此来展现广场舞参与者的舞姿和精神风貌。这不仅符合广大健身人群的实际需求，也是向外界宣传广场舞的一个有效途径。

在社区举办广场舞比赛，可以拉企业赞助广场舞活动。因为广场舞活动举办经费开支少，需要的赞助费不多，而且广场舞活动有持续性，在开放的广场空间里组织，本身又是喜闻乐见的活动，这对企业宣传也是一大助力。有了来自社会的捐资赞助，广场舞经常开展也就有了资金保证。

第三节　杭州都市文化演出消费

近年来，杭州文化产业发展成绩骄人，都市文化演出活动空前活跃与繁盛。与此同时，杭州都市文化演出活动在品牌化建设、竞争优势、产业链构建、市场化经营等诸多方面存在不足。如何将都市文化演出活动打造成为具有国际水准、中国特色、杭州特点的都市文化新品牌，成为杭州具有无限潜力的都市旅游吸引物，是目前政府有关部门、业界和学界关注的热点。

一、杭州都市文化演出消费的重要意义

（一）有助于杭州打造生活品质之城

大力发展文化产业是提高国家、地区和城市发展质量、拓宽发

展空间、提升综合实力的重要途径。都市文化演出作为重要的文化产业，其消费市场的发展有助于促进杭州文化产业的发展，弘扬"精致和谐，大气开放"人文精神，提升杭州城市品牌，进一步打造杭州生活品质之城。

以休闲文化为城市特色的杭州，文化演出业已发展到一个相对较高的水平。《印象西湖》《宋城千古情》《西湖之夜》等已发展成为较为成熟的文化演出品牌，不仅提高了杭州在全国乃至世界的影响力，同时也能带动文化创意产业的发展，接轨世界，吸引国内外投资。

（二）有助于满足杭州市民文化需求

一个城市文化的发达和市民精神面貌的改变，与城市的经济和社会发展是同步的，全面建设小康社会与和谐中国建设离不开文化的濡养。文化作为城市建设的灵魂和精神，是城市品质和品位的象征，而演出活动作为给观众欣赏的艺术表演，首先以其外在的精彩夺人眼球，再以其丰富的文化内涵触动人心，是注意与体验相结合的文化产品，也是城市文化的一个重要方面。杭州都市文化演出为杭城市民提供了提振精神、陶冶情操、传播文明、净化心灵的文化盛宴，带来了不为时间流逝而褪色的艺术感染力。其实，这也是一个城市文化层次的具体体现。因此，都市文化演出活动的繁荣，有助于杭州在经济发展物质生活丰富的同时满足市民的欣赏要求，提高市民的艺术修养，提升杭城市民的生活品质，对杭州的整体文化建设和文化传承无疑也有积极的促进作用。

（三）有助于带动杭州城市旅游

综观演出业较发达的城市，文化演出活动都成为这些城市的重要旅游资源。都市文化是都市文化演出活动和都市旅游之间的一个连接点，通过包含着丰富的都市文化内涵的都市文化演出活动来宣传推广都市旅游文化,这是一种相当直接有效的方式。因此,都市文化演出活动已经并将继续成为杭州具有无限潜力的都市旅游吸引物,并促进文艺演出业和旅游业的有机结合,从而将最具杭州特色的文艺精品展示给广大游客,使他们获得高质量的文化艺术享受。

二、杭州都市文化演出现状分析

(一)发展基础——经济发展文化繁荣

杭州是浙江省省会和经济、文化、科教中心,长江三角洲中心城市之一,国家历史文化名城和重要风景旅游城市。改革开放以来,许多体制、观念方面的障碍被扫除后,杭州的区位优势越发明显,经济发展速度不断加快。据统计,2018年杭州实现地区生产总值(GDP)为13509亿元,比上年增长6.7%。2018年杭州文化产业实现增加值为3347亿元,增长11.6%,文化产业增加值占全市GDP的比重为24.8%。经济的平稳快速发展及文化产业的繁荣,为杭城都市文化演出发展奠定了坚实的基础。

同时,近年来杭州政府十分注重对大型文化软硬件的构筑,强化了城市文化的聚集和辐射功能,为杭州都市文化演出的发展营造了一个良好的环境和实质性的市场载体。2018年年末全市有各类专业艺术表演团体20个,公共图书馆16个,文化馆15个,博物馆76个。与大型文化硬件设施相配套,这几年,杭州同时设计营造了一批具有标志性的文化软件载体,其中包括中国国际动漫节、西湖国际博览会国际旅游节、"西湖之春"艺术节、休闲购物节、汽车文化节、西湖音乐节等。大量文化设施硬件与相配套的软件载体的构建推动着杭州文化产业的迅速发展,一批具有国际一流水平的文化设施及国际级别的节事活动,更成为杭州这座城市的文化名片,这些都为杭州都市文化演出活动提供了广阔的发展平台。2018年,杭州全市全年剧场演出场次达到1134场,剧场演出收入4651.4万元,剧团演出场次达到5730场,剧团演出收入13719.6万元,剧团演出观众人数579.35万人次。杭州的演出市场开始迎接八方来客,各类新奇演出表演形式不断被引入,杭州演出市场的中外交流活动越来越频繁。

（二）发展动力——文化消费需求旺盛

2018年杭州人均GDP为14.3万元,根据国家公布的年平均汇率计算,为20620.6美元。按照世界银行的标准,人均GDP达到1万美元是一个国家或地区进入发达水平的标线。而GDP发展水平与文化消费支出具有相关性:人均GDP达到800美元后,恩格尔系数开始与文化消费成反比关系,物质消费所占比例下降,文化消费所占比例上升;当人均GDP达3000美元后,文化消费增速大幅度超过社会家庭其他消费增速,将呈现爆发值。

2018年,杭州文创产业增加值为3347亿元,比上年增长11.6%,由此可以看到杭州文化市场消费潜力巨大。杭州是全国文化消费旺盛的地区之一,巨大的文化消费需求将为文化演出活动提供强劲的发展动力,推动杭州都市文化演出活动蓬勃发展。

（三）发展推力——政府政策扶持

杭州要建成与世界名城相媲美的生活品质之城,文化产业必须得到相应的发展,而文化产业的发展离不开政府在相关政策上的扶持。

为推动文创产业的发展,杭州先后出台了《关于打造全国文化创意产业中心的若干意见》《杭州市文化创意产业发展规划》《关于统筹财税政策扶持文化创业产业发展的意见》等政策文件,酝酿《关于发展杭州演艺产业打造"中国演艺之都"的概念性方案》,切实解决了文创产业"有人办事、有钱办事、有章办事"的难题。此外，杭州还在加快建设艺尚小镇、湘湖演艺小镇等一批特色小镇，大力实施"青年文艺家发现计划"等专项工程，着力打造文创人才高地。

（四）发展环境——文化体制改革

20世纪50年代以来，我国实施的是计划经济条件下的文化体制，政府对于公益性文化事业长期投入不足。与此同时，一些掌握大量文化资源的国有文化单位，长期游离于市场经济之外，缺乏活力和竞争力。改革开放后，为满足文化产业发展的要求，我国开始对全国文化体制，包括国有艺术表演团体和经纪中介机构进行深化改革。

从演出体制来看，传统的计划演出体制正向市场演出体制转变。特别是新的《营业性演出管理条例》的出台，更是打破了中外文化行业壁垒，合资、合作、股份制等多种经济形式的许可加快了演艺行业市场化的步伐，国有演出单位逐步实现政企分开、政事分开，由事业型、行政型向产业型、企业型转变，由福利型、供给型向经营型、效益型转变。专业演出团体普遍实施以市场为导向的内部体制改革，并且取得成效，正在由单纯的演出生产单位转变成为市场经济体制下的演出生产经营单位。国有演出公司多数实现了管理权与经营权的合理分离，经营能力迅速提高，涌现了一批具有较强经济实力的大型演出公司，并且已经自成网络，形成了演出市场的基础构架，成为演出流通环节的中坚力量。

杭州市以创新体制、转换机制、重塑市场主体为目标，积极推进经营性文化事业单位转企改制。将杭州广播电视网络中心与数字电视公司整合改制，并组建了杭州文广集团公众资讯有限公司，将改制的杭州电影公司向社会转让39%的国有股权，吸引浙江横店集团参与，组建了杭州电影有限公司。杭州金海岸娱乐有限公司在浙江省文化厅的支持下，公司积极参与文化体制改革，于2003年与杭州剧院合作创建了"金海岸红磨坊大舞台"；与杭州市文化中心合作，投资近1000万元，推出"西湖之夜"大型旅游演艺专场；与杭州电视台影视频道合作，推出《金海岸快乐七点档》栏目。改制的效果是显著的。杭州市属院团每年的演出收入达到2500多万元，民营文艺表演团体经营业绩更好，如杭州金海岸娱乐有限公司，驻场演员600余人，每年365天，天天有演出，观众保持在250万人次以上，年营业收入7000万元，年上缴税收200万元以上。由杭州宋城景区倾力打造的全景式立体歌舞秀《宋城千古情》年均演出1000场，累计接待游客超过2000万人次，创收15亿元，还在杭州形成了一条成熟的旅游演艺产业链，直接带动周边茶叶、丝绸、饭店、住宿等关联产业收益110多亿元，已成为中国夜游市场上最为响亮的招牌。

文化体制的改革为文化演出活动的发展扫除了长久以来的体制障碍，市场调节机制得以发挥，经济手段、法律手段、行政手段相结合，为杭州文化演出活动的发展创造了一个良好的公平竞争的市场环境。

三、杭州都市文化演出发展存在的问题与不足

近年来，杭城在都市演出活动方面取得的骄人成绩有目共睹，但同时也应看到杭州与欧美发达城市及国内的北京、上海等城市相比还有相当差距。

现阶段影响杭州都市文化演出发展的主要因素有如下几个。

一是演出票价过高。近期有关部门开展的调查结果显示（以下简称抽样调查），在城市居民偶尔或从不观看演出原因方面，在被访的2000名杭州城镇居民中，选择"服务价格高"的占33.0%（见

表6-5），同时调查问卷还列出了7个支出档次的城市居民在观看演出方面的支出情况。抽样调查结果显示，选择"100元及以下""100—200元"这两档的占38.4%（见表6-6），这些都说明了票价对杭城演出市场的重要影响。这是全国演出市场的一个共性问题，严重阻碍了都市文化演出活动的发展。高昂的票价让低收入的人群难以接受，也阻碍了市民观赏文化演出，从而也影响了杭州文化演出活动的快速普及。因而如何合理地制定演出票价，让演出市场低下"高贵"的头，是摆在有关部门面前的一个重要问题。这当中涉及的文化体制、消费观念、演出运作等方方面面的问题，需要给予全面关注和研究。

表6-5　城市居民"偶尔或从不观看演出"的主要原因

偶尔或从不观看演出的原因	比例（%）
不喜欢	30.5
没时间	33.0
服务环境差	2.2
服务质量差	1.7
服务价格高	33.0
收入较低	36.0
没有好的剧目	12.7
其他	6.9

表6-6　城市居民每年在观看演出方面的支出情况

支出档次	比例（%）
100元及以下	20.2
100—200元	18.2

续　表

支出档次	比例(%)
200—300元	8.3
300—400元	1.8
400—500元	23.4
500—1000元	20.8
1000元以上	7.3

二是产业链缺失。文化产业链完善程度可以视作文化交流市场发达与否的一个表征,提高演出市场与相关市场的产业协作配合,开发有效的产业链,往往能产生超乎寻常的经济效益和资金乘数效应,提高演出产品的附加值。以纽约百老汇为例,百老汇剧院群坐落在纽约市曼哈顿岛中心地带,被称为"戏剧区"(纽约市共有5个行政区划,每个行政区内又有若干个小区,这些小区往往与历史文化和地理文化相关,如"戏剧区""时报广场区""服装区""餐馆区""博物馆街"等),是一个文化地理概念。随着产业的升级换代,如今这里已发展成为一块产业园区,是一个由百老汇剧院群及与演出相关的创意、制作、表演、宣传、售票、融资投资、法律服务、人才培训、行业管理等构成的完整产业体系,并因此产生一条产业链,发挥巨大的经济贡献力。

营造类似纽约等城市的文化氛围所增加的城市魅力不仅仅在于票房收入,还对外来人士包括经商、旅游、国际活动等产生了极大的吸引力。这是一种无形资产,体现的是一个大城市的综合魅力和软性实力,难以具体量化。同时,由百老汇演出带动的经济效益也无比惊人。百老汇通过演出业带动了观光业、展览业、小商品零售业等其他相关产业,并由此达到了约每年50亿美元收入,提供了4400个全职的工作机会,14000人的工作和演出直接相关的,包括在剧院帮助演员安排演出,另外还有演出相关产业的3万多个工作岗位,如一些辅助岗位。而这些相关产业的收入,远远超过了百老汇演出业每年9亿多美元的票房收入,形成了由产业链带来的规模经济效应。

同样,在伦敦西区、芝加哥等地区,这种产业链也产生了巨大的经济效益。而对比纽约百老汇,杭州演出活动的产业化运作还不成熟,演出活动相关的产业链相当薄弱,无法有效地形成第二市场,致使大量的文化资源空置和浪费。

三是本土文化演出品牌匮乏,高端演出无竞争优势。杭州演出市场部分满足了观众的个性需求,但叫好又叫座的演出实在是太少了。调查问卷中,在城市居民"偶尔或从不观看演出"的原因方面,选择"不喜欢"的占30.5%(最多),"没有好的剧目"的占12.7%,杭城居民不是真的"不喜欢"看演出,而是不喜欢看乏味、没有吸引力的演出。同时抽样调查显示,在观看演出方面的支出情况选择400—500元的占23.4%,选择500—1000元的占20.8%(见表6-6),这表明票价也不是决定杭城居民观看演出的唯一因素,大家也愿意花高价看演出,关键是演出是否值得看,是否让观众觉得物有所值。

拥有自己的演出品牌是都市演出产品走向全世界的基础和前提,杭州演出市场虽然已有一些优秀的自创性作品,也取得了不错的口碑,但总体来说数量少、盈利小、吸引眼球的演出不多。反观近几年形成极大轰动效应的演出却是引进的百老汇音乐剧《音乐之声》《猫》,以及德国斯图加特西南广播交响乐团、俄罗斯芭蕾舞团,票房收入令本土演出剧目望尘莫及。因此,长期以来国内向海外输出的文化演出项目,在国际演出市场上基本都处于中下等水平,无法取得很好的影响力和经济效益。杭州高端演出市场也大多被引进的国外演出项目所占据，这与杭州致力于打造与世界名城相媲美的"生活品质之城"不相称。

四是剧院群聚效应弱。从国外成熟的演艺业发展状况来看，剧院在一定范围内聚集，形成特色的聚集区，有利于有效整合资源，发挥整体优势，产生集聚效应。在欧美，代表一个城市的往往是规模化、品牌化的剧院区，而不是一个个独立、分散的剧院。规模化的剧院运作模式，对于一个城市文化演出活动的持续健康发展相当重要。

在一定范围内剧院聚集，形成富有特色的聚集区，有助于发挥集聚效应优势。在剧院聚集区，可以发挥各个剧院各自的优势，有效整合资源，发挥单个剧院难以具备的整体优势，形成一个城市极具吸引力的区域。同时，这样的区域相当容易产生扩散效应，带动其他产业的发展。

纽约百老汇剧院区及其产业带动周边区形成的外百老汇（Off-Broadway）、外外百老汇（Off-Off-Broadway）地区剧院星罗棋布，总数有530家之多。伦敦西区SOHO地区则集中了全伦敦100多家剧院中的40余家，日本东京银座也是剧场最密集的区域。这些都是世界范围内群聚效应发挥作用带动相关产业蓬勃发展的极佳例子。

在杭州，近年来对剧院的建设脚步不断加快，规划上也越来越注重空间布局的合理化。然而具有集聚效应的剧场群、剧院区还未形成，剧院发展大多数还是各自分散的，没有一个机构来统筹协调整合各种剧院资源，进行规模化的运作。这不利于发挥现有剧院的整体优势，无法更好地为杭州各类文化演出活动提供高起点、高水准的平台。

五是演出类型单一。可以推测，观众对于不同的演出类型兴趣度是不同的,同时所愿意支付的票价也是不一样的。但究竟演出类型与票价间的关系是怎样的?观众对待不同演出类型所给予的兴趣又是多少?对此我们进行了调查研究。结果显示,受访者愿意观看的演出类型由高到低依次为:流行演唱会、音乐会、戏曲、杂技、歌(舞)剧、动画、话剧。

仔细分析可以发现,这个结果具有较强的合理性。明星已经成为影响人们接受某一事物的重要因素之一,对于一些自己喜爱的大牌明星,观众不仅喜欢观看,而且往往愿意承受极高的票价,在高端价位中表现尤为突出。正是因为一部分人愿意为演唱会支付过高的票价,才拉动了演出平均票价的提升。同理,还有没列出的综合性晚会也应该会因为涉及明星而广受欢迎。

而譬如传统曲艺、舞蹈等,需要观赏者本身具备一定的文化素质与欣赏水平,在现今情况下,这类观众群体应该以中老年居多,不过杭州具有特殊性,它本身是历史文化名城,越剧影响深远。因而年轻人虽对传统曲艺的兴趣衰减,但是拥护者仍然众多。不过比起占41.0%的人选择流行演唱会,只有25.8%的人选择戏曲,相差近一半,这说明"国粹"正逐渐与现代人拉开距离,其中深厚的文化底蕴亦很少得到应有的重视与认识。这不能不说是一种令人感到悲哀的现象,但却也是短时间内无法改变的现实。同时,舞蹈被排到较靠后的位置,可能与其艺术形式较为单调相关。此外,话剧得到了最低的平均值,其原因可能有三:其一,此类演出很少,被调查者对之了解最少、兴趣最低。其二,话剧是外来剧种,群众基础薄弱。其三,话剧也许很精彩,但比起演唱会,这个剧种大家熟知的明星少;比起越剧,缺少广泛的群众基础;比起电影,又没有特别的手段表现宏大的场面(见表6-7)。

综上,可以得出结论,即演出类型对于观众的兴趣影响是显而易见的。因而对票价的影响是极为直接的，而演出类型的这种影响作用归结起来分为明星和艺术性两方面。

表6-7 城市居民主要观看演出的类型

主要观看演出类型	比例（%）
音乐会	32.7
歌（舞）剧	19.9
话剧	8.7
杂技	20.2
戏剧	25.8
流行演唱会	41.0
动画	11.4
其他	10.0

四、杭州都市文化演出发展的对策建议

（一）加大剧目创新、管理创新、营销创新力度

注重创新具体体现为剧目创新、管理创新、营销创新等方面。杭州拥有非常丰富的文化资源，然而杭州乃至全国的演出市场长期以来火爆的往往是外来引进的文化演出，本土演出在市场上常常陷入低迷的境地，无法吸引观众走进剧场观看。

究其原因，首先是缺乏创新，传统老旧的表演形式与内容在观众中丧失了吸引力。创新是艺术作品的生命源泉，《印象西湖》《宋城千古情》《西湖之夜》的火爆，让我们看到了创新的重要价值，其节目的创意让古老传统的中华民族艺术，借助高科技多媒体的包装手段焕发出绚烂的生命力。

其次是演出活动缺乏经营管理创新。目前演出市场还停留在

低层次的商业模式经营中,需要充分借鉴现代企业的经营管理方式和管理制度。2006年10月组建成立的股份制杭州杂技总团演艺有限公司是一个极好的例子,它由成立于1957年的杭州杂技总团改制而成。公司成立近三年来,节目创造、资源整合、人才培养、宣传营销等得到全面提升,使公司在项目运作中不断发挥经营管理和人力资源管理等方面的巨大创新优势,保证了演出的高水准、高质量。自创的杂技节目《脖支高椅》《双爬杆》《头顶圈》在公司成立后获3项国际大奖。至目前为止,演出场次近400场,演出总收入近300万元。

再次,文化产品的营销手段创新,对于演出产品的知名度、影响力有极为关键的提升作用。以上海成功引进迪士尼音乐剧《狮子王》为例,其在上海演出时采取的突破式营销使其每场演出的出票率都保持在98%以上,有时甚至出现"一票难求"的情况,创造了中国演出市场的一个神话。《狮子王》实施"低成本、立体式、网络化、全覆盖"的宣传推广策略,采取多渠道、多层次和全方位的宣传力度,最终在2006年夏天创造出了"狮子王效应"。

(二)做好演艺人才培养工作

繁荣文化,关键在于人才。提高建设先进文化的能力,提高创作生产的能力,离不开人才建设。2008年,杭州大力实施"青年文艺家发现计划",出台文艺创作的激励机制,对引进的高层次优秀文艺人才,开辟绿色通道,实行特事特办的方式,从优从快解决住房、户籍、子女上学等问题。对获得政府奖或国际大奖的作品,根据等级给予原奖励金额5—10倍的一次性再奖励。从2009年起,杭州市财政每年安排3000万元专项资金实施"青年文艺家发现计划",打造青年文艺家"人才高地"。"发现计划"包括选拔、培养、引进、使用、考评等环节,有一个完整的"制度链"予以保障和实施,并与发展文化创意产业、繁荣演出市场有机结合起来。

具体地讲,演出市场的繁荣发展需要的不仅仅是顶尖的艺术创作人才,更需要既熟悉文化产品又懂得经营管理的复合型人才。优秀剧目的成功引进和推出依靠这些高素质的人才发挥作用,进行策划、组织、洽谈、协调、设计、推广等工作。目前杭州的演出市场上这种高素质的人才还是相当匮乏的。必须注重对人才的培养,完善人才培养体系。这可以从行业内部培养、高校教育培养和健全经纪人制度等方面着手:一是行业内部培养,即对本行业和相关行业的从业人员进行培训。他们的优势在于有实际工作经验,对该行业已经比较熟悉,掌握了一定的相关知识和专业技能,对他们经常性地进行一些具有针对性的短期培训,使得他们可以更好地适应岗位需要。二是学校教育培养。要为演出行业不断地输入新鲜血液,必须在高等教育中重视相关人才的培养。目前杭州高校教育中已经开始进行相关工作,如浙江传媒学院等校开设了文化产业管理专业。这种将培养艺术管理人才纳入高等教育体系的人才培养战略,将为杭州未来的演出市场注入更多的生力军。三是健全经纪人制度,培养演出经营人才。演出经纪人在演出的运作中起到的作用越来越重要,但是目前演出市场上经纪人素质低且管理状态相当混乱,因而必须建立健全演出经纪人管理制度,采取联合办学、集中培训、示范引导等方式,培养出一批市场经营人才。

(三)培育都市文化演出市场,引导文化演出消费

演出市场要注重培育观众,普及艺术教育和艺术欣赏,提高艺术修养,引导艺术文化消费。目前杭州的艺术教育只是少数艺术院校的专利,导致艺术教育在一定程度上脱离演艺舞台、脱离市场需求。对大众的艺术教育更多地可以靠拥有演艺资源的机构,如剧院、剧团、协会等,通过这些机构定期或不定期地举办各种艺术

讲座、欣赏会等,为公众提供各种艺术教育,提升欣赏高雅艺术的鉴赏力,即培养潜在观众。另外,任何教育都应从小抓起,艺术教育与熏陶也不例外。因此,这些机构应加强与学校合作,经常组织艺术家到学校传授知识与技能,让艺术直接进课堂,使学生更为直接、真切地了解和感受艺术,从而培养未来的消费群体。2006年,浙江省开展"民族艺术进校园"活动,大力推广中国传统戏曲。省政府出台一系列政策,扶持院团进校园演出,其中就包括浙江小百花越剧团的"爱越新蕾计划",即从2006—2016年的10年间,每年选择有条件的小学、中学、大学举行越剧专场演出。在嵊州,幼儿园和小学分别组建"小小越剧团""娃娃越剧团"等学生社团,让学生了解越剧、喜爱越剧、会唱越剧。在一切以市场为风向标的市场经济时代,加强越剧等优秀传统文化艺术的市场开发,研究探讨戏曲的市场策略,培育青年观众,对于戏曲未来生存与发展有着极为重要的作用。此外,要形成大众对文化演出的消费习惯,政府也应制定相关政策,鼓励社会力量、吸引资金来支持全社会开展艺术教育。

(四)打造演出品牌,提升文化演出品质

本土演出品牌的匮乏,致使杭州在高端演出市场缺乏竞争力。而要打造出具有国际竞争力的品牌,一定要注重国际化与发挥民族特色。目前阶段,引进国际顶尖的人才与本土人才结合,按照国际水准和国际惯例来制作和运营不仅符合本地观众,同时也符合国外观众审美观念的高质量演出精品。在力求国际化的同时,还要充分发挥民族特色。只有民族的,才是世界的。越具有民族特色的演出产品,在世界文化舞台才越具有亮点,才越能焕发持久的生命力。彰显江南特色、融合人文因素,加入高科技手法和时尚元素,以"名湖、名家、名作"为主要特点的《印象西湖》,项目的方案设计充分考虑环保、绿化、安全等因素,各项技术、设备全部采用国内乃至国际上最先进最环保的方案，采用国际化的创作和运作手段，由世界级的音乐巨匠喜多郎先生受邀出任音乐主创，同时充分挖掘和利用中国尤其是江南的民族特色，才使得其吸引了大量海内外观众，取得巨大成功。以全球化的视野重新审视和包装源远流长的中华传统文化，兼顾国际化与民族特色，无疑是杭州打造本土品牌、提升竞争力所必须贯彻实施的策略。

同时，要消除"文化赤字"，缩小文化贸易逆差，就一定要实施文化产业"走出去"战略。加入 WTO 以后，扩大文化产业的对外开放将成为中国文化产品、文化企业、文化产业集团走向世界市场，参与国际文化市场竞争的重要措施。因此，要大力推动文化产业"走出去"战略的实施，大力支持国内文化企业进行海外投资，积极开辟"第二战场"，直接进入国际文化市场；努力扶持培育涉外文化产业，完善对外文化贸易政策，尽快缩小文化贸易逆差，让中国从文化进口大国变为文化出口大国。因而，杭州也要顺应大势所趋，积极打造本土品牌，立足创新，实施文化产业"走出去"战略。

（五）构建文化演出产业链，降低票价

目前，杭州演出市场票价普遍偏高，这是导致市民观看演出较少、难以形成大众文化消费市场的重要原因。不合理的高票价主要是因为目前大多数演出周期较短，甚至有些只演一两场，较少的演出场次必然导致单位成本过高，这种高成本最终必然会转嫁到消费者身上。其结果是观众的消费主要花在票价上，少了其他相关的消费，致使无法产生多元化的利润增长点，无法形成合理的产业链。

要降低票价，使票价趋于合理化，就要努力延长演出活动的周期。《宋城千古情》近年每年演出 1000 场，观众人数达 2000 万人次，被海外媒体誉为与拉斯维加斯"O"秀、法国"红磨坊"比肩的"世界三大名秀"之一。该演出初始投入6000万元,年创收达到约2亿元,无疑使演出项目加速运转,大幅度降低了产品成本,提升了资金回报率。另外,应进一步细分市场,针对不同的细分市场实施弹性票价策略。比如在平时制定比周末更低的票价,对特殊群体如学生等实施优惠票价等,使票价更趋合理、大众受益,从而培养市民定期观看演出活动的习惯。

另外,要促进相关消费,催化产业链形成。目前,演出市场主要收入一般靠票房收入,另外还包括财政补贴收入,相关消费收入所占比例相当微弱。今后要通过开发推广衍生产品、加强演艺服务等各种手段,促进相关消费,挖掘演出市场的消费潜力。不仅如此,更要充分利用杭州休闲文化的品牌功能,使杭州成为文化演出商机的集散地、全国文化生产与服务的基地、文化资源调配的枢纽。这就需要杭州整合各方有效资源,促进演出市场产业链的形成。

(六)采取措施,全面推进文化演出市场化

要推进演出市场的全面市场化,必须要在观念、体制、营销等各个方面加强努力。

观念上,对于演出艺术作品,不仅要注重社会效益,也要注重经济效益。强化市场观念,坚持"尊观众为上帝"的宗旨,演出产品的生产、营销要围绕这一宗旨进行。

体制上,建立现代企业制度是演出项目成功的保证。在目标管理、资产经营管理、市场开拓管理等方面,建立起现代企业制度的管理架构,以全新的运行方式摆脱原来事业体制在运行中的种种束缚。

营销上,以市场为导向,必须对市场需求和消费对象进行调查分析,找准市场定位。要改变过去市场被动接受的状态,树立积极宣传营销的观念。充分利用现代传媒和网络优势,建立起一体化、系统化、规模化的宣传营销网络。另外，规范演出市场必须加强法制观念，将演出市场的管理纳入法制轨道，引导企业的生产经营活动，营造一个公平竞争的环境。

G20峰会的成功举办及2022年亚运会的承办都是杭州演出活动大发展的重要契机。杭州的演出市场应该构筑健全统一的、竞争有序的现代演出市场体系，积极引导演出市场从低级产业形态走向高级产业形态，使杭州演出市场不断成熟与繁荣，走市场化的竞争道路，实现杭州演出市场的国际化。以世界舞台为目标，杭州的都市文化演出活动必将飞速发展，成为城市经济的重要助推器，带动和促进文化创意产业的发展。

第四节　杭州戏剧人才队伍建设

戏剧事业是社会主义文化建设的重要内容，戏剧人才队伍建设是戏剧事业繁荣与发展的基础工程。2005年8月，浙江省委第十一届八次全会审议通过的《关于加快建设文化大省的决定》提出了要大力实施包括"文化人才工程"在内的文化建设"八项工程"，而且提出要按照人才强省的总体部署，在文化领域重点培养"五个一批"人才，建立和完善人才培养机制，制定和实施人才培养计划，创新人才培养机制。作为全省文化引领和标杆的杭州，其戏剧人才队伍建设尤为重要。

一、戏剧人才队伍建设的重要意义

（一）有利于发展繁荣杭州文化事业，进一步提升市民文化生活品质

一方面，在经济发达的杭州地区，随着市民生活水平的不断提

高,其精神文化需求也在不断增长,其中就包括对戏剧的精神文化需求;另一方面,由于"钱塘自古繁华",杭城历来是全省的文化中心,特别是由于近代以来越剧在杭州市民生活中占据相当重要的地位,戏剧成为他们的重要文化生活方式和文化消费内容。故而,为了落实以人为本的科学发展观,进一步提升杭城市民的文化生活品质,促进杭州文化事业的大繁荣大发展,必须高度重视戏剧事业发展和戏剧人才队伍建设。

(二)有利于打响杭州戏剧的品牌,促进戏剧演出市场繁荣

四大名旦与京剧的繁荣,众多影视明星与当今影视文化的繁荣,这些历史和现实都充分表明,戏剧的繁荣、戏剧品牌的打响离不开优秀戏剧人才的培养。只要有名角做支柱、有名角领衔和压台,相关戏剧便能生机勃勃,相关剧团便能赢得观众和市场,取得良好的经济和社会效益。茅威涛与浙江小百花、萧雅与浙江舟山越剧团,便是有名角之谓的优秀戏剧人才与戏剧、剧团共生共荣的典型。故而,为了打响杭州戏剧的品牌,促进杭州戏剧演出市场的繁荣,必须加强戏剧人才队伍建设,以更多的名角吸引更多的戏剧观众,获得更好的经济效益,创造更辉煌的艺术成就。

(三)有利于保护戏剧文化遗产,传承优秀传统文化

作为中华民族具有代表性的舞台艺术,戏剧是我国非物质文化遗产家族中的重要成员。在我国数次公布的各级非物质文化遗产名录中,戏剧占有相当大的比重。令人忧虑的是,在市场经济大潮席卷各个角落的时代,传统戏剧的生存空间越来越小。许多传统戏剧的传承人日渐稀少,人亡艺绝的现实危机越来越大。为了防止这种危机,为了替我们的子孙后代留下更多的文化遗产和文化"基因",我们必须抓住戏剧人才队伍建设这个关键环节,培养更多优秀青年戏剧人才,使这些优秀的传统文化生生不息。这些规

律和道理对杭州的戏剧事业发展同样适用,像杭剧及观众群体小的地方戏种便面临着传承难的挑战,面临着人才培养难的艰巨任务。

二、全市戏剧人才队伍现状

(一)人才队伍基本情况

目前,杭州拥有19个国有艺术院团(省属7个,市属6个,区、县属6个),从业人员1460人;民间职业剧团69个。6个杭州市属国有艺术院团,其中杭剧改革组和滑稽艺术剧院为"两块牌子一套班子",其他5个分别为歌剧舞剧院、越剧院、杂技总团、话剧团及2009年成立的杭州爱乐交响乐团。

以杭州滑稽艺术剧院演艺有限公司、杭州爱乐乐团、杭州歌剧舞剧院、杭州杭剧改革组、杭州话剧团、杭州越剧院和杭州杂技总团为统计对象,人才队伍总数达404人,其中女性人数为198人,占总人数的49.01%。

根据学历统计分布情况来看(见表6-8),拥有硕士研究生学历及以上的人数为21人,占总人数的5.20%;拥有大学本科学历的人数为117人,占总人数的28.96%;拥有大学专科学历的人数为113人,占总人数的27.97%;拥有中专学历的人数为89人,占总人数的22.03%;拥有高中及以下学历的人数为64人,占总人数的15.84%。

根据年龄结构统计分布情况来看(见表6-9),年龄在35岁及以下的人数为253人,占总人数的62.62%;年龄在36岁至40岁的人数为38人,占总人数的9.41%;年龄在41岁至45岁的人数为42人,占总人数的10.40%;年龄在46岁至50岁的人数为35人,占总人数的8.66%;年龄在51岁至54岁的人数为22人,占总人数的

5.45%;年龄在55岁及以上的人数为14人,占总人数的3.47%。

从学历分布及年龄结构来看,人才队伍都呈现出金字塔型的良好趋势。这也为以后的队伍发展和建设打下了良好的基础。

表6-8　杭州市各剧团学历统计列表

单位:人

	总人数	女性人数	硕士、博士研究生	大学本科	大学专科	中专	高中及以下
杭州滑稽艺术剧院演艺有限公司	38	12	0	2	13	11	12
杭州爱乐乐团	65	23	18	46	1	0	0
杭州歌剧舞剧院	130	59	3	40	47	27	13
杭州杭剧改革组	9	4	0	1	0	6	2
杭州话剧团	17	6	0	6	2	0	9
杭州越剧院	80	58	0	21	40	11	8
杭州杂技总团	65	36	0	1	10	34	20
总计	404	198	21	117	113	89	64
占比	10.00%	49.01%	5.20%	28.96%	27.97%	22.03%	15.84%

表6-9　杭州市各剧团年龄统计列表

单位：人

	总人数	女性人数	35岁及以下	36岁至40岁	41岁至45岁	46岁至50岁	51岁至54岁	55岁及以上
杭州滑稽艺术剧院演艺有限公司	38	12	20	5	6	4	2	1
杭州爱乐乐团	65	23	63	0	1	0	0	1
杭州歌剧舞剧院	130	59	81	11	9	14	11	4
杭州杭剧改革组	9	4	1	4	1	0	2	1
杭州话剧团	17	6	0	1	1	7	2	6
杭州越剧院	80	58	44	11	15	5	4	1
杭州杂技总团	65	36	44	6	9	5	1	0
总计	404	198	253	38	42	35	22	14
占比	100.00%	49.01%	62.62%	9.41%	10.40%	8.66%	5.45%	3.47%

（二）各团体的人才队伍情况

①杭州滑稽艺术剧院演艺有限公司。杭州滑稽艺术剧院演艺公司的人才队伍共有38人，其中女性人数为12人，占比31.6%；党员人数为6人，占比15.8%。

根据学历统计分布情况来看,拥有大学本科学历2人,大专学历13人,中专学历11人,高中及以下学历12人。

根据年龄结构统计分布情况来看,35岁及以下为20人,36岁至40岁为5人,41岁至45岁为6人,46岁至50岁为4人,51岁至54岁为2人,55岁及以上1人。

根据职称分布情况来看,高级职称人才6人,正高级1人,中级职称有9人,初级职称有15人,未聘任专业技术职称的为7人。

与上述总平均数据相比,杭州滑稽艺术剧院演艺有限公司的人才梯队建设比较良好,整体的占比均为金字塔型的人才供应体系,职务分布也比较合理,属于比较成熟的一个剧团人才队伍。

②杭州爱乐乐团。杭州爱乐乐团的人才队伍共有65人,其中女性人数为23人,占比35.4%;党员人数为9人,占比13.8%。

根据学历统计分布情况来看,拥有研究生学历18人,大学本科学历46人,大专学历1人,中专学历0人,高中及以下学历0人。

根据年龄结构统计分布情况来看,35岁及以下为63人,36岁至40岁为0人,41岁至45岁为1人,46岁至50岁为0人,51岁至54岁为0人,55岁及以上为1人。

根据专业技术岗位统计情况来看,高级职称2人,中级职称2人,初级职称61人。

从爱乐乐团的人才队伍数据可以发现,这是一个建立在良好市场环境中的高素质人才建设梯队。整个乐团的整体素质非常高,几乎均为大学本科及以上学历,而由这样的人才组成的团队在各方面表现都将是非常出色的。良好的综合素质为爱乐乐团在未来的发展奠定了坚实的基础。

从专业技术岗位来看,高级职称与中级职称的管理型人才已经到位,并会对乐团未来的发展方向做一个很好的规划。从高素质的初级职称人员中，去挑选优秀的复合型人才出来，也是爱乐乐团未来发展的一项重要工作。

③杭州歌剧舞剧院。杭州歌剧舞剧院的人才队伍共有130人，其中女性人数为59人，占比45.4%；党员人数为31人，占比23.8%。

根据学历统计分布情况来看，拥有研究生学历3人，大学本科学历40人，大专学历47人，中专学历27人，高中及以下学历13人。

根据年龄结构统计分布情况来看，35岁以下为81人，36岁至40岁为11人，41岁至45岁为9人，46岁至50岁为14人，51岁至54岁为11人，55岁以上4人。

根据专业技术岗位统计来看，高级职称46人，中级职称37人，初级职称47人。

从数据上看，杭州歌剧舞剧院这两年在人才建设上的成绩非常显著。首先，从人才年龄结构上看，35岁以下的年轻人占比非常高，但是之后的每个年龄层呈下降趋势，即体现在近几年时间里，杭州歌剧舞剧院广纳贤才，并为后期的人才队伍综合素质提升做好充分的人才储备。其次，看到人才队伍综合素质能力的稳步提升，因为歌剧舞剧行业的特点，需要的是舞台经验的积累，所以良好的高等教育及专业教学对于歌舞剧发展会有很大的影响。

④杭州杭剧改革组。杭州杭剧改革组的人才队伍共有9人，其中女性人数为4人，占比44.4%；党员人数为4人，占比44.4%。

根据学历统计分布情况来看，拥有研究生学历0人，大学本科学历1人，大专学历0人，中专学历6人，高中及以下学历2人。

根据年龄结构统计分布情况来看，35岁以下为1人，36岁至40岁为4人，41岁至45岁为1人，46岁至50岁为0人，51岁至54岁为2人，55岁以上为1人。

根据专业技术岗位统计来看,高级职称4人,中级职称3人,初级职称2人。

从数据上看,杭剧改革组和杭州滑稽艺术剧院演艺有限公司类似,在学历分布上不占优势,与杭剧自身的特殊性有关,需要从小培养。年龄相对其他演出剧团而言偏大,但经验积累丰富。

⑤杭州话剧团。杭州话剧团的人才队伍共有17人,其中女性人数为6人,占比35.3%;党员人数为1人,占比5.88%。

根据学历统计分布情况来看,拥有研究生学历0人,大学本科学历6人,大专学历2人,中专学历0人,高中及以下学历9人。

根据年龄结构统计分布情况来看,35岁以下为0人,36岁至40岁为1人,41岁至45岁为1人,46岁至50岁为7人,51岁至54岁为2人,55岁以上6人。

根据专业技术岗位统计来看,高级职称14人,中级职称3人,初级职称0人。

从数据上看,杭州话剧团人才队伍的数据并非良性,但是从话剧团本身的特点来看,又是合情合理的。话剧在现有社会中的发展与生存,更多是依赖老一辈的表演艺术家以文化传承的形式继续发扬,所以在年轻队伍建设上,相比于歌舞剧团或者乐团而言,肯定会有一定的滞后性。而且话剧人才培养没有固定模式,在高等教育过程中也没有良好的培养环境,这才是导致话剧人才稀缺的主要原因之一。

⑥杭州越剧院。杭州越剧院的人才队伍共有80人,其中女性人数为58人,占比72.5%;党员人数为11人,占比13.75%。

根据学历统计分布情况来看,拥有研究生学历0人,大学本科学历21人,大专学历40人,中专学历11人,高中及以下学历8人。

根据年龄结构统计分布情况来看,35岁以下为41人,36岁至

40岁为11人,41岁至45岁为15人,46岁至50岁为5人,51岁至54岁为4人,55岁以上1人。

根据专业技术岗位统计来看,高级职称46人,中级职称21人,初级职称13人。

这个女性占比最高的剧团,从年龄结构来看,跟杭州歌剧舞剧院的整体结构非常相近,35岁以下的年轻人才队伍建设在近几年中比较明显,而且上层的人员结构也呈良好的金字塔型结构表现。更为重要的一点是,从专业技术岗位角度来看,很多年轻的优秀演员已经提升到了中级甚至是高级的技术岗位了,这对未来整个杭州越剧院的人才队伍建设来讲,是具有非常积极的推动作用的。

⑦杭州杂技总团。杭州杂技总团的人才队伍共有65人,其中女性人数为36人,占比55.4%;党员人数为4人,占比6.15%。

根据学历统计分布情况来看,拥有研究生学历0人,大学本科学历1人,大专学历10人,中专学历34人,高中及以下学历20人。

根据年龄结构统计分布情况来看,35岁以下为44人,36岁至40岁为6人,41岁至45岁为9人,46岁至50岁为5人,51岁至54岁为1人,55岁以上0人。

根据专业技术岗位统计来看,高级职称11人,中级职称22人,初级职称32人。

从学历统计数据(见表6-8)来看,杭州杂技总团的数据展现是最不理想的,但是恰恰表现出了杂技这个戏剧种类的特殊性。从社会本身的发展规律来看,民众对杂技的认可只是看而非练。所以,杂技总团在人才的选择和培养上遇到了非常大的困难,选择面也非常小。在这样的环境中,还有如上数据,就真的难能可贵了;尤其是队伍的人员年龄结构(见表6-9)的表现,与杭州越剧院、杭州歌剧舞剧院基本相近。较高的年轻演员占比将是推动杂技在杭州推广发展的重要力量。

三、杭州戏剧人才队伍建设取得的成就

为了更好地帮助杭州各剧团在人才队伍建设上尽快实现"以高素质的戏剧人才队伍带动戏剧文化的快速发展"的目标,杭州建立了"三位一体"的戏剧人才队伍建设保障机制,高度重视人才培养,并在培养人才、合理用好人才、留住人才、大胆引进人才上,取得了有目共睹的好成绩。

(一)多形式、多层次、多渠道地培养戏剧人才

人才的培养和建设,一定不能局限于简单的模式,而应该更多地将人才"送出去"和"引进来",不断吸收更新专业知识,才能有效地提升人才队伍的实际业务能力。通过不定期邀请国内外知名艺术家来指导戏剧队伍的训练,并建立和完善业务抽查考试制度,才能使每一位演员、演奏员每年都在考核的过程中取长补短,不断进步。同时,一线担纲演员为年轻演员排戏,时刻不忘艺术的传承,通过言传身教,确保薪火相传。以演出作为考试内容,并积极参加各种大赛和学习,为他们创造各种机会和条件,才能既保证人才队伍的优良,提高演出的质量,又能推进剧团本身的发展。

作为人才队伍建设的摇篮,浙江艺术职业学院也在杭州戏剧人才队伍建设过程中扮演着非常重要的角色。通过举办青年戏曲表演人才(花旦)高级研修班,由市文化主管部门申报推荐,从各专业戏曲表演团体中选拔优秀青年戏曲(花旦)表演人才参加高级研修班学习,邀请国内著名戏曲(花旦)表演艺术家担任主课老师,较完整地构建了杭州市艺术人才培养的体系。

(二)制度的保障使杭州艺术人才硕果盈枝

2008年,杭州市财政每年专门拨款3000万元,设立"杭州青年

文艺家发现计划专项经费"，用于杭州青年文艺家发现、培养和引进。已在国内外享有较高声誉、成就丰硕的大师级人物来杭居住，参照杭州市高层次人才引进的相关规定，采用"一人一策"的办法，给予安家补贴或安置房；有突出贡献的文艺家，按照专家排序逐步解决，每年市里安排100套以上突出贡献人才专项用房，用于解决杭州文艺人才住房困难问题；白马湖生态创意城等处将建廉租房，每年安排一定数量的经济适用房和廉租房，视情况适当放宽年龄和户籍限制，给予杭州青年文艺家住房指标。资金和住房的保障解决了人才后顾之忧，目前杭州已越来越成为全国文艺人才的向往之地。

青年文艺家发现计划实施以来已取得显著成效，已有著名国画家潘公凯，著名作家、剧作家刘恒、邹静之、麦家、余青峰，著名台湾剧作家赖声川，漫画家蔡志忠、朱德庸，美国好莱坞著名导演皮托夫等20余位文艺大家相继签约杭州西溪创意产业园或凤凰国际，进驻并开办个人工作室。杭州还相继举办了杭州青年艺术家联展、青年文艺家培训、首届中国杭州青年数字电影大赛和第四届"天堂儿歌"创作和演唱比赛；注册成立了杭州文联动漫影视创作中心，并以此为平台，聚集杭州市影视动漫创意方面的精英人才，参与创意策划工作。各种人才的集聚活跃了艺术气氛，为戏剧市场发展提供了多类型、全方位的人才供给。

（三）打造全方位平台

宣传文化系统"五个一批"人才为重点，在各支优秀人才队伍范围内，资助有一定艺术成就和继续培养潜力的业务尖子举办个人艺术专场，选拔青年创作人员创作优秀新作品，组织新作品演展周活动，并加大新闻宣传和市场推广的力度，努力提高青年艺术人才的知名度和影响力。在各优秀表演团体中选拔优秀人才，精心培养、重点包装、加大宣传，为拔尖表演人才营造良好的成长环境。支持浙江艺术职业学院与浙江小百花越剧团等重点越剧表演团体联手开办重点培养优秀新人的越剧专业委培班，加强艺术院校为戏剧表演团体输送优秀新苗的"造血功能"。

充分发挥省、市文联、剧协的作用，三年一届的浙江省戏剧节和2012年首届西湖国际戏剧节的举办，都将为戏剧人才特别是青年人才的培养提供更多的平台展示和奖励。首届西湖国际戏剧节上，有来自英国、法国、奥地利等国家和地区及杭州本土的15部风格各异的好戏，如来自法国的明祖舞蹈团《影舞》，来自英国的新剧作《消失的地平线》，来自奥地利的《尼采的肢体》；还有我国国内优秀导演裴魁山的《一出梦的戏剧》，萧薇导演的《前科》，以及赵淼导演根据蒲松龄《聊斋志异》改编的《水生》……这次戏剧节由国内顶级戏剧导演孟京辉亲任艺术总监。这些都有助于本土戏剧人才更多地接触到国内和国际顶尖人才，拓宽视野，积累舞台经验。

（四）戏剧人才队伍建设成就有目共睹

在多渠道、重制度、全平台的机制保障下，杭州各戏剧人才队伍建设取得了可喜成绩。截至2013年，杭州越剧团共培养出5个中国戏剧梅花奖、2个白玉兰奖、2个文华表演奖演员及文华导演奖、文华舞美设计奖、中国戏剧导演奖、优秀演员奖、作曲奖、舞美设计奖和越女争锋金奖等。文华导演奖获得者展敏，是第一个被送到上海戏剧学院学习导演的。学成回团后，好戏迭出，由他导演的《新狮吼记》《一缕麻》两年内推出了陈雪萍、徐铭两位梅花奖演员；由他导演的杭越版《红楼梦》一经推出便轰动戏曲界，好评如潮。杭州还引进了国家一级演员郑国凤和国家一级作曲李燕华、汤小东，编剧张传强等艺术人才。"家有梧桐树，引得凤凰来。"杭越的人才队伍不断壮大，有"高手如林"之态势。经过多年的努力，杭越现已成为与上海越剧院、浙江小百花并称为越剧界"三足鼎立"的行业强旅，硕果累累，享誉海内外，取得了突出成绩。

在杭州市委、市政府和杭州文化广播电视集团的大力支持下，杭州爱乐乐团虽然成立时间不久，但成绩瞩目。年轻的艺术家们用自己的激情与活力，为中国交响乐的发展谱下了一曲曲优美的乐章。2009年9月第一个音乐季以来，乐团曾与许多国外知名艺术家合作，如以色列小提琴家、指挥什洛莫·敏茨，斯图加特爱乐乐团音乐总监加布里埃尔·费尔茨，新勃兰登堡爱乐乐团音乐总监史蒂芬·马佐，德国指挥家克劳斯·韦瑟，中国台北长荣交响乐团艺术总监葛诺·舒马富斯，奥地利指挥约翰内斯·瓦德纳等。曾经同台的独奏音乐家有美国小提琴家、指挥家约瑟夫·希尔维斯坦，美国钢琴大师加里·格拉夫曼，韩国钢琴家白建宇、意大利长笛演奏家马西莫·梅塞里等。另外，柏林爱乐乐团的首席音乐家们是杭州爱乐的常客，低音单簧管曼弗雷德·普雷斯、小号首席塔马斯·瓦伦斯基、圆号首席史蒂芬·多尔、单簧管首席温泽尔·富克斯、大提琴首席路德维希·匡特、低音提琴首席艾司科·莱恩、长号首席克里斯哈德·古瑟陵等都曾在杭州流连忘返。与此同时，国内的知名艺术家们也和杭州爱乐乐团密切交流，作曲家、指挥家何占豪，作曲家、指挥家谭盾，指挥家卞祖善，指挥家陈燮阳，指挥家俞峰，指挥家张国勇等都曾多次执棒杭州爱乐乐团；钢琴演奏家郎朗、许忠、陈萨，小提琴演奏家徐惟聆、吕思清、钱舟、李传韵、黄蒙拉，大提琴演奏家王健等世界级音乐家也屡次登上杭州爱乐的舞台。除此之外，乐团还与廖昌永、戴玉强、张建一、袁晨野、张立萍、黄英、孙秀苇、杨洁等活跃于国际舞台的著名演唱家进行了成功的合作，得到了艺术家们高度的肯定和赞誉。乐团多次携手上海歌剧院合唱团，成功举办了多场激动人心的音乐会，尤其是首演的贝多芬《D小调第九交响曲》,让所有人惊叹于一个新生乐团的巨大潜力。在北京大学和国家大剧院成功上演的原创大型交响组曲《中国大运河》和拉赫玛尼诺夫的《E小调第二交响曲》,展示了杭州爱乐乐团这支年轻乐团的激情和实力。年轻,但起点很高;新生,但技艺很娴熟。这就是独有的"杭州爱乐特色",极好地展示了杭州交响乐的风采。

四、杭州戏剧人才队伍存在的主要问题

在人才队伍建设过程中,问题不可避免,尤其是戏剧人才队伍建设,因其本身所具有的特殊性与局限性,更值得我们思考与重视。问题处理得妥当与否,将直接影响文化为传承及民众的精神文明建设。

(一)人才稀少,数量不足

①部分行当的优秀演员匮乏。在传统的文化艺术产业,如果没有优秀的青年演员出来"挑大梁"的话,一旦民众的审美出现了疲劳,那么对于后期文化发展的影响将是非常巨大的,尤其是以"杭剧"为代表的小剧种,群众基础较为薄弱,而且人才储备尤为稀少,如果现在不在人才队伍建设上下功夫,将造成传统文化的缺失。

②从事编剧、导演、服装设计等专门人员少。许多戏剧团体的负责人认为,从艺术角度看,剧团需要配齐这些人才;但从经济角度考虑,剧团经费紧张,要千方百计节约开支,平时最好不养这部分"闲人"。只有搞参赛节目或举办大型文艺活动时,才临时聘请。因此,多数剧团的这方面人才相当缺乏。现在全市的各大剧团,真正的表演演员多少还是可以从高校或者其他渠道获得,但是这些配套的服务人员,尤其是在经济条件不是特别理想的情况下,几乎是很难被留住的。

（二）比例不当，结构欠合理

①老中青年比例不当。有的戏剧团体处于后继无人、青黄不接的状况；有些又过分提倡年轻化，使满台稚气一片，艺术作品缺乏深度。通过前文的分析可以明显地发现，在人才队伍建设过程中，这样的情况会存在一段时间，直到队伍发展成良性循环。

②高、低级职称比例不当。在正常的情况下，高中低职称存在的比例一般为 $1:3:6$，但是对比前文的调查结果，可以发现情况并非如此，甚至会出现一个剧团中高级职称人员竟远远多于低级职称人员人数的情况，杭剧、话剧、越剧均是如此。这自然有剧种成熟、老一辈人才经验丰富的优势，但也存在青黄不接的危机。也有存在如爱乐乐团中高级职称远远少于初级的情况，这就存在缺少"传帮带"的领军人物的问题。因此爱乐乐团的发展模式更多的是"走出去"，去聘请国际高端人才来培训。

（三）部分剧团领导对人才重视不够

在一些剧团中，部分领导者存在轻视人才的错误思想，没有认识到戏剧发展"滑坡"的一个重要因素，是人才的枯竭。所谓"磨刀不误砍柴工"，只有从思想上高度认识到人才队伍建设的重要性和必要性，花大力气去培养优秀的青年演员，才能不断提升戏剧在民众心目中的重要位置，进而创收。

任何在思想上不重视人才队伍建设的剧团，都将走向"传统文化遗失"的一天。这对文化工作者而言，也是最为悲哀的一天。谁都不愿意看到自己成为"历史罪人"的那一天，所以更需要从思想上去重视人才队伍建设，尤其是在如今比较良好的戏剧人才建设形势下，更需要在困境中寻求突破，在突破中寻求发展，真正实现人才队伍素质的提升和戏剧团队的发展。

(四)待遇低,付出与所得不成正比

任何一个愿意将自己的孩子作为戏剧人才培养的家庭,都是需要非常大的决心与勇气的。一个供自己的孩子走上学习戏剧表演道路的家庭,在孩子专业培养上的花费少则几十万元,多则上百万元,远远超出了孩子上普通高中和大学的成本。而在孩子未成名之前,其所得却低于同龄孩子在其他行业的所得,这对于家庭和孩子本身而言是可悲的。更可悲的是,孩子因为走上了戏剧专业这条路,就很难走上其他的工作岗位,文化知识的欠缺、其他技能的不足,让其在职业生涯的发展道路上举步维艰。对此,如何提高未成名青年演员的收入,如何通过个人和单位双方的努力将青年演员推向市场,是重中之重。

五、继续加强杭州戏剧人才队伍建设的建议

文化是民族凝聚力和创造力的重要源泉,是综合国力竞争的重要因素,是经济社会发展的重要支撑,而文化的发展离不开人才的建设。因此,在杭州现有的人才队伍建设的基础上,深化文化体制改革,完善和扶持公益性文化事业、发展文化产业、鼓励文化创新的政策,营造有利于出精品、出人才、出效益的环境。

(一)确立人才是第一资源的观念

戏剧行业人才多,就有希望;人才缺乏,则前途渺茫。戏剧人才是剧团第一资源,其数量与剧团兴衰和戏剧事业的兴衰密切相关。近几年来,全国戏剧界有不少为世人称颂的精品力作,从中不难看出人才在艺术作品中所起的作用。如果没有人才,就不会创作出感人的好戏。

(二)制定优惠政策,吸引人才

当前,多数剧团缺乏从事编剧、导演、服装设计等高层次的专

业人才，对这些紧缺人才必须采取优惠政策加以引进。有了杰出的人才就能编出一个好本子、塑造一个好角色、创作出一首好曲子，甚至能救活一个剧种。为此，要敢于、善于投入，有关部门应克服重重困难，制定工资、福利、住房等方面的优惠政策，吸引众多人才。举个简单的例子，上海淮剧团，近几年始终把人才工作放在战略位置上。该剧团不惜"血本"，用高薪水、解决上海户口等优厚待遇，面向全国招贤纳士。虽然剧团过了几年紧日子，但如今的上海淮剧团已是人才济济，精品满台。那一台台轰动全国、荣获大奖的优秀剧目《金龙与蜉蝣》《西施归越》《真假驸马》《西楚霸王》等，无不凝聚着全国十大青年剧作家罗怀臻等优秀人才的心血。

而在浙江省，为了进一步推动和加强青年艺术创作、表演人才队伍建设，有关部门出台了《浙江省文化厅关于实施青年艺术人才培养新松计划的意见》，杭州市在 2008 年出台青年文艺家发现计划，全方位引进艺术人才，取得了显著成绩。

（三）加大培训力度，多出人才

优化人才培育体系、拓宽培训渠道是造就高层次戏剧人才的必要措施。第一，要加强与中、高等戏剧艺术院校的联系，建立稳定的人才培养基地，保持人才供给渠道的畅通。第二，要提高在职人员的素质。一方面，选派一些有培养前途的业务骨干到高等戏剧院校进行长期或短期深造。另一方面，聘请一些知名专家、学者甚至国际知名人士为所有人员进行授课。开办戏剧表演、导演、作曲、服装设计、舞美、灯光、音响等多门类的短期培训班，普遍提高现有在职人员的业务素质。

①建立政府搭台、乐团唱戏的全新培养模式。在戏剧人才队伍建设的过程中，政府始终扮演着一个非常重要的角色。由政府搭台、爱乐乐团唱戏的培养模式在杭州戏剧界已经众所周知了。

将爱乐打造成杭州文化建设的一张名片,但又不仅仅是一个爱乐。在更多的戏剧团队发展的进程中,政府的全力支持也是非常关键的。而对于这些戏剧团本身而言,放弃固有的"大锅饭"思想,充分整合政府资源,将自身的优势不断发扬光大,并被市场所认可,才是这种全新培养模式的意义所在。

②重视农村戏剧人才培养,给他们提供展示平台。在城市戏剧人才队伍不断发展的今天,有一股力量往往被人忽视但却又不能忽视的,就是农村戏剧人才队伍的建设。农村戏剧人才所处的环境更为艰苦,得到的支持最为短缺。由广大农村戏剧爱好者组成的业余戏剧人才队伍,虽然就专业技能而言与专业剧团有不小的差距,但是他们对于戏剧本身的热情是无法比拟的。对此,在农村戏剧人才队伍建设上,让他们接受专业的培训,例如到浙江艺术职业学院去进修与学习,对于他们在业务能力的提升将起到非常大的作用,会为他们的专业技能带来质的飞跃。

在保证其专业技能提升的同时,为农村戏剧人才队伍提供一个充分展示的平台也是必不可少的,尤其是在资金不充足的情况下,保质保量地演出,将是他们保持对于传统文化艺术热情最大的动力。因为只有让他们在舞台上展示,才能保持他们的积极性,保证他们对于专业的追求,让他们不断地获得满足感和成就感。

③拓展观众群体,获得市场认可。在民众心目中,热爱传统的文化艺术针对的都是中老年人,而一般的青少年观众可能更热衷于其他形式的娱乐方式,然而著名越剧表演艺术家茅威涛的经历,却给我们带来了新的启迪。有一次,茅威涛在大剧院观看《暗恋桃花源》,身边的年轻女大学生认出了她,并自称是她的戏迷。当茅威涛问起"你为什么不来看我们的《梁祝》"时,女大学生不好意思地说:"我把票给我妈妈了。"当时,茅威涛的心情可谓五味杂陈,

"要是看《暗恋桃花源》的年轻观众都能来看我们的越剧，那该多好啊！"从此，她改革越剧，让越剧"年轻化、都市化"，以赢得年轻观众的青睐。如今，浙江小百花通过高校讲座普及，创作符合现代审美与人文精神的作品，逐渐吸引了不少年轻人的关注，形成了规模不小的"粉丝团"。在同行剧团中，浙江小百花剧团也保持着相对较好的演出市场效益。

同理，让我们的传统艺术走进校园，不应仅仅局限于高校，而更应该往中学、小学去拓展。只有从源头上培养孩子们对传统艺术的热爱，才能真正建立传统文化艺术的群众基础。这也是推动文化艺术发展的必经之路。

④关注民间艺术组织，拓宽人才挖掘渠道。不得不承认，越来越多的家长不愿意将孩子送往艺术培养的道路，尤其是在传统艺术表演领域，可供挑选的人才已经越来越少了。而我们的传统文化艺术要发展、要突破，唯有"不拘一格降人才"。因此，可以关注民间艺术组织，走进民间艺术组织，去发现更多优秀的业余人才。也许他们的专业能力有欠缺，但是他们有着对文化艺术的热情这一最原始的驱动力，如果给予他们专业的技能培训，相信会有更多像茅威涛这样的表演艺术家走到舞台上去，给民众带来真正的艺术盛宴。

当我们关注了民间艺术组织，帮助他们去发展、壮大，这对打下更坚实的群众基础，形成良好的文化传承的艺术氛围，更是有百利而无一害。而这也是我们作为文化建设工作者最愿意看到的美好愿景。

后　记

　　2018年年底,杭州在全市宣传思想工作会议上推出《杭州市全面推进文化兴盛行动实施方案(2018—2022年)》,我就想结合多年来研究杭州市基层文化建设的点滴想法,做些相关调查,以期为杭州市"六大行动"补充些数据,提供些思考。

　　我到党建所做研究之后,确定了文化建设研究这个方向,这些年就这方面研究陆陆续续有了一些成果,本书的写作也是长期坚持、持续积累最后瓜熟蒂落的结果。自党的十八大以来,以习近平同志为核心的党中央高度重视文化建设,对文化建设发展提出许多新思想新观点新要求。这意味着文化建设研究迎来了春天。在这样的背景下,我投入其中开展调查研究,将其作为自己的一个重要研究方向,既符合自己的兴趣爱好,又符合国家的发展大局。

　　在开展课题研究过程中,我利用工作之余,走村入户开展了广泛的田野调查,收集了大量的一手资料,同时也使我对杭州基层文化发展有了更为深刻的认识。其间,我在《杭州市委党校学报》《江南论坛》《杭州学刊》(现更名为《创意城市学刊》)、《杭州》《杭州日报》《杭州蓝皮书》(文化卷)等报纸杂志上发表了一系列相关研究成果,这些都为本书的最终完成打下了坚实的基础。

　　由于水平有限及时间仓促,关于杭州文化深层次的理论阐释还有待进一步厘清;又受篇幅所限,一些阐释不能深入展开,这不免留下诸多遗憾。惶惶然,敬请读者批评指正。

本书的出版得到了杭州市社会科学院的资助,在此表示感谢。本书的写作还得到了杭州各区、县(市)委宣传部同仁们的帮助,得到了杭州市社会科学院领导们的关心和指导,得到了杭州市社会科学院经济所周旭霞老师、浙江工业大学马克思主义学院教授肖剑忠及杭州市社会科学院同事们的鼓励和支持,在此也一并感谢,感谢本书责任编辑付出的辛勤劳动。

沈 芬

2020年3月11日

参考文献

1. 习近平.习近平谈治国理政(第二卷)[M].北京:外文出版社,2017.

2. 中共中央文献研究室编.习近平总书记重要讲话文章选编[M].北京:中央文献出版社、党建读物出版社,2006.

3. 朱继东.新时期领导干部意识形态能力建设[M].北京:人民出版社,2014.

4. 刘少奇.刘少奇选集[M].北京:人民出版社,1985.

5. 中共中央文献研究室编.严明党的组织纪律,增强组织纪律性[M]//十八大以来重要文献选编.北京:中央文献出版社,2014.

6. 余秋里.余秋里回忆录[M].北京:人民出版社,2011.

7. 张岱年.文化与哲学[M].北京:教育科学出版社,1988.

8. 田海舰,邹卫.社会主义核心价值观论纲[M].北京:人民出版社,2010.

9. 韩震.社会主义核心价值观五讲[M].北京:人民出版社,2012.

10. 李建华.社会主义核心价值观构建与践行研究[M].北京:人民出版社,2017.

11. 孙杰.当代中国社会主义核心价值观研究[M].北京:人民

出版社,2016.

12. 范业赞.中华优秀传统文化[M].北京:中国人民大学出版社,2019.

13. 赵坤.中国优秀传统文化当代价值[M].桂林:广西师范大学出版社,2019.

14. 杨志毅.杭州农村文化礼堂建设巡礼[M].杭州:杭州出版社,2014.

15. 刘秀峰.农村文化礼堂:从公共空间到社区营造[M].杭州:浙江工商大学出版社,2016.

16. 唐中详.守望精神家园:农村文化礼堂理论研究精粹[M].杭州:浙江人民出版社,2017.

17. 包美霞.乡村文化兴盛之路:传承发展提升农耕文明[M].郑州:中原农民出版社,2019.

18. 巫志南.社区公共文化服务[M].北京:北京师范大学出版社,2012.

19. 王全吉,周航.浙江公共文化服务创新研究[M].杭州:浙江大学出版社,2013.

20. 陈瑶.公共文化服务:制度与模式[M].杭州:浙江大学出版社,2012.

21. 陈跃.公共文化服务政策与实践研究[M].重庆:西南师范大学出版社,2019.

22. 丁峰,黄一峰.电影消费者行为研究[M].北京:中国电影出版社,2011.

23. 王芹.城镇居民体育健身广场舞行为的社会学研究[M].南京:江苏凤凰美术出版社,2018.

24. 王雷.社区文化建设理论与实践[M].北京:中国文联出版

社,2019.

25. 练红宇.文化创意产业导论[M].杭州:浙江大学出版社,2013.

26. 刘云山.把握正确方向 发扬优良传统 坚持改革创新 在新的历史起点上继续推动哲学社会科学繁荣发展[J].求是,2009(13).

27. 陈建胜.农村社区文化营造何以可能与何以可为——以杭州农村文化礼堂建设为例[J].山东社会科学,2015(9):74-80.

28. 徐九仙.论文化安全视野下青年核心价值观[J].当代青年研究,2011(1):21-27.

29. 王鉴,万明钢.多元文化与民族认同[J].广西民族研究,2004(2):23-30.

30. 薛飞.浙江省公众人文社会科学素养基本状况分析[J].浙江社会科学,2004(5):16-20.

31. 肖剑忠.信息网络时代的党员教育工作[J].长春市委党校学报,2013(2):10-13.

32. 新华社.意识形态工作是党的一项极端重要的工作[J].中国职工教育,2013(9):1-7.

33. 程丽敏.临安市新农村文化建设研究——以农村文化礼堂为例[D].杭州:浙江农林大学,2014.

34. 史少博,尹凯丰.论社会主义核心价值观的道德维度[J].理论探讨,2019(5).

35. 韩小谦,姚佳彤.论优良家风涵养社会主义核心价值观[J].广西社会科学,2017(12):28-32.

36. 高春凤.自组织理论视角下的城市社区文化建设[J].经济研究导刊,2011(25):179-181+190.

37. 孙元欣.上海都市创意产业园呼之欲出[J].上海国资,2004(7):28-29.

38. 徐清泉.创意产业:城市发展的又一引擎[J].社会观察(9):16-17.

39. 胡秀丽.文化创意产业的杭州实践[J].企业导报,2010(12):167-168.

40. 刘艳飞.发展文化创意产业的关键影响因素分析[J].江苏商论,2009(36):85-85.

41. 施勇峰,吕克斐.基于产业选择的杭州工业经济转型升级对策研究[J].科技管理研究,2010,30(11):75-78.

42. 黄宏瞻.后危机时代杭州工业转型升级评析[J].统计科学与实践,2010(5):11-13.

43. 傅胜英,曹建东.杭州建德市工业经济持续发展初探[J].统计科学与实践,2011(8):46-47.

44. 徐文君.加快富阳工业转型升级的思考[J].统计科学与实践,2010(3):46-47.